企业人力资源管理

典型案例透析 第2版

主 编 ◎ 沈纯道

中国劳动社会保障出版社

图书在版编目(CIP)数据

企业人力资源管理典型案例透析/沈纯道主编. —2版. —北京：中国劳动社会保障出版社，2016

ISBN 978-7-5167-2493-4

Ⅰ.①企… Ⅱ.①沈… Ⅲ.①企业管理-人力资源管理-教材 Ⅳ.①F272.92

中国版本图书馆CIP数据核字(2016)第105432号

中国劳动社会保障出版社出版发行

(北京市惠新东街1号 邮政编码：100029)

*

北京北苑印刷有限责任公司印刷装订 新华书店经销

787毫米×1092毫米 16开本 21印张 326千字

2016年6月第2版 2016年6月第1次印刷

定价：48.00元

读者服务部电话：(010) 64929211/64921644/84626437

营销部电话：(010) 64961894

出版社网址：http://www.class.com.cn

序言

《企业人力资源管理典型案例透析》第一版于 2010 年 1 月出版后，反响很好，读者踊跃，但时光荏苒，往事渐远。尽管第一版的内容大多依然有效，但新事物、新现象、新企业层出不穷，读者与学员们都急于想了解更多，以解开心中的一个个疑惑。

出版社的编辑十分敬业，每当第一版重印时，都会向我征询意见：能不能重新编写一本案例集，或者对第一版进行一次大改版？当年在组织编写这本书的时候，有一种紧迫感，企业人力资源管理师（国家职业资格一级）培训已经在全国展开，而且是首次举办这个职业的一级培训，教师和学员都没有合适的教材或书籍可资参考；同时，各类企业在发展中面临的一系列涉及人力资源管理的问题有待分析与解读，正是在这样一个背景之下，我们着手组织人员编写了《企业人力资源管理典型案例透析》第二版。

企业人力资源管理是管理学中的一个重要分支，其本身的理论体系还在不断完善与成熟，作为一个实践性很强的管理领域，来自世界各国成功企业的人力资源管理实践，为人们贡献了极其丰富的智力资源与实践案例。正如张文贤教授在第一版序中所言："现代医学告诉我们，水是最好的药物。但是，我相信这里的水指的是活水。只有活水才是对人体健康有利的最好药物。同样道理，人力资源管理的书本和教材，也只有'活水'才能成为对我们学习最好的读物。""问渠哪得清如许，为有源头活水来！"因此，编写发生在成功企业中的实际案例，成为本书的重要定位。在人力资源管理领域，最新最好的理论与方法，一定存在于不断进步的企业中，而不是现成的书本上，书本知识只是对过往理论的概括总结和智慧分享，当然也包括本书，当人们在阅读这些文字时，更新更好的理论与方法已经在企业中悄悄实践，留待人们去观察与学习。

第二版的编写，也是把目光聚集到鲜活的企业实践中。从第一版的 37 个案例到第二版的 36 个案例，更新了其中 60%以上的内容，一半的案例是完全新编的内容，以更好反映当下的管理实践与探索。在出版第一版时，上海交通大学的仰书纲教授就提出："今天出版这本案例集是一次成功，但这只是走出了第一步，案例库是需要不断进行更新和修订的，尤其中国对以往很多事物还没有进行及时的归纳总结。因此在案例收集的广度和深度方面还需要大量的工作，尤其在人力资源管理方面还没有系统的中国资源。希望读者在阅读和研究本书的同时能积极参与本书的更新，将典型的案例和研究结果提供出来供大家分享，一起迈向成功。”阿里巴巴在美国上市、亚投行要在北京创立、迪士尼在上海开业，这些最新最活的经济动向，都成为第二版案例汇集时关注的焦点，今天都可以呈现在大家面前。

第二版同样是集体创作的成果，书中每个案例都包括企业背景、典型案例、分析参考三个部分，每一组成部分都包含着非常重要与细化的信息，值得好好阅读与体会。案例涉及的企业是多元化的，外资企业、国有企业、民营企业都有，不仅在中国知名度极高，而且大都是世界 500 强企业中的成员，正是它们为我们带来了最多的世界管理思想，带来新的理念、新的革新、新的方法、新的规则，这些都是生长在中国的企业需要研究与学习的内容体系。

本书汇集的案例虽然不是很多，但每一个出现在这里的企业及案例都有自己特别的“理由”。在选择和编写案例时，我们为此确定了入选要求。全书力争让每个案例都能成为可以用于培训和研讨的企业人力资源管理典型案例，分析则以人力资源管理专业知识和实际工作经验为依据展开，让所有案例与解析都能体现出“5＋1”特点：

• 近：要求案例全部来自中国大陆的实际案例；

• 新：要求入选企业的案例尽可能发生在近期；

• 精：要求案例基本来自于知名度较高的企业；

• 优：要求每个案例经编写后，描述简明扼要；

• 实：要求每个案例突出实战操作经验的分享。

在这个基础上，考虑到读者和学员的感受与需求，为促进“所读为我所悟，所学为我所用”，这本书的另外一个特点是：

• 活：要求通过案例分析，能把知识转化为能力。

在案例的编写过程中，我们参考了许多已经发表过的文章、报导、评论，包括近年来出版的书籍，这些文字的作者可能是记者、编辑、专家，也可能就是企业中的管理人员，甚至可能是一位人力资源管理的学习者，他们直接把自己的实践体会分享给了大家，他们共同提供的线索与思想，成为当今人力资源管理实践中最鲜活的内容，能有机会读到如此多思考者的分析，是本书读者的幸运。我能组织与参与到编写过程中，同样也是一次学习的机会和幸运的旅程。在此，向所有帮助过本书编写的人力资源管理同仁致以衷心的感谢！

这本书是写给所有人力资源管理者看的案例分析书，对于企业其他管理者同样有着重要的参考价值，相信通过对每个案例的阅读与思考，都能或多或少地从中获得新的启发与感悟。同时，对参加企业人力资源管理师国家职业资格鉴定的学员来说，这本书也将为他们开启走向成功的大门。第二版的内容中，把在《企业人力资源管理典型案例透析》第一版里的三个附录（案例讨论教学攻略、项目策划应对策略、命题论文高分谋略）删除了，因为这三部分内容已经完全归并到了《管理论文写作》（ISBN：978-7-5167-0067-9，中国劳动社会保障出版社，2012 年 12 月第一版）一书之中，有兴趣和需要的学员可以同时阅读这一本管理论文的写作指导书。

最后，祝你度过一段快乐的阅读时光！

沈纯莲

2016 年 6 月 1 日

目录

第一篇　人力资源规划

1. 追求共同的目标和价值观
——阿里巴巴的战略人力资源管理实践 / 1

2. 推动人力资源进入战略管理时代
——苏宁云商的科技转型战略 / 12

3. 战略性失误导致节节败退
——诺基亚在人力资源发展战略上的警示 / 21

4. 为企业未来发展做好规划
——联想集团的人力资源规划举措 / 29

5. 规划先行是稳健发展的基础
——金地集团全面推进人力资源规划 / 38

6. 战略调整中的人力资源配置策略
——SAP 战略重大调整中的无间道 / 46

第二篇　招聘与配置

7. 为开业准备的大规模招募行动
——上海迪士尼乐园的招聘规划 / 57

8. 一切从零开始的招募行动
——亚投行的招聘创新之举 / 67

9. 让员工创造价值体系
——沃尔玛的人才需求模式 / 76

10. 招聘和晋升员工的独门秘笈

——波特曼丽思卡尔顿酒店的人员甄选与评价 / 84

11. 基于核心价值观的全面招聘体系

——丰田公司对高品质招聘的追求 / 92

12. 建立规范有效的招聘程序和方法

——普华永道独特的聘人策略 / 100

第三篇　培训与开发

13. 进出交汇与全员提升式的改造

——万科公司的人才提升计划 / 111

14. 员工培训先行，职业规划布局

——招商银行的员工培训与规划 / 119

15. 对伙伴资源的培训与开发

——星巴克的培训体系与特色 / 128

16. 加强对领导人的领导力培训

——通用电气公司的领导人培训实践 / 137

17. 全方位培训保证管理标准统一化

——肯德基的统一化培训 / 146

18. 提供多样化的企业培训菜单

——搜狐集团针对不同对象的培训 / 155

第四篇　绩效管理

19. 周全应对的绩效管理制度设计
——腾讯公司对绩效管理流程的细化 / 167
20. 宾客第一，员工也是第一
——希尔顿集团多方位绩效评估方法 / 177
21. 绩效管理不是万能的
——索尼集团创新之路受阻的警示 / 186
22. 绩效管理提升员工忠诚度
——安利在中国的绩效管理实践 / 195
23. 发现并激发企业员工的潜能
——花旗银行用绩效考核激发员工潜能 / 204
24. 绩效管理方式随市场要求而变
——施耐德电气绩效考核的适应性 / 213

第五篇　薪酬福利

25. 实现人人是老板的理想
——华为公司的薪酬与福利保障 / 225
26. 建立完整的薪酬福利体系
——宜家公司在薪酬管理中的价值趋同 / 233
27. 借道资产管理的员工持股计划
——海澜之家的员工持股细则 / 241

28. 用年薪制体现贡献价值和绩效导向
——上海城投的薪酬激励方式 / 249
29. 薪酬管理中的策略基础
——阿尔卡特朗讯的薪酬管理 / 258
30. 强化奖励的薪酬分配模式
——麦当劳的薪酬激励特色 / 266

第六篇 劳动关系

31. 要让商业帝国稳如泰山
——万达集团用强化审计化解劳动纠纷 / 277
32. 全员裁员下的纠纷
——中华英才网劳动争议案再起 / 285
33. 加强对弱势群体的就业保护
——IBM 中国对弱势员工的反应 / 293
34. 跨国公司的裁员与人才本土化
——西门子中国的裁员抗议 / 302
35. 把握好使用劳务派遣工的量与度
——可口可乐公司使用劳务派遣工的是与非 / 310
36. 巨额赔偿费下的人员流动
——东方航空人才流失下的反击之道 / 319

第一篇

人力资源规划

1

追求共同的目标和价值观

——阿里巴巴的战略人力资源管理实践

◎ 企业背景

阿里巴巴集团由马云带领其他 17 人于 1999 年创立，现在是一家为 240 多个国家和地区的用户提供服务的互联网集团公司。集团及其关联公司在大中华地区、印度、日本、韩国、英国、美国等国家的 70 多个城市共有员工 20 400 多名。阿里巴巴集团建立了领先的消费者电子商务、网上支付、B2B 网上交易市场及云计算业务，近几年更积极开拓无线应用、手机操作系统、互联网电视等领域。

阿里巴巴集团及其子公司基于共同的使命、愿景及价值体系，建立了强大的企业文化，并将其作为集团业务的基石。阿里巴巴的业务成功和快速增长有赖于集团尊崇企业家精神和创新精神，并且始终如一地关注和满足客户需求。阿里巴巴集团的使命是让天下没有难做的生意，其愿景旨在构建未来的商务生态系统，让客户相会、工作和生活在阿里巴巴，并持续发展至少 102 年。阿里巴巴集团创立于 1999 年，持续发展至少 102 年意味着需要横跨三个世纪，能够与少数取得如此成就的企业相提并论。

阿里巴巴集团下有众多独立运营的公司，如阿里巴巴 B2B（HK：1688）、天猫、淘宝、支付宝、阿里软件、阿里妈妈、口碑网、阿里云、中国雅虎、一淘网、中国万网、聚划算等。2003 年 5 月，阿里巴巴投资 1 亿元人民币建立淘宝网，2004 年设立支付宝公司。2005 年 8 月，阿里巴巴全资收购中国雅虎，同时雅虎美国投资 10 亿美元成为阿里巴巴的战略股东。2009 年 9 月，阿里巴巴成立云计算子公司“阿里云”。2010 年 6 月，阿里巴巴收购美国电子商务企业 Vendio Services。2010 年 11 月，淘宝网分拆成淘宝网、淘宝商城和一淘网，淘宝商城在 2012 年 1 月更名为“天猫”。2012 年 2 月，阿里巴巴集团宣布以每股 13.5 港元的收购价将在香港上市的同名子公司私有化。2012 年 5 月 21 日，阿里巴巴和雅虎达成协议，以 63 亿美元现金和 8 亿美元新增阿里集团优先股，回购雅虎手中的 20%股权。

2014 年 9 月 19 日，阿里巴巴在纽约证券交易所上市（证券代码为“BABA”），价格确定为每股 68 美元。这项交易成为全球范围内规模最大的 IPO 交易之一，其股票当天开盘价为 92.7 美元，较发行价大涨 36.32%。2014 年 10 月 29 日，开盘的阿里巴巴股价盘中首次突破 100 美元，按当时收盘价计算，阿里巴巴市值为 2 457 亿美元，直逼全球零售业霸主沃尔玛的 2 468 亿美元。

马云为阿里巴巴集团的主要创始人，1988 年毕业于杭州师范学院外语系，同年担任杭州电子工学院英文及国际贸易教师，1995 年创办中国第一家互联网商业信息发布网站“中国黄页”，1998 年出任中国国际电子商务中心国富通信息技术发展有限公司总经理，1999 年创办阿里巴巴。自集团成立以来，马云一直担任主席兼首席执行官，负责集团的整体策略及方针。2013 年 5 月 10 日，马云辞任首席执行官，但保留阿里巴巴集团董事局主席一职，专注于制定集团策略方针及培养企业人才。与此同时，马云还担任日本软银董事、TNC（大自然保护协会）中国理事会主席兼全球董事会成员、华谊兄弟公司董事、生命科学突破奖基金会董事等职。2015 年 6 月 30 日，马云当选全球互联网治理联盟理事会联合主席。

◎ 典型案例

阿里巴巴在美国纽约证券交易所成功上市，创下了美股历史上最大规模 IPO（首次公开发行上市）的纪录，被世界视为“中国崛起”的明确信号。在阿里巴巴成功的背后，贯彻在人力资源战略管理中的价值观起到了非常大的作用。2007 年 7 月，马云在湖畔学院讲话时提到：“很多人刚进入阿里巴巴，觉得我们的价值观、使命感比较虚。但只要马云在一天，这就是一个天条。我什么东西都可以容忍，但是背叛共同的目标和价值观不能容忍。”在阿里巴巴，核心价值观与使命被奉为不可触摸的高压线，围绕这根高压线，阿里巴巴在战略人力资源管理方面做了许多的实践，通过培训、选拔、考核、处罚等方式进行具体的信仰灌输与强化。

• 阿里巴巴的使命是让天下没有难做的生意。在这一使命的指引下，阿里巴巴所做的一切都是为了帮助客户更好地做生意、更好地赚钱、更好地成功。最关键的是，员工能时刻感受到公司倡导的客户第一的文化，时刻感受到自己所做的每一件事情都同公司使命相联系。

• 阿里巴巴有三个愿景：做一家至少发展 102 年的公司；进入世界十大网站行列；只要是商人，一定用阿里巴巴。阿里巴巴的三个愿景，不敢说所有人都相信，但起码阿里巴巴的高管层和中坚力量是相信的，特别是马云自己肯定是相信的。

• 阿里巴巴曾经遭遇过生死存亡的危机，当时有一种代表性的意见认为，只有给客户回扣，公司才能生存下来。但马云认为，宁可明天关闭公司，也绝不允许任何人给客户回扣，谁给回扣谁离开。阿里巴巴的价值观最终赢得了客户的认同和尊重，成为公司高速成长的重要基础。

为了配合阿里巴巴的发展与转型，阿里巴巴的人力资源战略调整与组织变革一直处于过程之中。通过建立薪酬服务中心，以及更全面覆盖招聘、入离职、报销等标准化公共服务的 HR 运营中心，阿里巴巴将原本分散在各业务部门的事务性工作集中统一管理，让解放出来的人力资源管理人员能将更多的精力投入到与业务紧密相关的人才盘点、绩效评估、组织文化建设等事务上。

一、招聘：以诚信为最优先考虑因素

在阿里巴巴，价值观是决定一切的准绳。招聘形式有很多，但无论哪种形式，诚信都是第一考量要素。在阿里巴巴一年一度的全体员工大会上，马云曾向员工们宣布将以“诚信建设和知识产权保护”作为公司新一年的三大主题之一。阿里巴巴很看重员工的职业操守，这是其不愿意高薪挖人的一个重要原因，因为阿里巴巴不希望挖过来的员工变成不忠、不孝、不义的人。马云这样说过：“我不喜欢跳槽的人，年轻人一个简历上前面 5 年换 8 个工作，这个人我一定不要他，他不知道自己想干什么，尤其跨 N 多领域的，不太会有出息。”2007 年 7 月，马云在跟“五年陈”（阿里巴巴员工在工作满 5 年后会被赐予“五年陈”称号，并获得公司定制戒指）的交流中表示：“阿里巴巴是一个团队，有你很好；

没有这个团队，你很不好……你离开了，要去再找这样一个团队很难。”通过不断强调团队合作及归属感，阿里巴巴用价值观统一员工思想，以产生合力。

二、培训：让员工自主学习的培训才有效

阿里巴巴的培训包括新人培训及后续培训计划。新员工加入阿里巴巴后，都需要在杭州总部参加全面的入职培训和团队建设课程，该课程着重于讲述公司的使命、愿景和价值观。阿里巴巴也会在定期的培训、团队建设训练和公司活动中重复强调价值观与使命。除此之外，阿里巴巴还成立“阿里学院”，使之成为业内电子商务人才及阿里巴巴内部人才培养的专门场所，马云为学院特邀讲师。在阿里巴巴，如何强调与推崇价值观都不为过。集团鼓励内部教学相长的文化，不断建立内部员工分享的环境，希望营造一个“要学一定要有行动，有了行动一定要能带来结果”的学习氛围。集团进行员工培训时，先确定培训目标，再决定培训行为，然后评估培训结果。想要做到这一条，就先要把不同的人员进行定位，因为不同定位的人，需要的能力都不太一样。培训不只是看培训二字，还要看员工能力提升，看文化氛围建立，看整个公司组织能力与个人能力的相互认可与提升结果等。

三、绩效：以“六脉神剑”考核员工

在阿里巴巴，价值观被归纳为“六脉神剑”：客户第一、团队合作、拥抱变化、诚信、激情、敬业。每一项价值观又分为5个小项，总共30条考核细则。与一般企业把口号挂在墙上不同，阿里巴巴的价值观是真真切切地落在实处的，因为在阿里巴巴的考核体系中，个人业绩的打分与价值观的打分各占50%。与考核相对应的是处罚措施，如果员工价值观考核不及格，会直接牵涉到收入，而如果出现完全违背价值观的行为，会遭遇严厉处罚甚至开除。在阿里巴巴，价值观考核不合格但业绩表现好的一类员工将被毫不避讳地称为“野狗”员工。尽管价值观的打分占到考核的一半（而且的确有因违背“六脉神剑”而被开除的员工：例如诚信，如果销售人员在销售过程中给客户回扣等，一旦发现，业绩再好也会被开除），但是在阿里巴巴因为价值观而被淘汰的员工并不多，因为在招聘的时候，价值观已经是一个非常重要的考量因素。

四、激励：用双重层面激励员工

如何让员工愿意在阿里巴巴工作？物质层面和精神层面的双重因素都很重要。物质层面，不能让员工每个月拿5 000元还很高兴。阿里巴巴每年都请专业公司调查行业薪资，再据此来确定公司的薪酬是有竞争力的。例如，阿里巴巴发现员工的椅子没有扶手会额外增加员工的疲劳度，所以即使要花一大笔钱也决定把所有椅子都换成有扶手的。做到这些，还只能是留住员工，而不是激励员工向上走。激励员工的主要方式是，让员工的工作能得到认可，能推动公司的发展。阿里巴巴要求管理者不断地赞美、认可员工的每一次进步，因为没有人愿意生活在失败中。在阿里巴巴，任何资历、背景都不重要，只要员工具有相应职位的能力就会得到提拔。马云是个演讲高手，演讲时经常用众多标语式口号，例如“使命感可以走102年”“不怕馊主意，就怕没注意”“打不过去的时候，绕过去再打”。演讲对于马云来说是一项必不可少的工具，用来不断重申阿里巴巴的价值观、使命感，不断强调阿里巴巴的文化，传授给阿里巴巴员工具体的方法论及思考问题的方式。马云的内部演讲通常会被整理成文，并供阿里巴巴员工学习讨论。

五、用人：一切为公司发展战略转型服务

在企业管理中，用人不只是为了“用人所长”，更在于“为我所用”。在不同的发展阶段，用人的策略与标准也是不同的，管理者必须适时做出调整。当马云需要为阿里巴巴制定战略方向时，就会通过“铁腕式”人事轮换策略，强行为战略执行打开前路。2007年年底至2008年年初，淘宝总裁孙彤宇及阿里巴巴集团COO李琪、CTO吴炯、资深副总裁李旭晖相继“被离职”；2011年2月，阿里巴巴整肃价值观，集团执行副总裁卫哲“被砍”；2011年6月，大淘宝战略升级为大阿里战略，高层人事大调整。在上述关键时刻，马云“家长式”权威显露无遗。在阿里巴巴这个大家庭中，作为“家长”的马云经常会给旗下业务订立高目标与高标准，没有完成的部门与人员会面临严厉的斥责。在阿里巴巴检讨大会上，业务高管常常因此落泪。例如，2010年支付宝年会上，面对上千兴匆匆赶来的支付宝员工，马云大骂支付宝体验“烂，太烂，烂到极点”，支付宝总裁邵晓峰为此当场落泪。

运动式管理是一项具有中国特色的管理方式，也常常在阿里巴巴内部推行。2001年至2003年，是阿里巴巴自称“最为艰难、最为关键”的三年，马云推行了三项毛式运动。一是以“延安整风运动”的模式来统一价值观、统一理想，“通过运动，把跟我们没有共同价值观、没有共同使命感的人，统统开除出我们公司”。二是以“抗日军政大学”的方式来培训干部团队的管理能力。三是以“南泥湾开荒”的精神培养销售人员面对客户时应有的观念、方法和技巧。从最后结果来看，运动式管理大多取得了立竿见影的效果。在马云发动的“整肃价值观”运动中，他写了一封致全体员工的信，信中说到：“我们必须采取措施捍卫阿里巴巴价值观！所有直接或间接参与的同事都将为此承担责任，B2B管理层更将承担主要责任!”结果，B2B业务CEO兼总裁卫哲和COO李旭晖因此引咎辞职。“整肃价值观”运动可谓“一石三鸟”——借机裁撤高层、借机推动B2B转型、高调公关秀。阿里巴巴此次运动的确再次起到重申价值观的作用，而价值观正是阿里巴巴最核心的理念。

◎ 分析参考

核心价值观是不可触摸的高压线

作为一家互联网公司，阿里巴巴的特质是紧跟客户的价值和利益，公司希望的组织模式是招之即来、来之即战、战之即散的自组织模式。阿里巴巴从创业到经营、从国内到跨国、从专一到多元，初心不忘的便是经营理念与价值观。他们把价值观强化注入集团中的每一个经营公司、每一个业务部门和每一个员工身上。在阿里巴巴的人力资源战略管理中，也始终恪守着集团制定的价值观，并使之落实到每一项操作细节中。

一、从招聘开始，把价值观灌输给每一位新员工

在阿里巴巴的高层看来，选人诚信为先。招聘人才的首要条件，就是诚信。马云认为，诚信是最基本的品质，马云反对从竞争对手处挖人的招聘方式，也极其鄙视跳槽到竞争对手处的行为。马云认为从竞争对手处挖过来的人，如果让其说出原来公司的机密，就是对自己的旧主不忠；如果不说原来公司的机密，就是对现在的新公司不孝；即使不让其说原来公司的机密，但在工作中也会无意识地用到，就是不义了。在人才市场上，有一批这样的投机分子，总是这山看着那山高，而且特别偏爱跳槽到竞争对手的公司里去，并献上从“老东家”那里获得的“情报”，既作为忠心的表示，又作为见面礼，最终目的则是企图在“新东家”那里抬高自己的身价。阿里巴巴把这样的人视为“不忠、不孝、不义”的“三不”人员，坚决不予聘用，这一方面断绝了无诚信者职业发展的通路，另一方面也告诫自己的员工不要成为“三不”分子，以免断绝了自己的未来出路。这种简单的思维逻辑与告诫方式，却在最大程度上执行了阿里巴巴最基础的价值观。在能力与信誉方面，阿里巴巴更看重后者。

二、从培训分类，将个性与岗位要求统一起来

将员工的能力与个性和岗位的要求与属性进行最合适的匹配，是所有人力资源管理人员都在努力达成的目标。如何让最合适的人到最合适的岗位上去发挥作用？对此，阿里巴巴集团内部有过精心的设计与规划。阿里巴巴根据员工不同的偏好设置三个职业阶梯，使性格不同、对自己未来规划不同的员工都能够满意。例如，如果员工为了平衡生活，希望可以按部就班、照顾家庭，不希望有太多挑战和太多压力，就可以选择去做 S 序列。S 序列都是标准工作的序列，员工只需要按照现有的方式做事。如果员工很擅长跟人打交道，并不喜欢对着机器做事情，则可以选择 M 序列的发展方向。不同类型的员工，选择会各不相同。集团意识到，人的发展绝对不是企业一厢情愿的事情，而是企业和个人共同促成的。只有当某种需求是大家都想要的，才会得到各方面的配合，才能得到认同，才能把“试”转化为“学”。最好的培训，不是主管认为这个培训或者这个培训师很好，就让员工停下手头的工作去学习，而是员工的职业发展中缺少了必备的知识和能力时，管理人员可以预告估计到，并能及时补上这一“缺口”。培训中的“缺口”理论，曾经在国际上风行一时，该理论是企业培训追求最快效率与最高效益的结果。

三、从绩效设卡，把价值观考核分解到具体的工作中

在阿里巴巴，员工在工作中表现出来的价值观对最终业绩考核的影响很大，尤其是在创业型的业务中。集团努力给人才更多的自主权和更大的想象空间，但一再告诫员工决不能突破价值底线。这意味着，即使一个业务员拥有很好的业绩，但若价值观打分不达标，在阿里巴巴依然会面临被淘汰。对一个员工业绩的考核显然更容易，价值观听起来要虚无缥缈一些。但是，阿里巴巴还是有一些办法把比较“虚”的价值观用一些具体的方法衡量出来。例如，把价值观分解成 30 小条，每小条都对应相对的分值，采取递进制，纳入到考核之中。每一项考核指标，就是一把尺子，时时刻刻度量着员工的行为。那些把单纯的经营指标看得高过一切的公司可能难以理解阿里巴巴的做法。其实，急功近利的考核方式走的只是短线的暴发路线，而只有把良好的价值观融入企业文化并且“化”在日常绩效考核中，才能实现企业的可持续发展。马云提出的“要做 102 年的企业，跨越三个世纪”的目标，只有坚守一以贯之的价值观，才有可能成为现实。

四、从激励着手，在每一处发现员工的阳光面

阿里巴巴重视对员工的激励，除了物质层面的奖励，更多是在精神层面的鼓励。阿里巴巴要求管理者不断地赞美员工的进步。生长于中国的阿里巴巴还沿用了一些明显具有中国特色的制度与方法，来达到激励员工的目的。马云经常给员工讲一个故事："三个人砌房子，你问第一个人，他说在那里砌砖头，第二个人说在垒墙，第三个人说他在造世界上最美的教堂，每天钟声会响起。"马云希望阿里巴巴的员工像故事中的第三个人，每天都有进步，公司也随之成长，认为这是多少钱都买不到的理想。阿里巴巴在集团内设置"组织部"，把各子公司人力资源部门改造成地方级的"政委体系"。"政委体系"从组织结构上分三层，最基层的称为"小政委"，分布在具体的城市区域，与区域经理搭档；往上一层是与高级区域经理搭档；再往上就直接是阿里巴巴的人力资源总监。政委主要起督查的作用，从一线员工开始进行价值观的传输。在集团业务进入正轨之后，阿里巴巴不再轻易推行大规模运动式管理，而是化整为零，以更有持续性的日常管理代替。例如，"整风运动"转变为更规范的培训和考核制度，"抗日军政大学"化身为湖畔学院。

五、以用人先导，一切为公司发展战略转型服务

阿里巴巴用不到 20 年的时间，从一家 18 人的小公司一举登上了世界的舞台，代表中国演奏起互联网经济的主旋律，成为举世瞩目的焦点。在用人方面，阿里巴巴不断与时俱进，作为一家注册在杭州的企业，开始只是在同学与朋友中招募共同创业者，之后把招聘的网络逐步扩大到杭州市乃至浙江省范围之内。当阿里巴巴成为一家国内有影响力的互联网公司时，生活与工作在中国的优秀互联网人才与经营管理者都成为其最主要的追逐对象，特别是那些在跨国公司中有着丰富职业经验的国际化人才，一度在短时间内齐聚到阿里巴巴的高层。而这一切都是基于阿里巴巴在不同历史阶段里战略转型的需要。现在，阿里巴巴已经具有广泛的国际视野，全世界的互联网精英都可以成为阿里巴巴追逐的对象。当各国元首把马云奉为座上宾时，也是阿里巴巴到各个国家去开拓疆域的最佳时机，这些国家的互联网精英与管理英才也希望有机会加盟阿里巴巴。对于阿里巴巴来说，转型永远是在路上，而没有终点。尽管来自不同地域与文化背景的人会给阿里巴巴的公司管理带来不少冲击，但追求共同的目标和价值观，将是阿里巴巴永不背离的初心。

随着经营规模的不断扩大，以及国际化程度的不断提高，阿里巴巴对人力资源规划与发展提出了更高的目标。在阿里巴巴集团新的eHR（electronic Human Resource，电子人力资源管理）系统中，明确要求能够自然地呈现每个员工在组织系统里的价值、人与人的关系，并努力减少人力资源管理部门人为主观的判断和管理。阿里巴巴集团的人力资源高管们认识到：伴随互联网时代而来的大数据将能够帮助到人力资源管理工作方式的调整，以适应时代的变化。建立大数据可以促进公司更注重员工的个性化差异，将员工真正当成有价值的资源，给予其更好的平台，并能在公司有项目时快速地找到适合的员工，高效地组建团队，最终为企业带来更好的回报。

2

推动人力资源进入战略管理时代

——苏宁云商的科技转型战略

◎ 企业背景

1990 年 12 月 26 日，毕业于南京师范大学中文系的张近东以 10 万元自有资金，在南京租下一个 200 平方米的门面房，取名为苏宁交家电，专营空调。2001 年 6 月，苏宁电器连锁集团股份有限公司正式成立。2004 年 7 月，苏宁电器（002024）在深圳证券交易所上市，目前市值位于国内家电业、零售业和全球家电连锁业的前列。

2006 年苏宁开始上线 SAP/ERP 系统，依托信息系统的支撑，建立内部共享服务平台，有效实现企业分散经营、集约管理的目标。与此同时，苏宁不断优化供应链，提升管理效率。多年经营积累，苏宁已经构建了面向内部员工的管理云、面向供应商的供应云以及面向消费者的消费云，并逐步推进“云服务”模式的全面市场化运作。2009 年，苏宁提出“营销变革”，尝试全品类经营、全渠道拓展，推进营销及服务创新。此后在苏宁易购和乐购仕中大力拓展非电器品类，经营范围延伸至百货、图书、母婴、虚拟产品等。2012 年苏宁推出全新的主力型门店——Expo 超级店。在门头上去掉“电器”两字，标志着苏宁线下实体门店超电器化经营步伐的加速。2011 年以来，苏宁又陆续推出苏宁私享家、云应用商店、云阅读等。

2013 年 2 月 19 日，基于线上线下多渠道、全品类经营、开放平台服务的业态，苏宁将名称变更为“苏宁云商销售有限公司”，正式宣告了苏宁“云商”新模式的面世。2014 年 10 月 26 日，中国民营 500 强排行榜发布，苏宁云商以 2 798.13 亿元的营业收入和综合实力名列第一。2015 年 8 月

10日，阿里巴巴集团公告拟投资283亿元人民币参与苏宁云商的非公开发行，占发行后总股本的19.99%，成为苏宁云商的第二大股东。苏宁的创业之路，历经空调专营、综合电器连锁、全品类互联网零售三个阶段，目前在中国和日本拥有两家上市公司，年销售规模超过3 000亿元，员工18万人，是中国最大的商业企业，位列中国民营企业前三强。目前，集团正在努力打造科技化、国际化、多元化的新苏宁，目标是到2020年实现万亿级的销售规模，成就世界级领袖品牌。

苏宁集团秉承人品优先、能力适度、敬业为本、团队第一的用人理念，在人才的引进、录用、选拔、培训、激励等方面建立了全套的制度与标准，并陆续制订实施了数十个人才梯队培养计划，覆盖管理与终端的各个岗位。为提高员工的综合素质与管理能力，苏宁建立了多种形式的培训体系，先后在北京、杭州、南京等地建设了现代化、专业化的培训基地，覆盖全体员工的E-Learning系统也成功上线。同时，苏宁先后与三星、夏普、西门子、A. O. 史密斯等世界一流企业开展双向人才培训合作计划，致力于打造学习型企业。苏宁5 000多名IT技术人员，以及分布在美国硅谷和中国北京、上海、南京等地的研发中心，为科技苏宁和智慧服务提供有力支撑。

秉承"做百年苏宁，国家、企业、员工，利益共享"的价值观，在扶贫救弱、资学助教、抗击灾害、支持就业等领域，苏宁集团累计捐赠超过人民币11亿元。苏宁坚持公益事业与企业经营同步转型，形成了以"阳光1+1"理念为主体，以持续再生型公益扶贫和社会专业型公益扶贫为两翼的"一体两翼"新公益模式。

◎ 典型案例

苏宁集团的高层认识到：知识经济时代的竞争实际上已转变为一种人才的竞争，未来能够持续发展的企业，将是那些时刻都能聚集人才并不断寻求变革、以适应商业环境变化的企业。苏宁集团准备迎接挑战，用管理制度和信息化实现战略人力资源管理的目标。

一、构建组织体系，完善管理制度

苏宁正式成立独立的人力资源部门是在2000年，当时总部从事人事工作的人员仅有4名，人力资源管理基础非常薄弱。伴随着企业的快速发展，到了2006年年初，苏宁人力资源体系的员工已有500多名，形成了金字塔形的总部、大区和子公司三级人力资源管理体系。总部的人力资源管理中心直属苏宁最高管理机构总裁办公室，并设立人力资源总监办公室，大区设人力资源部，子公司设人事部，每一个终端（店面、物流和售后）都配有相应的人事专员，这便形成了完善的人力资源管理网络。苏宁一直在进行制度建设，总部人力资源管理中心的定位是制定标准，即负责人力资源管理制度的制定与完善，并且制度建设在苏宁是一个持续而不间断的过程。大区和子公司可以随时提出建议，但是绝不允许随意改动公司制度，因为制定、完善制度和作业标准的最终权限必须掌握在总部的人力资源管理中心。

二、扩张中架设四大沟通渠道

随着员工队伍的不断壮大，苏宁总部人力资源管理中心、大区人力资源部以及子公司人事部之间的沟通和配合就显得尤其重要。目前，苏宁主要建立了以下几个沟通渠道。

一是制度化沟通机制，例如，各大区人力资源部负责人必须亲自完成日报、周报、月报等。

二是利用电话、邮件、微信等即时沟通。

三是每个月人力资源系统都召开电视视频会议，各大区人力资源经理每季度都要回总部开会。

四是不断加大总部与大区的人员互调，主要是为了防止一直在区域工作的人员会存在顾虑，如担心总部领导很忙、不愿轻易打扰等，而这可能会影响解决问题的速度和效果。与之相反，从总部派出去的人员和总部之间是没有隔阂的，遇到困难时，很容易想到马上向总部寻求支持。

三、“蓝深计划”首战告捷

随着公司的迅速发展，苏宁管理层开始意识到，以往以考勤、档案、资料管理为主要功能的记录型人力资源管理系统已不能满足企业发展的新需求，只有以实现企业人才成长为主线、进行全面系统管理的现代人力资源管理系统，才能对苏宁的长远发展起到推动和提升作用。2006年4月上线的苏宁SAP/ERP系统是苏宁与IBM战略合作项目“蓝深计划”的成果。一年后苏宁的SAP-HR系统也上线了，这是苏宁和IBM在SAP核心系统的基础上，共同针对苏宁管理需要进行个性化调整开发后的成果，整体耗资近3 000万元。为此，IBM专门派出包括4位海外顾问、10位国内顾问在内的项目团队，与苏宁内部30名骨干技术人员组成SAP-HR核心项目组，并发动了苏宁800名人事专员共同进行紧张而有序的调研、设计、开发和实施。最后，在3个多月的时间里，苏宁实现了全国190多个城市、涉及8万名员工基础数据的同时上线，创下SAP-HR系统在实施范围、项目规模和上线周期上的多项世界纪录。

四、推动人力资源管理的革命

对于许多员工来说，SAP-HR系统的上线最初似乎只意味着打卡机旁一张提示最新打卡规则的A4纸，而事实上，一场人力资源管理的革命已经在苏宁正式拉开了大幕。SAP-HR是基于“以个人为成本效益单元”管理的人力资源系统，包括基础管理层面的组织模块、档案模块、时间管理模块、薪酬模块，员工职业生涯设计层面的招聘模块、培养模块、晋升模块、职业生涯模块。SAP-HR帮助人力资源人员从单纯进行人事信息维护、组织信息维护、考勤和休假等日常事务性管理，转变为日常事务性管理与人事成本控制、员工训练和发展、战略招聘等所有培养人才体系的战略性管理，从而实现了在中国家电行业和被称为“劳动密集型”的零售连锁行业两大领域内的管理平台大飞跃。SAP-HR系统内设立员工职业生涯设计模块，旨在建立高效率和高绩效的管理与激励机制，其按照企业发展需求和员工专业特长制订专属的培训计划，进行员工职业生涯的全面设计，最大限度地发掘人才的潜能，提升员工归属感，维持企业的创新能力，最终提升苏宁人力资源管理的“底线价值”。

五、人品优先、能力适度

苏宁倡导的“人品优先”价值观实际上包含了三层含义：首先是指勤奋、诚实、正直等个人品质；其次是职业素养，也就是强调要有责任心、公私分明和有敬业精神；最后是文化融入，也就是要考虑应聘者的价值观是否能和苏宁相融合。“能力适度”并不是“能力适中”，更不是不重能力。在苏宁，能力是相对于岗位而言的，只有将一个合适的员工放在合适的岗位上，才能充分发挥其价值和潜能，这样既满足了企业的需要，员工也会有成就感和高涨的工作积极性。因此，“能力适度”实际上是根据岗位的要求，选择适合的人才。另一方面，“能力适度”也意味着不求全责备。每个人都有自己的特长，要根据其特长安排适合的岗位，做到人尽其才。苏宁集团的高层团队具有两个特点：一是没有创始人的亲属参与企业管理，二是没有所谓职业经理人的身影。从创业开始，苏宁就坚持摒弃家族制，并已经实现了人才的社会化和多元化。苏宁一直坚持，也一直强调，对于员工来讲，工作绝不是“打工”，千万不能有“给多少钱干多少活”的打工心态；尤其对于中高层管理人员，工作更是一种事业，而事业需要的是一批志同道合的人共同为之奋斗。

六、新员工培训过“三关”

苏宁的每位新员工都要通过入职培训的“三关”：文化关、制度关、经验关。新员工入职后，首先要参加15天的标准培训，以帮助其度过“文化关”，大部分培训内容为企业文化和在苏宁工作的基本“应知应会”，这能帮助员工融入公司文化，使之尽快成为真正的苏宁人，同时也能加强对员工的心灵熏陶，帮助他们塑造健全的人格和完善的职业素养。“制度关”则是由各部门帮助员工了解公司的各项流程标准。苏宁非常强调“制度”，集团高层认为如果没有高度执行力，就有可能因为一个细节没有按照标准执行而引起不当的后果，只有先透彻地了解标准，才能百分百地按照标准来执行。最后的“经验关”，则需要由员工到具体岗位上去体验并掌握相应的工作技能。这种经验主要集中在两个环节：一是开店，二是各种节日促销活动。员工只有亲身体验，才能了解其操作模式和工作内容。

七、打造四大人才工程

在苏宁电器人才培养机制中，最具特色的是“1200工程”“千名维修技术蓝领工程”“百名店长工程”“中层管理梯队工程”系列品牌工程。正是这四大人才培养工程，为苏宁的超高速发展提供了各类人才储备。

1. 2002年10月，苏宁启动了“1200工程”，在全国40所重点院校招聘1 200名应届大学生，目标是期望通过全面、系统的培养，使应届大学生在两年左右的时间内，成为中层管理团队的核心骨干，成为苏宁未来发展的中流砥柱。2009年秋天，苏宁又出击京城，推出首届校园精英营销实战大赛，通过比赛的方式寻觅顶级校园营销高手，使优秀人员进入苏宁人才库，毕业时即可优先录用。这在激励大学生的同时，也为苏宁下一步的发展储备了人才。

2. 2003年，苏宁拟订了“千名维修技术蓝领工程”计划，通过与职业培训学校合作引进学生、与民政厅合作引进复员军人、在社会招聘成熟的技术工人三种方式，建立起一套“苏宁维修技术队伍培养模式”。这种在大量实践基础上总结出来的模式非常实用，且效果显著，极大地提高了维修技工的水平。

3. 2004年3月，苏宁总部、各大区、各子公司连锁店体系管理人员通过全国视频会议系统，召开了“百名店长工程”，专门针对苏宁连锁快速发展引起的店面管理人员缺口进行了人员招聘和培训，通过外部招聘和内部选拔的方式，从全国上千名高素质的商界精英中挑选出160名优秀人才，并进行了一系列包括军事训练、企业公共知识、连锁店专业知识和管理人员综合素质在内的培训。在2005年以后，苏宁每年都培养和储备100～200名优秀的连锁店长。

4.“中层管理梯队工程”是苏宁为未来培养储备干部的重要人才战略，用以确保苏宁持续发展的后劲。根据梯队建设整体计划，梯队项目紧紧围绕苏宁连锁发展规划，分期分批从公司内部和社会集中选拔具有一定工作经验和培养潜力的优秀人员，从军事训练、体能、公共课程、各体系专业课程、实践学习等方面进行系统培训。

在苏宁电器，“制度重于权力”绝非空话，而是每位苏宁人切实执行的准则。苏宁任何制度、政策或流程的出台，都要经过三次以上自下而上的意见征集和反复论证，才能最终形成制度性文本，一旦公布实施，则每一位相关人员必须严格遵守。当然，苏宁也会随着市场、企业的发展变化对制度及时进行修订和完善。

◎ 分析参考

管理制度与信息化促成战略目标的实现

中国改革开放30多年的辉煌成就，就是在贫穷落后的背景下把中国带到了世界经济强国的第一阵营，许多企业伴随着国家的发展也快速成长，苏宁集团就是这样一个通过短短20多年的奋斗涌现出来的成功企业之一。苏宁集团在每一个历史阶段都紧紧抓住发展机会，及时转型，与时俱进，才成为了中国民营经济发展中的一个典范。观察苏宁集团的管理制度和经营策略，其实不难发现苏宁成功的原因。与时俱进、不断创新、敢为天下先的精神，对苏宁从一家地区性的小家电店变身为一家有世界影响力的零售连锁业上市企业和云商，起着极其重要的作用。结合实际，借鉴苏宁集团的做法，要全面提高企业的核心竞争力，应该在以下方面进行重点设计和安排。

一、建立完整的人力资源管理体系

企业人力资源管理早已从事务性劳动人事管理转化为以人为本、与企业发展战略紧密配合的人力资源管理体系。在企业管理中，凡是与人有关的事，凡

是与企业和个人发展相关的事，都已经成为企业人力资源管理体系的一部分。对于大型企业来说，由于分支机构庞大（有分地区设立的，也有按产品和服务不同设立的），要把所有分支机构统筹到同一个人力资源管理体系中，并不是一件轻而易举的事，需要最高管理者坚定的信心和切实的措施。在建立人力资源管理体系过程中，初期的工作量是很大的，要统一制度标准和操作思路，就需要有一个持续不断的沟通和说服工作。

在企业中，构建人力资源管理体系首先要摸清企业人力资源的现状，对人员进行合理的分类，发现目前管理中存在的主要问题和最迫切需要解决的问题，并预估在新的人力资源体系建立后将面对的管理新问题，以便制订应对的预案。在人力资源体系建立起来以后，每个部门、每个分支机构甚至每个员工都可以在体系中找到自己的位置，职责、绩效、薪酬、福利、培训、奖惩等都有明确的规定，在进行企业整体人力资源管理时可以做到心中有数、基本一致，并使人力资源管理体系成为企业核心竞争力的重要组成部分。

二、完善并严格执行企业管理制度

企业的管理制度就是企业的“法律法规”。制度是针对每一个人的，也是保证企业战略目标能够实现的重要支持体系，特别是企业大、人员杂、服务多时，就更需要有统一的企业管理制度来规范每天的运营。管理制度不应该是一种形式，制定容易执行难，没有严格执行的制度不仅形同虚设，还会浪费宝贵的人力和物力。另外，管理制度通常是对过去发生事件管理方式的总结，但市场在变、社会在变、员工也在变，这就要求在严格执行企业管理制度的同时，也要重视对管理制度的不断修订和完善。如果企业管理制度不仅能够照顾到对以往管理事件的约定，也可以前瞻性地照顾到未来发展的要求，这样的管理制度将保持一定的稳定性，也就更容易贯彻执行。

不断修订和完善制度是为了让管理方式和要求能够适应发展新需要，在这过程中，沟通是至关重要的。当一个人习惯于过去的制度时，对新制度的出台往往会有些抵触心理，只有建立良好的沟通渠道，才有可能有效化解制度中可能出现的矛盾和冲突。苏宁在快速扩张中，十分重视沟通的作用，建立了 4 个沟通渠道，值得其他企业借鉴。苏宁内部的沟通渠道与方式，包括：制度化沟通机制，即人力资源部负责人必须亲自完成日报、周报和月报等；即时沟通机制，充分利用电话、邮件、微信等即时沟通工具，第一时间互通信息，及时发现问题和处理问题；远程会议机制，每月召开人力资源系统电视视频会议；人员换岗机制，从总部派出人员，实现与总部之间的零隔阂沟通。

三、加快企业信息化的步伐

面对信息化时代繁杂的信息，依靠传统的人事管理模式不仅难做好烦琐的日常事务，还会因为管理中重要信息的缺失而影响管理的效率和效果。世界一流企业相继引入管理的信息化系统，正是因为看到了管理的信息化本身是可以为企业带来效益的。苏宁集团花费 3 000 多万元，依靠 IBM 的技术力量，前后开发并上线苏宁电器 SAP/ERP 系统和 SAP-HR 系统，可以说是管理思想上的大变革，让其在激烈的行业竞争中与其他家电连锁企业在企业管理和企业能力上拉开差距，实现了一次“华丽转身”。

苏宁集团的 SAP-HR 几乎考虑了大型企业人力资源管理中会遇到的所有问题，以信息化和高科技代替人脑，一方面减少了基层管理的差错率，另一方面可以解放各个层面的人力资源管理者，让这些管理者有时间和精力及时处理基层发生的新问题，让各种危机在萌芽阶段就得以妥善解决。苏宁集团的 SAP-HR 在许多方面进行了创新，为苏宁的人力资源部门实现数据的标准化、自动化集中管理与共享，优化人力资源流程，提高工作效率，提升业务水平提供了强有力的技术支持，让集团的人力资源管理人员从烦琐的日常事务处理中解脱出来，有更多时间专注于战略决策层面，进而展现出在零售连锁行业里的竞争力。

四、从长计议，培训未来发展所需要的人才

快速扩张中的企业，对人才的渴求要比其他企业强烈得多。因此，储备后备力量也成为这类企业在人力资源管理上的不二选择。不同的企业在储备人才方面有各自不同的策略，但超前招聘和有效培训则是万变不离其宗的选择。在集团发展过程中，苏宁十分重视将招聘与培训融合在一起。在其先后推出的人才培养机制中，具有苏宁特色的“1200 工程”“千名维修技术蓝领工程”“百名店长工程”“中层管理梯队工程”系列品牌工程，既是员工招聘工程，也是人才培养工程，为苏宁的超高速发展提供了各类人才储备。

从长计议的员工培训，要符合企业不同发展时期的需要，既要满足当前经营和管理中对人才的现实需要，也要为中短期内企业扩张的需要做好必要的准备，更要符合企业战略目标实现过程中可持续发展计划的要求，特别是对中高层管理人才的培训始终是一项长期而艰巨的工作，应该有一整套的目标计划。苏宁集团从 2002 年起就有了自己的人才发展战略，通过招聘新人、培训骨干、锻炼人才等“人才工程”，为企业的快速发展做了充足而优质的人力资源准备。

苏宁集团重视对人才的培养，特别是在能力开发上使用了各种方式，促进了企业管理目标和能力的提升，让一直被称为“劳动密集型”的零售连锁行业，向“专业人才密集型”的方向发展，也让苏宁集团总部的人力资源管理开始朝着战略人力资源管理的方向转变。

3

战略性失误导致节节败退

——诺基亚在人力资源发展战略上的警示

◎ 企业背景

诺基亚公司成立于1865年，总部位于芬兰埃斯波，是一家主要从事移动通信产品生产的跨国公司。创立初期，诺基亚以造纸为主业。1967年，诺基亚成为芬兰国内跨产业的大型公司，涉及造纸、化工、橡胶、电缆、制药、天然气、石油、军事等诸多领域。为了表彰诺基亚的贡献，芬兰将1937年建立的一新镇命名为诺基亚镇。1977年，诺基亚镇又升格为诺基亚市。

1960年，诺基亚开始专注于电信行业，从而奠定了后来诺基亚集团电信的基础。到1967年时，公司电子部净销售额占整个集团净销售额的3%，成为大部门。1990年，随着手机用户量大增，手机价格降低，诺基亚明确制定了“将发展成为一个富有活力的电信公司”的战略。同时，诺基亚还致力于全球通技术，首次全球通对话就是用诺基亚电话于1991年通过芬兰诺基亚网络进行的。

20世纪90年代中期，诺基亚因涉及产业过多而濒临破产，当时的诺基亚总裁果断将其他所有产业舍弃，并拆分了传统产业，只保留诺基亚电子部门，将其他所有传统产业出售，此刻的诺基亚做出了自己历史上最重要的战略抉择。自1996年之后，诺基亚手机的销售量连续15年占据全球市场份额第一。2010年第二季度，诺基亚在移动终端市场的份额约为35.0%，领先当时其他手机市场占有率20.6%。但面对新操作系统的智能手机的崛起，诺基亚没有在发展战略上再次把握住机会，其全球手机销量第一的地位在2011年第二季度被苹果及三星超越。

2013年9月3日，微软宣布以约54.4亿欧元价格收购诺基亚设备与服务部门（诺基亚手机业务），并获得相关专利和品牌的授权。诺基亚集团未来将努力发展Here地图服务、诺基亚解决方案与网络（NSN）和领先科技三大支柱业务。2014年4月25日，诺基亚集团宣布完成与微软公司的手机业务交易，正式退出手机市场。2014年7月18日，微软公司宣布未来一年将裁员1.8万人，其中约1.25万个岗位来自诺基亚部门。微软于2015年春节前关停诺基亚东莞工厂，其中部分设备已运出中国。同时，位于北京的微软诺基亚工厂也同步关停。完成收购后，"诺基亚"品牌名称会一直保留并使用，这意味着诺基亚品牌手机并不会随着微软的收购而消失。

诺基亚集团甩掉长期亏损的手机业务后，可以更加专注于Here地图服务及网络设备领域。2014年11月18日，诺基亚正式发布了旗下第一款Android平板电脑——诺基亚N1（Nokia N1），这是Android系统历史上首款支持USB正反插的设备。2015年4月15日，诺基亚用156亿欧元收购阿尔卡特-朗讯，双方合并后，将服务全球IP网络。阿尔卡特-朗讯实体将改为诺基亚品牌，而诺基亚将保留"贝尔实验室"品牌。2015年6月20日，诺基亚集团的CEO拉吉夫·苏里（Rajeev Suri）在接受德国《经理人》杂志（Manager Magazine）采访时称，当与合作伙伴微软的协议2016年到期后，诺基亚将计划重返手机市场。2015年9月初，宝马、奥迪、戴姆勒三大德国汽车厂商斥资31亿美元（折合人民币192.2亿元）联合收购了诺基亚Here地图业务。2016年，诺基亚计划重返手机市场，推出并销售一款智能手机。

◎ 典型案例

诺基亚，一个曾经响亮的品牌，一家世界尊重的企业，曾经是手机业的巨头，人们信任诺基亚品牌，更为能够在这样一家全球顶级的跨国公司里任职而感到荣幸。然而转眼间，辉煌不再。

当市场不再接受诺基亚时，随着亏损的大幅度增加，裁员也开始大幅度进行。2014年，已经被美国微软公司收购的诺基亚，公布了一项大规模裁员计划，约 1.25 万员工将失去工作岗位，而诺基亚中国的裁员比例则接近 90%。

诺基亚有过如日中天的时期。从 1996 年开始，诺基亚手机连续 15 年占据全球手机市场份额第一的位置。2007 年，诺基亚占据全球手机市场 40%份额。2009 年诺基亚手机发货量达到创纪录的 4.318 亿部。这样的纪录，曾经被认为是不可超越的，曾经一度触动各国政府的神经，就是否要启动反垄断调查而犹豫不决。

在辉煌年代里，诺基亚是跨国公司管理的典范，不论是大公司还是小公司，不论是同行业还是其他行业的管理者，都在研究诺基亚的管理之道，并希望从中得到启示。在诺基亚内部，长期以来都存在着一种企业文化，即不鼓励内部竞争，而是强调同事之间的合作。在一个团队里，每个人都有不同的分工，仅负责其中一个环节，研究方向也不同。要想做出好的产品，每个人必须做好自己的事情，并积极和其他人配合，因此同事之间的感情融洽。

诺基亚对员工进行定期的心理咨询，员工心情不好的时候，也可以直接找心理医生聊一聊，如果对老板不满也可以“照骂不误”，心理医生绝对保密。诺基亚每款新品上市后都有庆功会，大家一起喝香槟，然后一起发奖金，团队共存亡的意味很浓。员工还有专门的按摩室和配有专业健身教练的健身房，如果工作中觉得累了，可以去做个按摩，也可以去健身房放松一下。在诺基亚公司里干了 10 年、15 年的员工很多，这种现象在人才流动频繁的通信业里并不多见。这些曾经都被认为是促成诺基亚成功的关键因素。

诺基亚除了给予员工物质上的满足，也让员工感受到了尊重和温暖，感受到了企业的关心。这既是一件好事，也是一件坏事。庞大的福利开支消耗掉诺基亚太多的利润，而投入在创新方面的资金因此受到压缩。更大的问题在于诺基亚的内部存在着过度精细的分工，就像大餐馆里，进货、备菜、配菜、烹饪、上菜等，每个程序都有分工，不同的人担任不同的角色，不像小餐馆，整个流程也就一两个人，每个人都是全能。诺基亚公司内部的分工非常细致，每个人研究的领域都很专、很单一，方向也不同。在诺基亚工作的年头越久，就越是习惯诺基亚的企业文化，诺基亚员工要是跳槽到新的企业，很多招聘企业都会担心其是否能适应新的企业文化。

当一种产品或一家企业进入衰退期时，最缺乏的便是回天之力。2011 年 4 月底，诺基亚和著名咨询机构埃森哲达成战略合作协议，诺基亚把塞班操作系统的研发外包给埃森哲，埃森哲向诺基亚提供可用于未来智能手机的操作系统。

与此同时，诺基亚的裁员行动正式展开，最初大约有 3 000 名员工脱离了诺基亚系统。在 2012 年年底之前，诺基亚在芬兰、丹麦和英国又裁员 4 000 人，全面裁员计划正式开始。当时，尽管苹果、三星等在智能手机领域领先，但诺基亚在低端手机市场仍然占绝对优势，生存还一时无忧，正所谓“瘦死的骆驼比马大”，不过，诺基亚的市场份额在逐渐萎缩，危机随时可能爆发。但无论是诺基亚辉煌的时候还是没落之后，员工的福利和工作氛围却没有大的变化。这对于员工来说是暂时的好事，但对于企业发展来说则是沉重的负担，当企业最终难以负担而轰然倒下时，员工才发现曾经的“好事”，长远看来却是件坏事。

诺基亚在手机业务上的败退原因可能有许多，站在不同的角度可以获得不同的结论。从人力资源的角度分析，诺基亚过度以人为本的管理措施，或许正是导致其最终走向衰落的主要因素之一。员工在诺基亚过得很舒服，上班晚来早走都可以，甚至很多员工在上班期间开淘宝店、拍照传图、和淘宝客户聊生意等。在公司付工资的上班时间干别的事情，这在很多地方是不能想象的，这样的“以人为本”在某些程度上养成了一些员工的惰性。真正的以人为本，并不在于员工可以晚来早走或上班时间洗澡、运动，而在于将员工的意见听进去，能够为员工的职业发展着想，并做好规划。

诺基亚一些研发团队的员工一直都很忙，但有些岗位的员工却一直都很闲。这样的情况是因为上级领导层并不清楚下边的团队到底在干什么、有多少工作量、需要多少人，而团队的负责人却一直在要人。每一个团队的直接负责人其实都知道自己团队的工作量，知道有没有人闲着，但在向上级汇报的时候，往往会夸大自己的工作量和产出。因为只要不断地加人，团队不断地扩大，就代表这个团队在公司的地位越来越高。另外，由于诺基亚中高层基本都是芬兰人，诺基亚希望芬兰人能够对国外的企业有足够的掌控。芬兰人要多增加一两名新员工，也比较容易得到上级的支持。

诺基亚让人失望之处，除了人浮于事，更关键的一个原因是上层决策的屡次失误。2008 年，诺基亚收购了塞班公司，破坏了塞班操作系统已形成的强大生态系统平衡。随后又过早宣布放弃塞班操作系统，使得塞班操作生态系统顿然瓦解。此后，诺基亚把谷歌作为其向互联网转型期的主要竞争对手，错过了利用安卓操作系统崛起的机会。之后，诺基亚仍然忽视手机互联网时代的到来，把手机主要功能依然定位在 2G 通话上，可是这时候的用户已开始逐渐上网、聊天、看视频了。

在智能手机时代，错过先机的诺基亚并未实现弯道超车，而是一再延误战机。一位前诺基亚员工这样说道："前几年，公司内部有个投票，表决是否采用安卓系统，结果78%的员工同意采用，可惜基层员工的意见被完全忽视。诺基亚这几年几乎一年一个系统，好多产品都到了最后阶段，一句Cancel（取消），所有的手机立刻都被销毁!"

最终让诺基亚"死"去的是"大企业病"。早在2007年下半年，诺基亚就决定要做一家互联网公司，并且还推出了相应的OVI商店，类似Apple Store，但真正落实的时候，推进非常慢，把诺基亚分布在全球的大区都走下来就要半年的时间。最后因为给开发者的资金不到位，OVI商店并没有真正做起来。其实诺基亚当时根本不缺少资金，问题的实质是虽然诺基亚口号喊得响，但推进的决心不足。

2013年11月19日，诺基亚东莞制造工厂的员工认为诺基亚在出售手机业务给微软的过程中，未能给予合理的经济补偿，约有百名员工参与了抗议停工活动。当天诺基亚东莞工厂的员工在园区内的空地上打出了维权横幅，并在草地上静坐表示抗议。为此，东莞当地政府也介入了调解，经双方协议，工厂向坚持工作的员工（包括恢复生产的员工）发放1 000元的额外奖励。

2014年7月18日，微软开始启动诺基亚北京工厂裁员计划，涉及人员3 000人。2014年8月1日，由于此前微软中国及诺基亚内部流传的补偿方案为N+6，而最终宣布的补偿方案为N+2，在裁员沟通会现场，微软中国相应的管理人员被诺基亚员工轰下台。此后，数千名诺基亚员工聚集在诺基亚园区的北门，高喊N+6的口号。

◎ 分析参考

不改变业务模式，从老师变成了学生

企业的人力资源战略与企业发展战略在总体上应该是一致的，企业发展战略往哪里走，人力资源战略就应该跟着往哪里走。由于人力资源积累与使用上的滞后性，当企业发展战略一经确定，人力资源的准备工作就应该先行一步。从招募到培训，从创新到研发，从转型到突破，在每一个环节里，人力资源管理都大有作为，不可或缺。一种企业文化的形成，一旦固化就很难随机应变，

有时企业文化会成为企业发展的助动力，有时则会变成企业转型的阻碍力。反观诺基亚的发展战略，保守与固执最终使自己成为市场的弃儿，这当中，人力资源战略的缺失造成的危害可谓教训深刻。

第一，诺基亚在15年行业老大的习惯优势下，轻视了科技创新和市场变化。

当一种产品成为市场上的主流时，为了不让优势失去，公司一般都会加大在这个方面的投入，以保护已有的垄断地位。当眼睛只往一个地方看时，公司的所有资源也会往一个地方倾斜，最好的人力资源也就集中到一起。在开放的市场中，总有无数竞争者觊觎着市场份额，当正面出击无法有效时，竞争者就会用新的科技、新的模式创造出新的市场来。在诺基亚忽视新市场时，其他公司则把所有资源都汇集在未来可能发展的市场上。即使在经营业绩和市场份额下滑的情况下，诺基亚公司仍然坚称“没有计划改变原来的业务模式”。虽然诺基亚一度也看到了移动互联网领域的诱惑，但是又不想失去原来的优势，最终让传统手机业务拖累了智能手机市场的开发。在不得不重新面对智能手机业务时，诺基亚只能为进军移动互联领域付出高昂的运营和整合成本，迫使自己去熟悉和适应移动互联市场的游戏规则，而不是一开始就让自己成为游戏规则的制定者。从老师变成了学生，人力资源的准备工作一团糟，这是诺基亚在创新与研发上的严重缺失。

第二，诺基亚缺少壮士断腕的勇气，在人才使用上发生了连续的重大失误。

2008年，诺基亚手机终端市场需求同比减少10%，投诉率则上升到10%以上。令人担忧的是，延伸至智能手机的制造优势和渠道优势，一直没有对软件服务或企业解决方案有太大的贡献。面对困境，诺基亚开始被动地调整自己的双全能战略。低端手机市场开始交由公司的CFO来打理，原因是手机制造的利润一再走低，需要极强的成本控制；擅长拓展渠道的高管则负责智能手机。诺基亚虽然走出了一步，但却保留了当年是优势、如今已转化为严重负担的传统手机业务。更何况为了一味控制成本，把如此重要的“后事”简单地交给一位财务专家，而非产品专家或市场高手，这是用人上的严重失误。20世纪90年代，诺基亚因涉及产业过多而濒临破产，当时的总裁果断将其他所有产业舍弃，只保留诺基亚电子部门，为诺基亚做出了历史上最重要的战略抉择。而当智能手机市场已经形成时，诺基亚却舍不得维护了15年之久的优势业务，直到把整个手机业务拖垮为止，这是诺基亚在用人与决策上的真正不可挽回的重大失误。

第三，过分相信用户的忠诚度，在竞争对手的一再侵袭下，用户的离去使诺基亚兵败如山倒。

当产品面临危机时，危险可能比预想的还要严重。从对品牌的追求、忠诚到寻求创新，用户的口味向来变化很快，诺基亚的各个细分市场不停有消费者转向花样百出的新锐手机厂商和全新品牌。用户对产品的喜新厌旧，是企业技术创新的动力，也是不断开发蓝海市场的源泉。当初诺基亚利用过这一消费心理，如今却又忘记了消费者的行为方式。当用户对一种产品习惯之后，虽然会产生一定的依赖性，但是面对不断出新的技术与新产品，尝新的愿望往往也非常强烈。只有迎合用户的体验，不断推出新的、符合市场预期的产品，才能让用户保持对品牌的黏性，否则，用户来得快走得也快。诺基亚用户的流失，正说明好品牌若开始不能满足用户的新需求，市场占有率便会在一夜之间发生根本性的变化。显然，诺基亚的市场销售人员没有意识到用户的新需求是如此的强烈，或者说意识到变化后反馈到新产品研发部门的速度实在太慢，以至于最终无法弥补。在优势地位之下的市场销售人员明显反应迟缓，这是诺基亚在市场与客户管理上的严重失误。

第四，过度的员工福利让诺基亚的员工丧失了进取之心，“以人为本”变成了“无人管束”。

有人认为，诺基亚所谓的“以人为本”正是导致其走向衰落的主要原因之一。员工上班晚来早走，工作时间开淘宝店、洗澡、运动等成为一种常见现象。高福利、低效率，养成了一些员工的惰性。真正的“以人为本”不应该体现在员工的不受管束，而是听得进员工的意见，能够为员工的职业发展着想。庞大的福利开支使诺基亚在创新方面的投入资金受到压缩。公司内部还存在着过度精细的分工，当任务饱满时，这可能是一种专业化优势，而当工作量不足时，这会使员工的适应性变得极差，换岗和改变工作职能都异常困难。在公司需要全面转型时，上述这些曾经被人推崇的做法全部变成了一种障碍，当无法突破时，企业也就陷入了危机，这是诺基亚在员工关系与薪酬绩效上过度保护的结果。

第五，举棋不定的决策，让人力资源战略无法真正实施。

企业转型一般会伴随对业务的取舍，然后在整合中形成新的竞争优势。虽然诺基亚是一家罕见的低负债公司，但在被微软兼并前几年的现金流情况已经不太健康，原因是全产业链布局的现金收购占用了大量资本。一边是传统手机，一边是移动互联，诺基亚表现出两极化发展的趋势。移动互联领域的并购整合存在滞后期，再加上传统手机制造已成夕阳产业，这使诺基亚在追求利润率与坚守市场份额时步入了低谷。智能手机是移动互联功能的关键载体，配合新的智能机型，诺基亚依然延续“全能制造者”的思路，开始投资生产线流程管理、物流、研发设计等环节，以保障诺基亚手机的大规模生产能力，并形成从智能手机到低端手机的全线目标市场布局。在智能手机领域，诺基亚试图采用成熟主流的塞班系统阻击苹果和谷歌，但决策之后的“推倒重来”不断上演，几年中尝试了无数系统，又放弃了无数系统，这让诺基亚的现有人员疲于奔命，而新的人员储备又无法进行。这既是诺基亚发展战略迷失的表现，也是公司人力资源战略混乱的体现。

再大的公司在市场面前都是小公司。网上商店关闭、高管离职、大幅裁员、平台关闭、技术落后等，诺基亚在过去几年时间内成为了负面新闻最多的手机生产商。诺基亚显然走进了“什么都想要，最后什么都得不到”的死胡同。为了保存自己的老大地位和市场收益，诺基亚曾经一脚踏三条船——与英特尔合作的 MeeGo，与微软合作的 Windows Phone 和自己独守的塞班，可“滥情”的结果就是高昂的成本负担与不堪重负后的陨落。

4

为企业未来发展做好规划

——联想集团的人力资源规划举措

◎ 企业背景

1984 年，中国科学院计算技术研究所的柳传志领导 10 名科技人员，投资 20 万元租用一间传达室，创办了一家公司，公司命名为“联想”（Legend，意为传奇）。1994 年，联想集团在香港上市。联想集团的品牌包括享誉全球的“Think”及“Idea”。2003 年，联想集团将其英文标志从“Legend”更换为“Lenovo”。其中，“Le”取自原标志，代表秉承传统；新更名的“novo”取自拉丁词，表示“新”的意思，代表着联想的核心精神是创新。2004 年，联想公司名称正式更名为“Lenovo”。

2004 年 3 月，联想集团成为国际奥委会全球合作伙伴中的第一家中国企业。2005 年 5 月 1 日，联想完成对 IBM 全球个人计算机业务的收购，成为全球第三大个人计算机企业。2006 年 2 月，联想在全球 10 个城市同期发布了联想中小企业计算机，掀开 Lenovo 品牌国际化的营销战役。作为全球电脑市场的领导企业，联想从事开发、制造并销售相应的技术产品及优质专业的服务，帮助全球客户和合作伙伴取得成功。联想公司主要生产台式电脑、服务器、笔记本电脑、打印机、掌上电脑、主板、手机、一体机电脑等商品。

凭借技术领先的个人电脑产品，联想登上了中国 IT 业的顶峰。自 1997 年起，联想一直蝉联中国国内市场销量第一，在中国个人电脑市场上的份额超过三成。目前，联想集团已经是一家在信息产业内多元化发展的大型企业集团和富有创新性的国际化科技公司。2004 年，联想集团收购

IBM PC 事业部。2013 年，联想电脑销售量升居世界第一，成为全球最大的 PC 生产厂商。2014 年 10 月，联想集团宣布已经完成对摩托罗拉移动的收购。

自 2014 年 4 月 1 日起，联想集团成立了 4 个新的、相对独立的业务集团，分别是 PC 业务集团、移动业务集团、企业级业务集团、云服务业务集团。目前，联想集团在全球拥有近两万名员工，制造和物流基地主要设在中国、墨西哥、美国、波兰、印度、马来西亚、日本、澳大利亚等。联想拥有强大的分销网络，在中国有近万个零售点。集团建立有中国北京、日本东京和美国罗利三大研发基地。在中国内地，联想还拥有北京、深圳、上海和成都 4 大研发机构，赢得过数百项技术和设计奖项，包括 2 000 多项专利，开创了 IT 业界的许多“第一”。2008 年 7 月，美国《财富》杂志评出该年度世界 500 强企业，联想集团成为进入 500 强的首家中国民营企业，以 167.8 亿美元的年销售额排名第 499 位。2013 年度《财富》世界 500 强榜单中，联想集团排名大幅提升，上升至第 329 名，营业额达 340 亿美元，已超越部分国际知名的企业。

2011 年 6 月 1 日，联想集团宣布收购德国电子厂商 Medion 36.66%股份，交易总价格达到 2.31 亿欧元。2014 年 1 月 23 日，联想集团宣布以 23 亿美元收购 IBM 低端服务器业务，9 月 29 日联想与 IBM 共同宣布，已完成所有相关监管规定，10 月 1 日正式完成并购。至此，联想成为全球市值超过 421 亿美元的 x86 服务器市场中的第三大供应商。2015 年 4 月 15 日，联想发布了新版 LOGO，以及新的口号“Never Stand Still（永不止步）”。2015 年 8 月 13 日，联想集团披露将在全球范围内削减约 3 200 名非生产制造员工（约占非生产制造类员工的 10%），约占全球整体员工（60 000 名）的 5%。

◎ 典型案例

1984 年，柳传志以 20 万元人民币创业。1986 年，柳传志任北京联想总经理。1988 年联想以 30 万港元合资创办香港联想电脑有限公司，柳传志成为香港联想主席。1989 年成立联想集团，柳传志升为总裁。1994 年，联想集团成立微机事业部，柳传志全力支持29岁的杨元庆执掌联想PC。1997年，两家公司经过整合统一为联想集团有限公司。2000年联想成功分拆，随后成立联想控股有限公司，下设联想集团、神州数码、联想投资、融科智地、弘毅投资5家子公司，业务范围涉及计算机软件与硬件生产经营、房地产、投资等。柳传志作为联想的最高决策者和管理者，负责制定公司的长远发展战略，以实现经营目标。

联想集团在“20岁生日”做出并购IBM PC业务的冲天之举，实现了民族品牌走向世界的大跨越。2006年3月，联想成为都灵冬奥会的赞助商，在国际市场上叫响了中国计算机品牌。同年8月，戴尔亚太区的4位高管加入联想，联想集团在国际化道路上的步子越来越大。联想控股所拥有的其他4个子公司在多领域、跨国经营方面也蜚声中外，与联想集团成为五朵金花，令世界为之瞩目。

联想为何能如此快速地走向国际化、多元化？这主要得益于柳传志在坚持自主创新的同时，把年轻管理者推向第一线的人才战略。现在，许多联想青年人担负起高层管理的重任，在IT服务、投资、房地产经营方面各显不凡身手。联想控股的5个子公司，每个公司执掌帅印的都是年轻一代，杨元庆、郭为、朱立南、陈国栋、赵令欢被称为“联想少帅”，也有媒体把驰骋商场的这5位才俊戏称为联想的“五子登科”。这是柳传志慧眼识才，培养、指导、大胆起用年轻人形成的强大管理阵容。

1992年，信息产业领域打开了国门，国家有关部门将批文取消，关税大幅度降低，外国企业的计算机大量涌入中国，IBM、康柏等国际品牌趁机而入，一下子推动了中国信息产业的发展。但是，这对国内PC厂家的冲击也是巨大的，当时很多企业可以说是溃不成军，联想在1993年第一次没有完成年度任务。

1994年年初，柳传志组织联想召开为期3个月的会议，认真讨论“未来到底怎么做”的问题。会议研究了联想到底还能不能在中国计算机这一行做下去；跟人家比有没有优势；在资金、技术水准、管理、人力资源全居于劣势的情况下，这个仗是不是值得打。当时有人提出，“实在做不出自己的品牌，干脆就做代理算了”。但经研究，联想决定坚决要打这个仗，认为自己的优势主要是在本土化方面。当年，联想把公司的组织架构和业务模式彻底做了调整，一项项地进行检查，然后换了29岁的年轻人杨元庆来担任联想PC的负责人。杨元庆1986年毕业于上海交通大学，1989年在中国科技大学取得计算机专业硕士学位，同年进入联想集团工作。

必须承认，柳传志的这一决策是正确的。从1994年起，联想几乎每年都按100%的速度增长，说明在当时把年轻人推到领导岗位的做法是成功的。按柳传志自己的说法是，“1994年，我们成功跨越了一个坎儿”。对此，柳传志解释说：“作为老一代创业者，我和其他人一样对年轻人不是很放心，但是1993年在市场上的失利，让我充分认识到我们这一代人虽在联想打天下的过程中发挥了奠基性的作用，这是毫无疑问的，但随着时代的发展、技术的进步，创业梯队的知识结构陈旧，对市场变化反应迟钝，对新知识的接受能力也不如年轻人了，潜伏着‘老马可能拉不动大车’的危机，所以必须大胆起用年轻人。我找到了当时集团CAD部总经理、年方29岁的杨元庆，告诉他联想将有重大的改变，希望他以公司为重，放弃出国的念头。”

1994年3月，杨元庆出任联想微机部总经理。1996年3月15日，联想率先发动了PC价格战，战胜了所有竞争对手，获得了中国PC冠军并一直保持此荣誉，一举打破了国内微型计算机市场多年以来被国外品牌占据第一的局面。年轻人的成功，不仅赢得了联想老一代创业者对其的信任，更让柳传志在年轻人身上看到了希望。在竞争日趋白热化的现实面前，没有什么比企业的希望更重要，给年轻人一个舞台、一个广阔的发展空间，他们会大有作为。后来，柳传志专门成立了总裁办公室，目的就是把一些具有良好可塑性的、有潜力的人才集中起来，一方面进行训练与选拔，另一方面让这些年轻人在工作中加强合作与协调，将其培养成联想的中坚力量。柳传志器重的杨元庆，在《亚洲周刊》推荐的亚洲20名千禧英雄中，作为两名中国内地代表之一入选，2001年6月还获得了《商业周刊》亚洲版评选的“亚洲之星”称号。

2003年年底，在香港举行的圣诞晚宴上，柳传志除了例行地感谢来宾外，还表达了一番对杨元庆的评价，让在场所有的人都大为感动。柳传志说：“在我的心中，国家领导人受到尊敬，杨元庆同样受到尊敬，因为他们都是敢于高举大旗、迎接困难、不屈不挠、奋勇向前的人。我是喜欢迎接困难的人，一遇到挑战就兴奋，杨元庆更甚于我。杨元庆正在领导联想集团的管理层认真分析形势，反复研讨制定中期发展战略。看着他们饱含激情地工作，我对我的年轻同事们充满了尊敬。我们交给他们的只是一个事业的开头，他们接过的更多的是困难。”

2004年，联想集团收购IBM的PC业务，柳传志辞去联想集团董事长职务。

在柳传志的协助下，杨元庆在2005年顺利完成了并购与调整，使联想真正跨入了国际竞争的行列，体现了年轻一代联想人的胆识和勇气。2007年后，在全球金融危机的影响下，联想集团的业绩出现了下降，为了提升联想员工的信心，柳传志决定暂时复出，负责战略调整和决策，让在执行力方面更具优势的杨元庆担任CEO。

2009年9月，在柳传志复出、重新出任联想集团董事长后，不到一年时间，柳传志又出两个“高招”：通过引入泛海集团，稀释中国科学院在联想控股的股份；通过投资“创新工场”，把民营企业家卢志强和超级职业经理人李开复双双纳入其财富增长的“英才资源库”，为联想下一轮的大发展储蓄能量，并为联想提供更多的接班人选。在完成了柳传志认为最重要的事情之后，2011年11月2日，联想集团宣布柳传志卸任董事会主席，担任联想集团名誉董事长。

2000年，联想分拆成联想集团和神州数码后，卸下一身重担的柳传志开始与联想控股副总裁朱立南等一起筹划进入风险投资领域。目前，弘毅投资共筹集到了3期总规模达8.07亿美元的基金，已经投资了将近10家企业。其中，中国玻璃已经在香港交易所上市，先声药业在全球最大的纽约交易所上市。2012年6月18日，联想控股宣布柳传志辞去联想控股总裁职务，经联想控股董事长柳传志提名，董事会一致通过任命公司原常务副总裁、执行委员会成员朱立南为联想控股总裁，而柳传志继续担任公司董事长、执行委员会主席。

在对外投资领域，联想控股还将自己多年积累的经验复制到被投资的企业，这其中也包括联想最著名的管理三要素。对于这一点，中联重科董事长詹纯新感触颇深：“弘毅进来之后，我们确实是在跟他们学习怎么做企业，例如做事的规范、超强的执行力、强调工作效率等很多方面，我们都在向他们学习。”甚至在公司的组织架构上，中联重科也模仿联想的企划办成立了一个“持续改进研究室”，这个研究室的职能与通常送往迎来的办公室不同，是一个专注于研究公司战略方向和建设企业文化的研究室。在柳传志的影响下，联想旗下的两家投资公司非常看重被投资企业领导人的素质，特别强调“事在先，人为重”，而弘毅投资最重要的投资标准就是团队和一把手的能力。虽然也有特殊情况出现，但是联想进入被投资企业之后很少更换其管理层。

柳传志十分重视人才培养，在联想打造出了一支出色的人才队伍，使企业不断保持旺盛的发展后劲。柳传志还从长期的企业管理实践中探索出了以“管理三要素”为核心的一整套具有联想特色的企业管理理念和方法。这些管理理念和方法不仅在联想自身的发展过程中起到了重要作用，还形成了联想投资业务的核心竞争力，正帮助越来越多的其他企业实现更好发展。柳传志曾说，“管理就是三件事——搭班子、定战略、带队伍”，这已被众多中国中小企业奉为准则。柳传志还说，“选接班人就像选太太，要符合两点，一要漂亮，二要爱我。漂亮，意味着能力超群，是谓有才；爱我，意味着认同企业文化和创业领袖，是谓有德”，所以能在联想担当重任的一定是德才兼备的人。

◎ 分析参考

持续创新是企业发展的价值体现

人力资源规划要服从和服务于企业总体的发展规划，企业的总体发展离不开人力资源管理规划的配合。改革和创新人力资源管理体系在企业发展中具有不可替代的地位和价值。具有远大理想的企业和企业家，在规划企业发展目标时，一定会把对接班人和对高层人才的选拔、培养、锻炼、考验与企业未来蓝图放在一起统筹设计、分步实施、逐步推进。联想控股创始人柳传志对后备人才的规划就是一个明证。

一、企业不同的发展时期有着不同的人力资源规划要求

一个企业在创业期和发展期对人才的需求是不一样的。创业期需要的是人才对市场的胆识和眼光，而随着企业规模的扩大和日趋国际化后，企业经济受经济全球化和新经济的影响越来越显著，创业期的领导团队大多面临知识结构陈旧、对新鲜事物接受较慢的困扰，人力资源体系如果不及时改革创新，不紧跟时代步伐，仍继续沿用以前的体制，可能就会落后于时代，从而难以将企业推向上升之路。特别是在高科技领域，新知识、新技术、新业态层出不穷，让年轻人冲在第一线，可以充分发挥年轻人对于新事物的灵敏反应能力。懂得适时把握机会，让创业者退一步，让年轻人进一步，是必须面临和坚定抉择的决策。

企业人力资源规划必须随外部经济环境的变化而变化，那些一成不变的人力资源管理模式已经远远不能适应当今瞬息万变的时代，必须不断改革和创新。当国外计算机品牌供应商大量涌入中国之时，联想集团面对要么做代理直到最后消失，要么利用自己本土化的优势创出自己的品牌、逐渐做大做强的两难选

择，在严峻形势下，联想集团在柳传志的主导下，勇敢而果断地选择了后者。之后联想的发展之路充分表明：不同的发展期就需要甄选和使用不同的人才，才可能使企业更上一层楼。创业者个人在自我变革中同样可以随着企业的发展得到进一步升华，就像柳传志一样，获得了更高的声望与成就。

二、组织规划必须顺应企业变革，创立新的组织架构和业务模式

企业要生存与发展，就必须不断适应变化中的环境。企业规划与战略需要根据新的情况进行恰当的调整，作为公司规划重要组成部分的人力资源规划当然也需要不断进行配合调整。组织规划是人力资源规划的重要组成部分，当人力资源规划随企业战略不断改革创新时，组织架构和业务模式也必须随之调整。联想控股为了快速地向国际化、多元化发展，除从事个人计算机业务的联想集团外，另设神州数码、联想投资、融科智地、弘毅投资4个子公司，由特长不同的年轻人分别担当下属公司的高层管理责任。不同的领域使用不同的人才和不同的管理模式，最终使联想控股取得了今天这样巨大的成功。

联想控股还有一个值得学习的地方就是对人才的选拔和培养。年轻人的可塑性很强，集中起来训练和选拔，既可加强年轻人的合作和协调性，同时也可以增强其对企业的认同感和忠诚度，为企业的发展储备优秀人才。企业人才资源的培养应该不断着眼未来，建立起有效的人才梯队。柳传志的“管理三要素”——搭班子、定战略、带队伍，可以成为中国企业学习的好榜样。在这三个要素中，搭班子和带队伍都是关于人才选拔、培训与使用的。只要人选对了、用好了，事业就会顺利，业绩就会提高，这两个要素无疑是决定企业能否走向成功的关键因素。

三、改革和创新是企业发展的真正动力，需要人力资源规划落到实处

核心竞争力、领导力、创新力和执行力是企业人力资源指标体系的四个重要方面。对于高科技企业来说，创新力在人力资源战略中显得尤为重要。中国的很多企业，论资排辈现象严重，对青年人不信任、不放权，导致管理理念陈旧，没有生机。一味地守住自己现有的权力，守住自己拥有的事物，沿着过去的路一成不变地走下去，最终只有停滞甚至倒退。而真正的领导力，不是事无巨细地一手在抓，而是分工明确、责任到位、层层把关、人人有权。在管理实践中，领导力是看不见的手，只有当出现重大危机和需要做出重大决策时，领导力才真正显现出来，其最基本的特征应该是：准确决策、高效执行、反馈迅速、无“副作用”。企业领导人必须以企业发展为重，不断自我革新，不断改革与创新。守着传统的经营模式，看似是安全有效的，实质则可能是在走向消亡。只有不断创新与突破，才有可能找到“蓝海”，争抢到新兴市场中最诱人的第一块蛋糕。

当领导团队的知识结构陈旧、对市场变化反应迟钝，“老马拉不动大车”，从而影响了企业的发展时，企业必须大胆起用开拓创新型人才，起用那些有才华、有胆识、有勇气的年轻人，让企业不断发展下去。企业单纯想依靠人的数量来累积资本并不现实，只有激发员工的创造力，才算拥有了资本累积的源泉。杨元庆出任联想集团微机部总经理时年仅 29 岁，而正是像杨元庆这样年轻的管理者们实现了联想的持续辉煌，这是优秀企业将良好的人力资源规划真正落实到实际管理中的典范。可以说，根据市场情况进行及时、不断地调整并大胆起用年轻人才，运用各种有效的方式包括人才直接引进、贤才及时提升、并购重组中吸纳精英、对外投资带动向内引进等，都可以实现把老将的经验和新兵的激情进行有效的融合，从而不断改革和创新，也正因为此，才使联想控股取得了中国民营企业进入全球财富 500 强的第一张门票。

四、用战略人力资源管理推动企业战略的实现

现代企业的生产管理和经营方式不断更新，产品和服务的生命周期不断缩短，企业要想在激烈的竞争中立足并不断发展和壮大，就必须以企业战略为中心，将人力资源战略管理融入组织经营系统中去，将人力资源管理实践从以供应为导向转变为以需求为导向，使主动性的人力资源管理战略与企业战略及文化相匹配，形成人力资本、社会资本和组织资本的丰富存量，最大可能地保证企业内部知识、能力、技能的流动和管理，从而推动企业战略的实现。2000 年，联想成功分拆，成立联想控股有限公司，下设 5 家子公司，让不同特长与能力的年轻人各司其职、分兵作战，这既分担了联想集团的压力与风险，又在内部形成了良好的竞争机制，五路人马在不同的战线上都有机会得到全面的锤炼，呈现出人才辈出的局面，而这正是企业发展战略所需要达成的最重要目标之一。

联想控股人力资源管理实践就是站在企业战略的高度，以对本土核心和高级人才开发培训战略为先导来挖掘潜在的接班人，从而实现公司战略目标的典型案例。联想通过选拔、甄别、业绩评估等工作，提前做好未来生产、经营、管理所需要的人才开发、培训和储备，从中发现优秀人才，并让优秀人才逐步进入中高层管理团队，在企业的综合资源得以充分利用的前提下，不断提升员工的潜能和创新能力，以此来推动整个企业战略的实现。作为创业者的柳传志，一方面敢于放手让年轻人去干，另一方面又时刻关注着市场的变化与企业的命运，一旦出现险情，则又重新上阵协助企业战略的转型与目标达成，在关键时刻再次为企业点明方向，这种一边放、一边抓的“带队伍”方式，让企业在重要的发展关头得到了平稳过渡。这些实践活动不仅可以提高企业人力资源战略管理的能力，也使人力资源管理真正成为能够创造价值并维持企业核心竞争力的战略组成部分。

5

规划先行是稳健发展的基础

——金地集团全面推进人力资源规划

◎ 企业背景

初创于1988年的金地集团，前身是注册于深圳福田区的“上步区工业村建设服务公司”。1991年，公司更名为“深圳市福田区金地实业开发公司”。1993年，金地开始正式经营房地产，并逐步形成以地产开发业务为核心的业态。2001年4月，金地（集团）股份有限公司在上海证券交易所正式挂牌上市。2011年，金地集团确立以住宅业务为核心，以商业地产和金融业务为两翼的“一体两翼”发展战略，稳步推进业务模式转型，向着“中国最有价值的国际化企业”宏伟目标持续迈进。

金地的董事会共有15位董事，其中有13位拥有硕士以上学位，曾被称为中国学历最高的董事会。2003年，金地集团与微软公司合作，引进知识管理系统，搭建起集团内部的信息和知识门户。之后，金地集团与国际著名的人力资源咨询公司翰威特（Hewitt）合作，建立起了完善的绩效考核体系；与华信惠悦（Watson Wyatt）合作，设计了一套完整的集团化薪酬体系。金地集团战略发展领导小组对集团的总体发展方向进行五年规划，各子公司据此制订各自的三年规划，资金、人力资源、品牌、IT等专业管理组据此进行三年专项规划，每年滚动更新。这种战略管理体系保证了金地集团能够前瞻到未来几年的风险和机遇。

近年来，金地集团连续获得“中国房地产品牌战略创新10强”“中国房地产上市公司10强”等称号。中国房地产测评中心发布的“2008年中国房地产上市公司测评报告”显示，金地集团凭借良好的业绩，与万科、保利、招商共同跻身第一梯队，同时还荣获了中国房地产企业盈利能力10强中的第3名。金地集团坚守“科学筑家”使命，在企业经营中体现“专业之道，惟精惟一”的特质，已经发展成为极富特色与竞争力的全国品牌地产公司。

秉承“用心做事，诚信为人；果敢进取，永怀梦想”的企业精神，金地集团经过多年积累，逐步形成了地产开发的核心竞争优势。目前，金地集团已形成中国大陆七大区域的全国化布局，精耕全国25座城市。金地集团坚持以“引领人本生活”为产品核心理念，努力回应人居本源需求，赋予产品浓厚人文风格，打造功能丰富、设计创新的人性空间，并构建居住圈层沟通平台，营造和谐顺畅的人情社区。截至2014年年底，金地集团已拥有多家控股子公司，总资产达1 246亿元，净资产超过315亿元。同时，金地集团也是国内最早涉足金融业务的房地产企业之一。集团旗下拥有专注于中国房地产市场投资的私募基金管理公司——稳盛投资。2013年，稳盛投资累计总资产管理规模达105亿元人民币。

2012年，金地集团布局香港资本市场，收购联交所上市公司星狮地产(535.HK)，并将其更名为金地商置，成为金地集团旗下独立运作的商业地产投资、开发及运营管理业务平台。2014年4月，金地集团与美国知名开发商林肯公司正式签署协议，合作开发位于美国加州旧金山市CBD核心区域的两幅商用地块，用于高端写字楼建设。金地集团进军美国房地产市场，标志着其地产国际化战略正式扬帆起航。

◎ 典型案例

房地产行业普遍存在人才流失严重的现象，这已经深深困扰了不少企业经营者。有着30年发展历史的金地集团，在这方面显得颇为自信，因为在过去的发展阶段里，金地集团的核心管理团队和业务团队都非常稳定，人员流失比例很低。这种让同行羡慕的稳定性，得益于金地集团所具备的前瞻性人力资源管理规划机制，金地集团的人力资源管理俨然已经成为促进金地地产发展的最核心的因素之一。自2001年上市以来，金地集团以36%的速度持续高速增长，这样的发展速度，给金地集团的人力资源规划工作提出了更高的要求，也让从事人力资源工作的金地管理人员面临着前所未有的挑战。

一、绩效薪酬体系先行

金地集团的高层认为：如果组织的管理能力跟不上，公司不断扩张的战略计划就很危险。人力资源管理一方面要继续巩固业绩评估体系，另一方面要做好组织研究的基础工作。金地集团在全国扩张之初就已经引进了国际著名的人力资源咨询公司为其提供建议。该咨询公司诊断了金地的组织管理体系，完善了金地的业绩管理体系，并将当时最新出现的平衡记分卡作为模式和工具引进金地的业绩管理体系。这一举措，让金地内部的业绩管理体系跟上国际节奏，从而成为国内较早采用国际标准进行薪酬管理的房地产公司。这样，金地的员工都能够用自己的业绩说话，而不是依赖于上级的好感来评分。

随着业务在全国范围内的快速增长，金地在人力资源储备和薪酬管理上面临着更为复杂的局面。在这样的背景下，金地集团必须为员工提供有竞争力的薪酬，这既是公司对员工付出的回报，也是吸引和保留人才、保持公司竞争力所必须要做的。为了提供有足够竞争力的薪酬，金地集团必须不断提高公司的人均创利能力。这也就意味着在不断扩展业务的同时，金地集团的人员要控制在一个相对精炼的水平。金地集团高层认为，人员的控制并不是简单的“一个人比以前干更多的事情”，而是应该更多地依赖于经营和管理水平的提升，如决策效率的提升、流程的优化、产品的标准化等。

通常，人才流失的主要原因，一是员工个人对未来职业方向不清楚，或者企望在短时期内就有上升机会；二是个人对业绩和能力的自我评估与上级评估不一致，高期望与低表现导致人员无法长期适应企业要求；三是失去信任，而这通常是缺乏沟通的结果。为此，金地集团强调要有真正做到位的沟通。在金地集团内部，沟通是强制性的，一级领导若不主动与其下属沟通就要被扣分，员工也被要求与其直属上级之间定期进行绩效面谈，以让员工明白上级的期望和自己做得不够的地方，通过沟通将员工与上级的认识拉到同一个平面上。此外，金地建立了10条涵盖了各个层面的高效沟通渠道，员工可以选用其中的任何一条来了解公司动态、反映问题和表达意见。

二、应对扩张的人才储备

企业间的竞争，从某种程度上来说就是人才间的竞争，尤其是高端人才。为了能招募到更多的高端人才，金地集团人力资源部提出要求：走向海外，获取人才。在2008年4月9日至22日为期两周的时间里，金地集团总裁带领人力资源部总经理等5人招聘团队先后造访了美国斯坦福大学、哥伦比亚大学、哈佛大学、麻省理工学院、芝加哥大学等知名高校。金地集团招聘团队的到来，对于美国几所高校的学生而言显得非常新鲜，因为中国地产企业由总裁亲自带队到发达国家来招聘人才，似乎还是头一遭。这次招聘的程序是：人力资源部会同业务部门，通过视频、电话等方式初步甄选出46位候选人，并确定在美国的面试安排；经过两到三轮的面试，最终于5月10日前发出5个全职的offer和3个暑期实习的offer。结果有来自美国最著名高校的4名全职候选人及2名暑期实习候选人接受了金地的邀请。所有受聘新人到位后，分别被安排在金地集团的核心业务部门实习，金地集团还特地为新人配备了导师，以让其尽快进入角色。

事实上，海外招聘只是金地为集团业务扩张所做的人力资源储备的一部分工作，在全国化战略扩张的过程中，金地集团的人力资源体系为全国各地的分公司输送了大批人才，使得战略得以顺利实施。随着各地分公司相继进入稳定发展期，这些分公司也储备了大量高素质人才，为日后更大规模的扩张奠定了坚实基础。为了给公司扩张培养管理团队，金地集团每年都会在基层员工中发现并选拔20%的重点培养对象，作为管理人员储备。为此，金地集团实施了针对不同背景员工的培训计划。例如，对应届毕业生有“金鹰计划”，对普通员工有ETP（Employ Training Plan），对核心骨干有TTP（Talent Training Plan），对部门经理有MTP（Management Training Plan），对高层除了强制培训外还有各种不同的个性化培训。

要长久地维持员工的稳定度，除了薪酬等激励因素外，还要把重点放在员工职业生涯发展上，让员工真正体会到个人的专业能力、业务能力的提升，不仅对自己的发展有利，而且可以更好地服务于企业。因为员工是企业发展所需要的真正金矿，企业必须要科学地培养人、理解人、造就人，以良好的机制挖掘员工的潜在价值，规划其个人职业生涯，让员工在企业的发展中收获个人价值。以这种思想为基础，金地集团清晰总结并运行了“人员创造经营价值，组织成就职业理想”的“人力资本双螺旋开发模式”，即：员工在为组织创造价值的过程中实现与提升自我价值，继而对提升组织价值提供持续的原动力；组织价值的提升反过来又会提升员工价值，为员工提供更广阔的发展平台和更坚实的发展基础。通过“人力资本双螺旋开发模式”，人力资本在良性互动中势必会达到螺旋式增值的效果。

三、领导力素质模型引入

在竞争环境瞬息万变的今天，企业领导者对于组织发展前途的重大意义和深远影响往往超出大部分人的想象。缺乏远见与执行力的领导者可能将一支素质良好的队伍带入迷惘与困境；而原本普通的企业却可能因其领导者的高瞻远瞩与卓越管理而抓住机遇、蓬勃成长。

自2003年以来，金地集团先后与微软公司、翰威特（Hewitt）和华信惠悦（Watson Wyatt）合作，搭建起集团的信息和知识门户，建立了完善的绩效考核体系和集团化薪酬体系。具有远见意识的金地集团管理层，如今又将领导力素质模型研究工作提上日程。随着集团“快速滚动开发”战略的不断推进和全国化布局的完成，金地将迎来加速发展的良好时机。在这一过程中，对人才的需求量将不断加大。什么样的人才适合走上领导岗位，已经担任领导职务的同事身上具备哪些优缺点，以及要做哪些改进与提高，如何为特定岗位找到具有相应素质的领导者，这些问题的解决都将使企业找到合适的领导者，从而保证企业快速、健康、良性发展。

为此，金地集团与在领导力咨询方面极具实力的国际顾问公司合作，进行领导力素质模型研究。金地集团希望通过领导力素质的发掘和提升，使金地的中高层领导在领导力方面更上一层楼，为新一轮的战略发展奠定基础。领导力素质模型项目，从个体知识、技能、社会角色、自我形象、个性特点、动机六个方面对金地中高层员工的素质进行分解，并借助测评工具对企业管理者和领导者进行详尽的测评，使金地的领导者了解自身的学习和决策风格、价值观、情商素质、领导风格等特征，结合自身职业发展和岗位需求，明确自己领导力素质方面的强项和短板，在此基础上制订行动计划并采取相应的改进措施。

◎ 分析参考

理念领先、措施超前是人才储备的关键

诞生于中国改革开放前沿城市深圳的金地集团是中国房地产行业的领先企业之一，30年来坚持实施精英治理的制度，敢为人先，敢为天下先，与世界顶尖的软件公司和专业的咨询公司合作，建立超前的管理制度体系，这不仅保证了企业的超常规发展，而且一改人们对房地产企业的印象。金地集团人力资源

管理的规范措施及其超前的运作，可以给我们许多深刻的启发，值得更多的企业学习和借鉴。

一、超前招聘是保证企业超常规发展的重要手段

企业要想超常规发展，人力资源是第一要素，只有准备在前，当企业快速发展时才不会使人才短缺成为继续前进的“瓶颈”。人才的提前招聘和储备不仅需要有超前的意识和胆识，而且要有提前“买单”的实力和勇气。大部分企业可能也有人才提前招聘的认识，但考虑到实际支出会增加人力资源成本时就可能改变初衷了。超前招聘的前提是企业必须制定明确的发展战略，给人力资源储备提供一个可以操作和实现的提前量。如果没有企业发展战略作支撑，任何超前的招聘都会变成一种浪费，既提高了企业经营成本、浪费了预算，又影响了新招员工的发展机会，还浪费了彼此的时间。

事实证明，凡是超常规发展起来的企业，多数有一个超常规的人才招聘和人才储备计划，这些企业从一开始就已经做好了超常发展的准备，把超前招聘看作是保证企业超常规发展的重要手段。金地集团从董事会成员开始就注重人才的集聚，造就了中国学历层次最高的董事会。由集团总裁直接带队到美国一流的大学去招募扩张储备人才，高投入下必有高回报，高素材人才的到来为金地集团带去了新气象，这不仅开创了中国房地产企业国外高校引进人才的先河，更体现出金地集团管理层的远见卓识，也正因为如此，金地集团才能成为中国房地产行业中的佼佼者。

二、有竞争力的薪酬福利体系是吸引人才的关键

企业通过向员工支付劳动报酬换取员工的知识和技能，而员工则以自己的贡献获得应有的回报。在市场经济条件下，这种平等的劳动关系可以通过经济的手段实现资源的最优化配置。企业提供有竞争力的薪酬福利可以吸引和保留最有价值的人才，反过来最有价值的人才也会为企业做出超预期的贡献。因此，企业要超常规发展必须以有竞争力的薪酬福利体系作为保障。金地集团借助国际上著名的人力资源咨询服务商华信惠悦，设计出一套完整的集团化薪酬体系，为吸引人才、留住人才奠定了人力资源管理制度上的基础，也让金地集团内部的业绩管理体系跟上了国际节奏，成为在中国最早采用国际标准进行薪酬管理的房地产公司。

提供有竞争力的薪酬不是简单地增加工资，如果仅仅这样，将不断提高企业经营中的人力资源成本，削减公司的赢利能力，在企业利润下降时又会降低企业整体的市场竞争能力。为了提供有足够竞争力的薪酬，金地集团采取了不断提高公司人均创利能力的措施，在不断扩展业务的同时，将员工控制在一个相对精简的水平上。金地集团意识到，提高竞争力应该更多地依赖于经营和管理水平的提升。一个高素质、有能力的人可以抵上几个普通员工的业绩，与其以人数求规模，不如以素质求业绩，只有在人少、业绩好的情况下，才能保证具有市场竞争力的员工薪酬水平。

三、提供良好的发展机会是稳定骨干人才的保障

企业招聘新人和储备人才是在总体上作增量的过程，尽管在实际管理中需要结构优化，不断淘汰不合适的员工和补充新的员工，但如果一边大量招聘和储备，一边又在大量流失骨干员工，那么这样的超前招聘不是招聘本身质量不高，就是企业管理出现了严重的问题。能够留住骨干人才，才是吸引人才的前提。对于扩张中的企业，比起重视超前招聘应该更重视留住骨干的措施。要留住骨干人才，与建立一套有竞争力的薪酬福利体系一样，要有一套核心员工晋升发展的计划，为有能力、有贡献、有忠诚度的骨干员工的发展优先提供机会。

金地集团为扩张的需要，持续培养管理团队中的新生力量，每年都从基层员工中挑选20%的重点培养对象作为管理人员储备，并提供一整套帮助骨干员工发展的培训课程，帮助骨干员工尽快成长，这是金地集团稳定人才的重要举措，也是其成为行业内员工流动率最低企业之一的重要原因。值得欣赏的是，金地集团没有把管理论与经营思路停留在口号与计划中，而是落实到了非常细致的计划与实施之中。高层管理者要求得到的结果十分明确：什么样的人才适合走上领导岗位？已经担任领导职务的同事身上具备哪些优缺点，要做哪些改进与提高？如何为特定岗位找到具有相应素质的领导者？企业的人力资源部门若能够快速与明确地回答这些问题，就达到了金地集团管理者的要求。

四、完善的企业管理制度是企业健康发展的基础

管理理念主要来自于企业经营管理者，但好的思想理念的贯彻执行却需要依赖良好而完善的企业管理制度与体系。好的管理制度保证从“人治”向“法治”的转换，在减弱管理者权力的同时加强了管理者的责任，在限制了员工自由的同时又全面规避了风险。一个健康发展的企业必然有一个完善的企业管理制度，而且这种制度的贯彻执行是自动、有序、持续和强有力的，依靠好的制度，员工在企业中的行为会自觉向岗位要求的方向靠拢。正是认识到了这一点，金地集团在制度建设上可谓不惜成本，不管是在企业信息化管理制度的建立上，还是在人力资源管理体系的构建以及为塑造优秀的管理团队而建立的领导力素质模型上，无一不是重金引进国际上一流的服务供应商为其服务。这样的资金投入证明是值得的，金地的超常规发展已经说明了一切。

如果说金地集团是一家专业的房地产开发公司，在市场把握、土地批租、政策领会、建筑设计、业态招商、市场推广等方面是一把好手的话，那么在管理系统的建立上可能就存在软肋。金地审时度势，适时引进国际上最强的企业顾问和咨询团队，采用最新的技术与方法为自己服务，变弱势为强势，使在企业诊断、组织架构、人员配置、绩效考核、薪酬福利、培训设计等诸方面的“短板”得到及时弥补。这种借用外力和外脑的策略，初看起来是费时费钱的举措，但最终结果却往往证明是最快最省的方法，因为引入最好的理念和方法，可以少走许多弯路，保证企业健康快速的发展。

五、确立业界领先的理念是企业持续发展的动力

要让企业在市场上具有综合竞争力并可持续发展，这需要一种能够驾驭复杂多变市场因素的能力，也就是需要一种领先市场的思想理念。好的思想理念只有在瞬息万变的市场环境中才能体现出其英明和独到之处。为此，许多成功的企业都重视对企业发展战略的制定，就是想把企业管理者的思想理念通过战略计划的方式转化为一种可操作的行动纲领，并注意根据市场动态情况不断修正完善。

金地集团战略发展领导小组负责对集团的总体发展方向进行五年规划，各子公司又据此制订各自的三年规划，领导小组下的资金、人力资源、品牌、IT等专业管理组同时进行三年专项规划，每年更新。在五年规划制订之后，必须根据市场变化情况，每年做出必要的调整，这种调整通常是策略与途径上的微调，而不是目标与方向上的调整，否则没有基本思想的调整会让所有规划与计划形同虚设。企业发展的五年规划与业务部门的三年计划，为人力资源管理的超前布局提供了基本的操作空间。在未来几年中招聘和储备多少人才，如何培训和培训多久，岗位设计和描述如何，办公场所如何调整与营造，企业文化如何建设等，都是企业不同职能部门和管理者，在完成当下经营业绩的同时需要时常考虑的问题。这样的管理内容和战略管理体系，保证了金地集团能够前瞻到未来几年的风险和机遇。由此可以看到，确立业界领先的理念、进行企业超前的布局、完善企业的人力资源规划，是保证企业持续发展的动力。

6

战略调整中的人力资源配置策略

——SAP 战略重大调整中的无间道

◎ 企业背景

SAP（System Applications and Products in Data Processing）既是成立于 1972 年的一家德国公司的名称，又是其 ERP（Enterprise-wide Resource Planning）的软件名称。当年，从 IBM 公司跳槽出来的 4 个年轻工程师创办 SAP 公司，其目标是生产销售统一的商业标准软件。公司创始人大力投资产品开发，随着 1979 年 R/2 系统的推出和 1984 年 SAP 国际公司的成立，公司开始了快速增长。

SAP 公司总部位于德国沃尔多夫市，在全球拥有 6 万多名员工，遍布全球 130 个国家，并拥有覆盖全球 11 500 家企业的合作伙伴网络。SAP 目前是全世界排名第一的 ERP 软件，代表着最先进的管理思想、最优秀的软件设计。全球 188 个国家的 232 000 家客户正在从 SAP 解决方案中获益，其中包括财富 500 强 80％的企业及 85％最有价值的品牌。通过提供广泛的业务管理解决方案帮助各种规模、各个行业的企业更卓越地运营，1988 年 SAP 公司在德国法兰克福证券交易所上市，同时在纽约证券交易所上市。

SAP 公司开发的集成化的企业管理应用软件，包括财务、销售、生产、人力资源、项目管理、工作流程等功能。在人力资源方面，SAP HR 支持整个招聘、部署、潜能开发、激励并最终留下有价值员工的过程，并可以从头到尾对这些流程进行改善。工资管理模块包括工资录入、工资计算、所得税计提、银行代发、工资分摊处理等，支持一月内多次发工资、外部文件导入、银行代发及个人所得税计算。为帮助企业向绩效驱动型转化，需要使用能将流程和数据联系起来的解决方案，以提供一种通用的业务视图。SAP Business Objects 企业绩效管理解决方案在于发挥公司数据的价值，通过提高企业的协作性、洞察力和信心，让企业变得更加灵活而富有竞争力。如今，这些企业的员工队伍将由不同年龄段的员工组成，且呈现全球化的趋势，与此同时临时性员工也将越来越多。借助 SAP 的软件，企业能够了解这些员工的需求，创造一个支持各种经验的工作环境，同时营造一种倡导持续学习与发展的企业文化。

SAP 早在 20 世纪 80 年代就同中国的国有企业合作并获得了经验。SAP 于 1995 年在北京成立中国公司，并于 1996 年后在上海、广州、大连设分公司，在中国市场份额达到 30%。SAP 中国研究院于 2003 年 11 月正式成立，是 SAP 全球八大研究院之一，其研究重点在：成长型企业解决方案、企业战略管理解决方案、企业业务流程革新、ERP 财务、ERP 人力资源管理解决方案等。在上海浦东软件园内的 SAP 中国研究院到 2009 年达到超过 1 200 人的规模，成为世界一流的研发中心。为了加强在中国的研发力度，SAP 招募了大批高学历、高技术的本地研发人员，同时也实现了中国研发中心与全球研发团队的融合。SAP 中国研发中心也参与其他产品的开发，包括企业战略管理、人力资产管理、教育管理等。除了标准产品外，SAP 还有一个专门的业务团队支持客户化开发，该团队是全球客户化开发团队的一部分，主要服务中国和亚太的特殊用户。SAP 在中国有众多的合作伙伴，包括 IBM、HP、Sun、埃森哲、普华永道、德勤、东软、神州数码等。

◎ 典型案例

一个在世界范围内自称“管理大师”的公司，一个曾经令无数有 IT 或 MBA 背景的人向往的公司，一个曾经长期赢得主流新闻界尊重的公司，却在 2008 年夏天陷入了一场前所未有的“中国困境”，这个公司就是 SAP 中国公司。

2008 年 7 月 8 日，在九华山庄召开的公司销售大会上，空降 SAP、任职才两个月的新总裁宣布了公司的组织结构与流程重组计划，新任命 4 位副总裁，并宣布解除当时两位副总裁蔡先生和张先生的职务。会上，蔡先生、张先生和另一位副总裁王先生先后上台对此次高管人事变动提出质疑并发表评论。在这次人事变动中，王先生本来没有被波及，但其依然挺身上台发表了不同意见。就此，新上任总裁与老高管团队的矛盾全面爆发。当晚，SAP 亚太区人力资源总监电话通知蔡、张、王 3 位先生，次日起不要回公司上班了，但又说明电话并非对 3 位的解雇通知。3 位副总裁接电话后表示，请公司正式提供书面通知，双方约定次日早上由张先生到公司领取书面通知。次日，张先生到公司楼下，人力资源部门派人将书面通知交给张先生，内容即通知张、蔡、王 3 位不要回 SAP 公司上班，并再次说明此通知不是解雇通知。3 位是 SAP 供职 5～11 年的老高管，随即持书面通知找律师咨询。律师认为，书面通知没有任何法律依据，建议 3 人继续回公司上班。下午，张、蔡、王 3 人按律师建议回公司上班。蔡先生到达公司时被保安阻拦，双方因此发生争执，SAP 公司员工随即打电话报警。这时，张先生与王先生也先后来到公司。警察了解情况后表示，这是 SAP 公司内部的人事调整事务纠纷，并非社会治安管理条例管辖之内的事务，在建议 SAP 公司与员工协商解决之后离开。3 人获准重返 SAP 公司办公室区域上班之后，仅过了数十分钟，HR 总监即当面通知 3 人“已经被正式解雇”，理由是违反公司“不要回公司上班”的书面通知规定。3 人随即电话向律师咨询，并按律师建议离开了 SAP 中国公司北京总部。7 月 18 日，SAP 公司给媒体的一份书面声明中提到：公司确认张、蔡和王 3 人已从 SAP 公司离职。一些媒体于是使用“SAP 离职门”这样的大幅标题报道此事。值得注意的是，在九华山庄会议上宣布任命 4 位新副总裁之前，SAP 中国公司高管层并没有针对此次人事大调整进行充分讨论并完全达成一致，而在西曼领导的时代，重大人事调整一定是在公司高层达成一致后才向员工和外界宣布的。

西曼是 SAP 中国的前任 CEO，不仅能讲流利的中文，也是一位非常了解中国国情、市场和客户的管理者。西曼之前领导 SAP 中国 11 年，不仅将“SAP 德国造”所特有的稳健和谐的管理文化和风格成功移植到中国市场，也赢得了 SAP 中国员工的尊重和赞誉。西曼因与当时的上级在中国区发展战略上存在严重分歧，双方争执不下而最终选择离职。接着，来自 ORACLE（甲骨文）公司并主张激进改革的纪秉盟兼任 SAP 中国区的 CEO，但就在其任职当天，工作长达 18 年之久的另一位 SAP 中国区老臣李文俐离开了公司。

专家认为，SAP 公司一系列决定与应对措施不应该是号称世界级“管理大师”并强调“最佳实践”的公司应有的基本的理智行为，也不应该是“成熟职业经理人”应有的决策表现。SAP 公司在短短两天内采取电话通知、书面通知、请保安、报警、立即解雇、无联系等一系列激进的连环处置措施，是对公司员工和人才的情感伤害，也是对 SAP 公司品牌形象不负责任、对客户不负责任的表现。王先生是业内知名的 SAP 技术专家与财务顾问，只因上台讲了几句“公道话”就被解雇，令人难以理解。

事实上，SAP 的“人事地震”并非孤立事件，这是 SAP 自 2007 年年底以来，高层人事“折腾”的延续。短短半年多时间，SAP 公司经历了一系列令人眼花缭乱的人事变动。张、蔡、王 3 位功臣被解雇使“大清洗运动”达到高潮。SAP 的一位老高层曾将这种人事变动称为“自然健康的代谢”，并且表示其管理团队非常稳定：“我们这个核心管理团队，几个人为 SAP 工作的年限加在一起近百年，很难在别的软件公司看到这样的情形。”但仅仅过去 8 个月，这位老高层就离职了。接下去的激烈事件，使 SAP 实在让外界难以理解。归根结底，这些人事动荡最根本的原因在于有关 SAP 中国公司的战略方向与目标的争执。

新高层与在 SAP 供职 11 年之久的西曼属于两种不同风格的人，一个表现飞扬凌厉，一个向来严谨务实。新高层就任之后，推行被很多人称之为“大跃进”式的激进战略。有人认为，对于 SAP 中国区业务来说，SAP 跳跃式增长战略是在错误的时间、错误的地方做出了一个错误的决定。这个错误的决定从西曼离职起就埋下了种子，针对中国区的战略分歧，西曼曾经质问一些 SAP 激进派人士：“现在到底是奶牛多了，还是挤奶的人多了？或是我们这些挤奶的人的手法不行？”

自 2007 年以来，SAP 中国相继发生过多起高层大换血，任职最短的仅在位 8 个月，中层干部也曾经数度换血。自 2007 年前中国区总裁西曼升任北亚区董事总经理并选择离职后，中国区总裁的位置相继由李文俐、张烈生及萧洁云接任。其中，李文俐任职 8 个月，在其任职期间试图对原有管理层进行彻底清洗，但因动作太大影响了中国区正常运营而被弹劾；张烈生任职 23 个月，完成了对西曼旧部的部分清洗工作，但随着其上司梅若霆及斯蒂夫·沃荻在全球范围内的人事斗争中失利并离职，也被迫离开；萧洁云于 2010 年 4 月走马上任，因毫无相关从业背景，其接任初期并不被外界看好，但相比前两位总裁，萧的任期最长且任职期间公司相对稳定。

2013 年 10 月，SAP 公司宣布任命纪秉盟（Mark Gibbs）为 SAP 大中华区总裁。纪秉盟将全面负责 SAP 公司在中国大陆、香港、澳门以及台湾地区的业务和运营，并将直接向 SAP 全球管理委员会成员及全球业务总裁安睿博汇报工作。纪秉盟曾担任 SAP 亚太区及日本区首席运营官，负责包括日本、澳大利亚、新西兰、中国、印度、东南亚等核心市场，还兼任过大中华区代理总裁一职。在这段时间，SAP 大中华区第三季度的收入实现了两位数的增长。随着萧洁云的离职，SAP 中国的大部分中层干部又面临了新一轮的调整。SAP 希望 SAP 中国，尤其是 SAP 中国研究院，能在“既有业务创新需求又兼具买单能力的中国市场”扮演更加重要的作用，并推动 SAP 产品在中国市场乃至全球的深入应用。SAP 在中国市场投入的几大关键领域包括解决方案创新和交付等，都由 SAP 中国研究院领衔。SAP 高层一直在寻找负责大中华区的合适人选，而此次选择纪秉盟主要有两个原因：一方面，纪秉盟此前曾负责过相关业务，对亚洲乃至中国区的市场状况比较熟悉；另一方面，是出于希望公司内部早日稳定军心，也可以增强客户和市场对 SAP 的信任。

进入中国以来，SAP 在西曼领导下，创造了其在华发展的“黄金十年”，这 10 年主要是因为西曼重用本土人才，以及总部“放水养鱼”的策略。尽管中国市场业绩的绝对值未必在全球营业额中占举足轻重的地位，但在中国以外市场增长缓慢的情况下，SAP 总部自然对新兴的中国市场的“增量贡献”寄予厚望，掌控这个市场变得尤为重要。于是，SAP 总部选择收回部分“本土自主权”就不足为奇了，本土经理人的发展空间得到新一轮的限制也似乎是一种趋势。实际上，跨国公司针对中国本地市场的特点，必然会做本土化的策略调整。因此，跨国公司的“国际化”几乎可以等同于“本土化”，因为其最终的战略目标就是要在中国市场完成全球发展战略的一部分。而在此之上，其人才战略也会服从于整个全球市场战略，无论是熟悉中国市场的“国际性”人才，还是熟悉国际环境的“本土化”人才，都得服从于是否有利于全球战略在中国市场的实施这个标准。

◎ 分析参考

企业战略调整需要人力资源战略相呼应

中国市场经济的地位虽然在政治层面还没有获得所有西方发达国家的承认，但中国市场的战略地位却早已在全世界经济领域获得了普遍认可，中国作为“金砖国家”（BRICS，包括巴西、俄罗斯、印度、中国和南非）中最大的经济体和仅次于美国的全球第二大经济体，其重要性已经不可动摇，中国在金融危机中的表现与作用更是有目共睹，这些都让绝大多数的跨国公司更加看好中国的进一步发展。尽管在政治层面上的“唱衰中国”现象还时有发生，但从经济角度看，各国政治家和企业家已经十分清楚中国市场的重要性。

近些年来，面向中国市场进行的企业战略调整，已经成为跨国公司讨论得最多的热门话题之一。调整，就是要更加重视中国力量，整合资源注入中国市场，期望从中国经济中赢得更多发展机会。为此，不少跨国公司纷纷重新布局全球市场，从人事、业务、市场和资金上配合这种战略调整。SAP 也在进行同样的战略调整，只是在调整中出现了不应该出现的“麻烦”，使战略调整计划和企业形象受到了一次又一次的冲击。从这个案例可以看到，在企业战略调整中做好人力资源战略的转变是非常重要和关键的。

一、企业战略调整始于经营思想的调整

所谓企业战略管理，实质是企业按照未来发展目标要求而确定的战略管理业务、组织、人员、制度等的总称。企业的现有规模和企业所处的发展阶段决定着战略目标的大小，跨国企业和地区性的中小型企业在战略目标制订上有着明显的差别。但无论是跨国企业还是地区性的中小型企业，其战略目标制订时在决策动机、组织目标、决策连续性、模式灵活性、行动幅度、方向明确性等方面都要考虑到企业的实际和原有的资源水平。在战略调整初期，对人事的调整往往是第一步的，但是作为一家有影响力的公司，每一次的人事调整都应该力求平缓过渡，尽可能避免“断崖式”的调整和“休克式”的重启，因为这会大大伤害到全体员工和客户的利益与感情。

许多跨国企业在推进战略目标调整时采取自上而下的模式，由企业的最高层管理者决定整个企业的经营方向，并对各个事业部、各个部门、各个地区提出达到这一方向的具体要求，但这种决策模式的最大弱点是最高管理者并不一定对每个地区、每项业务、每个执行官都十分了解，从而难以在调整中给予切实的指导和帮助，处理不好就会给原有业务和人员造成困惑，打乱企业目前计划的执行。企业战略的调整，其实就是企业最高管理者经营思路、经营策略、经营重点的调整，这虽然是企业持续发展中必然会经历的变革，但变革的过程应该要得到更好的控制，并争取获得更多核心管理人员和员工的支持。

二、经营思想的转变需要人才资源调整

跨国公司在中国的业务之所以越来越受到重视，一方面是因为在成熟市场，特别是在金融危机下跨国公司大部分业务受到冲击而有所萎缩；另一方面是因为中国市场的表现持续超出跨国公司总部决策层的预期，为此“鞭打快牛”几乎是最容易出现的结果，跨国公司高层管理人员容易提出更大要求和更大期望，希望更快占领市场，取得更大业绩。在这几年中，类似SAP公司“激进式”的人事变动案例时有发生，把本来处于平稳发展期的企业业务人为推向了动荡期，一些企业甚至出现了业绩下降的结果。

企业战略的调整自然会涉及人力资源的调整，人力资源调整应该在事前有很好的沟通，以明确为实现企业战略目标必须进行变动的成员组成、职责、权力、自由处置权，以及可以明确的具体程度。SAP公司在短短两天内采取一系列激进的连环处置措施，是对公司员工和人才的利益和情感伤害，也是对SAP公司品牌形象、对客户不负责任的表现。人力资源的调整是牵一发而动全身的调整，在过去的协作中已经形成的平衡和习惯一旦被打破，要建立新的平衡和企业文化往往都会引起很大的动荡，企业决策层如果对此没有充分的估计，可能会直接影响企业战略目标调整的步伐。

三、人力资源调整必须防止大跃进策略

在进行企业战略目标和战略人力资源的调整中，一个中心要求就是：改变。但从何处改、怎样改、什么时候改、由谁来改却非常关键，这些问题本身也是战略人力资源管理的核心内容。处理得好可以保证企业战略目标调整的顺利完成；处理得不好，可能不仅不能达成新目标，还会把过去积累起来的客户资源和市场影响力所产生的企业价值“贬值化”。

对于一个地区的高层管理者的调整，常常是企业战略调整的第一步，换人还是换思路经常会困扰企业最高决策者。一个比较好的选择是换思路而不换人，这样的变革会比较平稳，对企业的损伤相对比较小；一个难以控制的选择是换人也换思路，但加速变革可能会引起企业内部的“大地震”。至于另外两种可能，都不太会发生。不换人不换思路根本就谈不上变革，换人不换思路则毫无必要。因此，在人力资源调整中应该特别注意要防止既换“大思路”（企业战略目标）又换“大人物”（公司实际经营者）的“大跃进”（激进式的大调整）做法，如果一定要冒险闯关，则要做好切实的“防震预案”。有时，在变革中先安抚好原有管理者和员工，可以最大限度地保护现有的资源、优势、人员与市场，不至于在变革中把所有一切都推倒重来，加大变革的风险与成本。

四、尊重市场特点是最好的本土化方式

在跨国公司推进的企业战略目标调整中，“人才本土化”一直被列为中心议题，有的企业已经在积极实践并产生了良好的效果。为什么要进行高级人才的本土化呢？在经济全球化的时代，企业跨国经营必然要面对和处理跨文化问题，而要解决文化冲突的最有效方法之一是高级人才的本土化，即跨国公司的国外子公司的经营管理人员，尤其是中高级管理人员、关键技术人员等主要由所在国当地人员担任。这不仅是出于文化上的考虑，也是争夺市场的要求，本土化的人员通常更了解本土市场的特点与消费者习惯，可以帮助企业在扩大市场份额上发挥更加重要的作用。

但是，高级人才的本土化不能简单地认为只要是本土人才担任管理者就可以万事大吉，而由外籍人才担当子公司的首席执行官就一定会遇到文化冲突和管理障碍。高级人才本土化由原籍本土的人员来担当只是“形”，尊重和理解本土文化与市场特点才是“神”，只有形神兼备，才能真正把握一个地区市场的特性。因此，所聘用的高级人才是本土人才不一定就实现了“本土化”，而是否尊重本土文化特点、是否熟悉本地市场才是最根本的考量因素。“本土化”不能把能够获得良好经营业绩与效果的外籍人才一概排斥在外。

五、继承传统和创新变革应该相辅相成

企业在长期的发展过程中会逐渐形成符合自己实际情况的企业文化和制度体系，这既是之前取得良好业绩的基础，也是今后取得更大业绩的保证。因此，在进行企业战略目标调整中，应该重视继承以前的良好传统。但继承不应该妨碍创新与变革，否则就难以把企业推向更高的发展水平。战略人力资源调整要注意继承传统与创新变革的相辅相成，创新变革要在原有的基础上进行，如果不顾原有基础就进行完全变革，还不如另起炉灶来得省时省力。

完全重新建立新的企业发展战略与公司管理制度，需要磨合时间，其中隐含的风险有时也不可预估。有些跨国公司实行“两条腿走路”的模式，在进行战略调整时，把一部分业务整合到原有组织中，通过对原有人员的创新培训和重新配置，进行人力资源的调整；另一部分业务则主要通过新建业务部门和员工队伍来进行全面创新，从而从两个方向保证企业战略目标的调整和实现。当原有业务稳定和创新业务起色之后，可以把两部分业务再次进行整合，把一部分共性的职能与业务内容进行必要的合并，这样可以压缩成本、提高效益、降低风险。

第二篇

招聘与配置

7

为开业准备的大规模招募行动

——上海迪士尼乐园的招聘规划

◎ 企业背景

迪士尼公司，全称为 The Walt Disney Company，取自其创始人华特·迪士尼的名字，是总部设在美国伯班克的大型跨国公司，主要业务包括娱乐节目制作、主题公园、玩具、图书、电子游戏和传媒网络。皮克斯动画工作室、惊奇漫画公司、试金石电影公司、米拉麦克斯电影公司、博伟影视公司、好莱坞电影公司、ESPN 体育、美国广播公司（ABC）等都是其旗下的公司（品牌）。2012 年 11 月，迪士尼收购了卢卡斯影业。

1926 年，华特正式成立“华特·迪士尼制作公司”。次年，《幸运兔子奥斯华》正式上映并深受观众欢迎。1928 年 5 月，《疯狂的飞机》上映，华特获得了“米老鼠之父”的头衔，米老鼠形象让华特在全球享有盛誉。1952 年 11 月，《花儿与树》和“米老鼠系列”获得奥斯卡金像奖。

1955 年，迪士尼把动画片所运用的色彩、新奇、魔幻等表现手法与游乐园的功能相结合，推出了世界上第一个现代意义上的主题公园——洛杉矶迪士尼乐园。截至 2015 年 12 月，全球已建成的迪士尼乐园有 5 座，分别位于美国佛罗里达州（1971 年开业）和南加州（2001 年冒险乐园开放）、日本东京（1983 年开业）、法国巴黎（1992 年开业）和中国香港（1999 年开业）。美国所有的迪士尼乐园都是由 8 个主题园区构成：美国大街、冒险乐园、新奥尔良广场、万物家园、荒野地带、欢乐园、米奇童话城、未来世界，这八大主题园区被称为“Magic Park”。在全球主题公园中，迪士尼居第一，2014 年客流量达 1.34 亿人次。其中，除香港迪士尼因面积较小年客流量在600～700万人次、欧洲迪士尼因文化原因客流量在1 500～1 600万人次外，其他3家年客流量都在2 000～5 000万人次，且溢出效应相当显著。

迪士尼公司很早就进入了中国市场，但由于中国官方在媒体和文化方面有诸多政策限制，2005年以前迪士尼公司在中国的进展缓慢。2011年3月，迪士尼在中国深圳成立深圳市迪士尼影业发展有限公司。2014年，深圳市迪士尼影业发展有限公司携手中影集团在中国大陆区域拓展影业相关业务。

于2016年6月16日开业的上海迪士尼乐园是全球第6个迪士尼乐园，主题乐园及配套设施区域首期规划开发面积约为4平方千米，以占地约1平方千米的主题乐园区为主要核心区，投资规模约250亿元人民币。延续迪士尼传统主题的设计，上海迪士尼乐园将是一座神奇王国风格的迪士尼主题乐园，经典的迪士尼人物和故事将会在此融合，为中国游客提供全新的游乐体验。

上海迪士尼乐园包含6个主题园区，每个园区有各自独特的景点、游乐设备和沉浸式的娱乐体验。作为标志性中心景点，奇幻童话城堡是世界上最高最大的一座迪士尼城堡，也是迄今为止最壮观最具互动性的迪士尼城堡，城堡本身就是一个引人入胜的游乐项目，里面还设有娱乐、餐饮、表演等丰富空间。上海迪士尼是中国大陆第一个迪士尼主题公园，业界预计首年接待游客将达2 000万人次以上，成熟期年客流量有望达到2 500～3 000万人次，按照门票平均400元测算，有10倍经济撬动杠杆，其中本地酒店餐饮受益最大，迪士尼乐园游客停留时间多在8～9小时以上，有望带来千亿级别的消费增量。

◎ 典型案例

作为全球最大的娱乐集团，迪士尼公司在准备落户上海的那一刻起，就展开了其富有成效的招聘规划。根据与中国上海的合作方协议，首先需要完成在迪士尼公司美国总部的内部招聘工作，以物色到可靠与高效的派出管理队伍。从未来的总经理，到乐园建筑的负责人，再到为五年建成之后开业做好准备的运营团队，每一个人选都必须考虑到对中国市场的熟悉程度、适应能力，以及与中方合作者的沟通能力。早在正式开业之前，上海迪士尼乐园就率先建立并推出了自己的独立招聘网站，以体现招聘范围的广泛性和招聘甄选的专业性。

通过上海迪士尼乐园的招聘网站，可以清晰看出未来的业务发展方向、员工岗位结构与对员工的要求。上海迪斯尼乐园的员工结构与招聘类别，主要分为以下六大类、十八个中类，以及数百种职业与岗位。

一、行政管理

1. 行政管理。行政管理类岗位要求人员处事细心、灵活多变，并拥有能同时处理多项工作的能力，以让业务运作顺畅，无论是活动统筹、产品发布还是全球性会议安排，都有机会发挥所长，确保各项大型计划能够顺利进行。其主要职责包括：日程管理、旅程统筹、发票及订单处理、档案管理、内部活动统筹、日常事务安排等。

2. 传讯/公共关系。传讯/公共关系类岗位主要协助提高度假区形象及品牌价值，以促进公司在中国、亚洲乃至世界各地的业务表现。不管专长是外部传讯、内部传讯、媒体关系、企业公民、特别活动策划、文字编辑、平面设计、网络还是印刷媒体编辑，员工都可贡献所长，让上海迪士尼度假区的精彩故事传遍世界各地。其主要职责包括：维护上海迪士尼度假区声誉、制定对外及对内的传讯计划和策略、加强公众对度假区业务及对社会贡献的认识、管理及策划大型传讯项目等。

3. 财务/会计。财务/会计类岗位通过落实各种适时而精准的财务活动，为度假区实现财务目标。这些活动包括：编列财务报表、财政预算、资本计划、五年及长远财务计划、经济预测、订立监管守则、内部审计、管理稽核、风险管理、成本效益核算、扩建计划、财务推算及为各业务单位进行业务分析等。财务/会计类岗位要求应聘者具有如下专业能力：会计及报告准则、审计、现金流管理、企业资源策划（ERP）系统管理、财务推算及预测、财务结果检讨及分析、运营及成本会计、财务及业绩报表、税务、司库及风险管理、企业联盟、采购及供应链管理等。

4. 人力资源。人力资源类岗位负责招募及培训各类人才，与各个部门紧密合作，制定各种人才策略，同时提出创新方案，促进各部门和演职人员之间的联系，让公司业务整合完善、成功发展。人力资源类岗位要求应聘者至少具备以下一种或多种专业能力：薪酬福利、人力资源资讯系统、人力资源行政支援、人力资源服务、学习及培训（迪士尼大学）、运营守则编审、人才招募、人才规划等。

5. 法务。法务类岗位为度假区提供法律意见及支援，其中包括不同的专业范畴：商业操守、公司事务、合约、知识产权、调解、隐私、法规遵从、交易买卖等。

6. 市场营销/市场推广。市场营销/市场推广类岗位要求运用卓越的宣传推广技巧，以最佳方式呈现迪士尼的精彩故事。该岗位肩负重任，致力于提升、保护和捍卫迪士尼品牌，并担当统筹角色，确保传讯沟通的一致性。其主要职责包括：品牌策略、制订整合式的授权计划、消费者分析、多文化的市场发展、制订客户关系管理计划、消费者资料策略、产品行销、广告、宣传、包装、销售点陈列等。

7. 销售。销售类岗位致力于把迪士尼的精彩故事带到世界各地，该岗位工作节奏快速，时刻充满挑战。销售类员工要与广告商和协作机构保持良好关系，并通过赞助和传统广告为网上产品和乐园景点进行宣传，以增加公司收入。该岗位要求应聘者具有如下专业能力：网上广告销售、联盟销售和行销、客户行销和销售、客户关系行销、研究和销售开发、策略及业务营运、销售规划、客户管理、销售营运、度假/景点销售等。

8. 供应链。供应链类岗位参与迪士尼全球业务，为企业创造最优价值，倡导规范道德的采购行为，优化供应链，并减轻供应链给环境带来的整体影响。

该类岗位包括采购、物流和仓库、海关贸易管理三部分。

(1) 采购：由诸多专业成员组成，在全球开展跨业务部门、跨品类、跨地区的合作。

(2) 物流和仓库：充当内部咨询顾问，寻找契机提高效率，在降低成本的同时减少碳排放。

(3) 海关贸易管理：作为各项供应链管理工作的枢纽站，负责法律、政策、合规工作，并储存所有与贸易有关的数据。

9. 技术/信息技术。技术/信息技术类岗位负责协助公司以创新的手法演绎迪士尼的精彩故事；同时，通过改善用户界面、资讯架构、核心平台、基础设施、数据中心及各种解决方案，为公司建立安全而稳固的资讯环境，让各项业务高效运作。其职位包括：账户管理、方案整合、资讯架构、商业情报、数据库、开发研究、资讯系统工程、资讯系统保安、资讯系统管理、程序管理、项目管理、技术及网络运营、网站分析，以及通过创新互动技术将度假区的资讯和娱乐带给大众等。

二、度假区运营

1. 乐园运营。演职人员将确保游客融入乐园的故事之中，与迪士尼朋友打成一片，尽情享受各个景点的精彩娱乐。全职及兼职工作机会包括：景点运营、主入口运营、度假区内交通、宾客服务、游客人流管理、保洁、运营开发、工业工程等。

2. 餐饮/烹饪。度假区餐饮为每位游客的体验增添不一样的趣味，餐饮工作节奏快，致力于打造高品质的服务。全职及兼职工作机会包括：厨务助理、厨师、特色厨师、糕点厨师、副厨师长、餐饮服务助理、餐饮服务员、调酒师、领班、餐厅部长、餐厅经理、收货员、管事员等。

3. 酒店/住宿运营。度假区酒店/住宿致力于为世界各地的家庭创造独一无二的美好回忆，通过高效、友善和个性化的服务，带给游客全方位的度假享受。全职及兼职工作机会包括：行李部、前台部、礼宾部、宾客服务部、客房部、康乐部、管理部等。

4. 零售/商店运营。度假区零售/商店要向世界各地的人们呈现迪士尼乐园的故事、产品和娱乐演出，愿景是创造世界一流的娱乐演出及购物体验。员工有机会参与构思、设计或与游客分享各种创意十足的商品，包括玩具、文具、服装、配饰、收藏品、个性化产品、主题乐园周边产品等。从采购专家到设计趋势专家，从商店经理到商店运营专员，不论哪个职位，都有机会与每个游客和家庭分享奇妙的故事。

5. 设施管理/安保。度假区设施管理团队负责检查、维护和改善度假区内的所有建筑、酒店、游乐设施、剧场、设备甚至景观。团队集合各行业的专家，包括建筑、电气、电子、机械、建筑设备、建筑系统、景观、园艺、建筑装饰等。安保团队要求员工与各业务运营团队合作，负责安保和突发事件管理工作的规划和协调，通过突发事件管理、情报分析、钥匙/证件监控及维护、防损、人身安全、安保审计、特别活动安保、安保监控、风险评估等工作保护游客和演职人员的安全，确保对各种突发事件都能充分应对，或是保护传奇艺术品，让其得以继续传世。

三、娱乐

戏剧、演出布景与舞台支持岗位的工作人员负责向世界各地的观众展现其戏剧演出才华，这些专业人员每年需要制作数千场特别活动，为数以百万的游客呈现娱乐演出。招聘岗位包括：自动化控制与吊挂系统、音频与通信系统、服装与化妆、升降设备、灯光与演出控制、巡游与花车操作、制作与舞台管理、道具、木偶与布景、特效焰火、交通、视频与闭路电视监控等。申请人须具有认可的职业技术学校或同等机构的培训经历，并须具备相关实践经验。

四、幻想工程

一直以来，迪士尼乐园都致力于创造令人叹为观止、啧啧称奇的作品，不少经典之作正是华特迪士尼幻想工程的创意结晶。参与幻想工程的员工能与一群“梦想家”“实干家”并肩工作，并有机会在各类不同的工作部门中积累经验，具体部门包括：配套设施公司（施工管理部）、创意部、创意娱乐演出部、项目开发部、项目管理部、项目控制部、项目估算部、项目财务部、游乐设施工程部、演出布景设计和制作部、开发支持部、环境设计与工程管理部、合同管理与采购部、项目计划部等。

五、实习生

迪士尼乐园对正在攻读大学专科、本科或研究生学位的学生，提供众多带薪实习机会和宝贵的在职培训，发展有益于其未来职业生涯的技能。实习生包括：乐园运营实习生、商品运营实习生、娱乐演出实习生、餐饮运营实习生、酒店运营实习生等。为表感谢，迪士尼乐园为实习生提供各种成长和发展的机会。实习生可以参加岗位轮换计划，体验各式各样的行业，也可参加领导力计划，踏上精心规划的职业发展之路。

六、应届毕业生

上海迪士尼乐园愿意成为应届毕业生职业生涯的最佳起点。乐园跨越多个行业，能提供多元化的职业发展机会，让毕业生找到适合自身技能和兴趣的岗位。迪士尼大学提供超过 100 种在线培训和进修机会，全面支持员工的成长和职业发展。通过内部调职机制，员工还有机会调职到其他部门，令自己发展成为跨行业、多技能的人才。每年，迪士尼乐园都会在餐饮运营、乐园运营、商品运营、娱乐演出及服装管理、酒店运营等方面为毕业生留出大量的就业岗位。

◎ 分析参考

精细的描述，为了精准的招聘

上海迪士尼乐园作为迪士尼公司全球第 6 家综合性乐园，可以借鉴其他 5 家乐园建设与运营的经验，而不像一家全新的公司一样，一切都要自己重新摸索。为了能够顺利开业与运营，上海迪士尼乐园在开业前三年就已经启动了全面的招聘与培训工作，以迎接开园之后的大客源，并满足随之而来的大量的人力需求。从上海迪士尼乐园公司的招聘规划情况来看，其在以下方面值得借鉴。

一、建立完整的招聘体系

上海迪士尼乐园依据以往乐园运营的经验和要求，一次性就建立起了完整的招聘体系，把所有招聘岗位分为 6 个大类、18 个中类，以及数百种职业与岗位。要明确每个岗位的名称、职能、要求，对人力资源管理人员来说是一大挑战，只有真正理解了公司的招聘规范、流程与要求，才能全面开展有针对性的招募工作。尽管会由各大业务部门的管理人员最终决定新员工的录取与否，但最初的判断却来自人力资源部门，更直接的是来自于招聘专员和招聘经理。可以想象，如此多种类的职业与岗位招聘是一个繁杂与漫长的过程，如果缺少招聘体系的支持，很难保证选拔到最合适的员工。对于人力资源管理人员来说，错失最合适的员工是一种失职，推荐不合适的员工同样是一种过失，同时这样还会浪费大量的人力和时间，影响乐园的如期开园与运营。在这方面，迪士尼公司总部给予了很好的支持，总部不仅组织对每一个新员工进行培训与指导，还非常看重对人力资源人员的培训与指导。迪士尼乐园内的职业与岗位种类之多，在一般的公司里极少遇到，如同运转一个小社会一样，人力资源管理人员必须具有极强的适应性与沟通能力。迪士尼乐园完备的招聘体系，可以给许多企业、特别是娱乐服务业公司建立适合自己的招聘体系提供重要启示。

二、发布详尽的职业描述

针对上海迪士尼乐园的数百种职业与岗位，迪士尼人力资源部在正式发布招聘信息时，已经准备好了对每一个职业与岗位的具体描述，可以让申请人非常明确地认识到招聘方提出的要求。申请人可以对照自己的知识与能力，做出是否应聘以及谋求何种职业与职级的决定。职业描述，有时也叫岗位描述或工作描述，通常包括在该职位上员工的实际工作业务流程、授权范围、能力要求、风险责任等。职业描述以“工作”为中心对岗位进行全面、系统、深入的说明，为工作评价、工作分类提供依据。职业描述越详尽，申请人就越清楚公司的要求与自己的能力是否匹配，从而能够有效提高招聘与应聘的精准性，大大提高招聘工作的效率，也为选拔到合适人员提供最大可能。能够提供详尽的职业描述，是人力资源管理人员的一项基本功，上海迪士尼乐园的职业描述可供许多从事人力资源管理的人员参考。上海迪士尼乐园对“人力资源专员”这一岗位就提出了12项职责。

1. 根据人力资源的相关需要提供高水平的客户服务，以专业的态度和时间观念回应员工的相关问题，包括但不限于：政策解释和阐明、各类员工相关流程和系统等。

2. 与人力资源代表紧密合作，有效执行和监管人力资源的流程、政策和实际操作。

3. 领导年度绩效管理流程，监管进度，分析数据，以专业的水平领导绩效改进计划。

4. 参加部门经理的常规会议，倾听部门经理的意见，向领导提供人力资源部门的建议，并采取跟进行动。

5. 处理领导内部转岗、升职、离职等流程工作。

6. 管理员工离职流程，进行离职谈话，报告日常离职趋势，针对一些离职趋势撰写管理提案。

7. 在需要的情况下支持参与招聘活动。

8. 与人力资源运营团队合作推进合同周期更新，识别和解决员工问题。

9. 与公司相关部门合作，支持公司奖励表彰活动。

10. 保持与员工的有效沟通，积极回应员工的疑惑和问题。

11. 为所分配的公司职责部门提供咨询和服务，了解演职人员的反馈。

12. 负责其他任何被分配的人力资源项目。

三、构筑完善的岗前培训

招聘只是用人的前置工作，在正式上岗前还要经过多方面的测试，再根据测试结果了解新员工能力与岗位要求之间的“缺口”，并通过培训的手段弥补这一“缺口”。与招聘一样，迪士尼公司拥有良好的培训体系，而对新员工的培训工作是与招聘环节紧密联系在一起的。在几年之前，迪士尼公司就与上海师范大学合作，把乐园管理中的一些岗位要求直接与大学专业课程相衔接，并从大学生中选拔英语口语能力强的学生，一部分派遣到美国两大迪士尼乐园进行实习锻炼，一部分则在迪士尼总部实习。实习的过程就是一种岗位培训，可以让大学生熟悉公司文化与迪士尼乐园的气氛，当上海迪士尼乐园开业之时，这些早已招聘入职且经过多方面培训的人员，就能够成为独当一面的骨干员工。为了有效促进员工的培训、学习能力与职业发展，上海迪士尼乐园内部设有多个学习与发展专员和高级专员的岗位，这些专员和高级专员的任务就是要根据业务需求、发展战略和指导原则，负责上海迪士尼乐园学习与发展课程的开发、沟通、实施和持续更新工作，并维持现有的学习计划。

四、提供全面的发展机会

全面的发展机会包括在迪士尼系统内的发展，在跨部门、跨岗位和跨职级之间的流动与发展，也包括在迪士尼公司之外的领域中的发展。迪士尼采取一种开放的用人策略，例如，迪士尼愿意成为应届毕业生职业生涯的最佳起点，乐园跨越多个行业，提供多元化的职业发展机会，能让毕业生找到适合自身技能和兴趣的职业。迪士尼大学提供超过 100 种在线培训和进修机会，全面支持员工的成长和职业发展。这意味着，年轻人可以通过迪士尼大学系统的课程培训，以及迪士尼乐园这样一个“开放的大学”，学到更多、见识更多、提高更多。迪士尼乐园本来就是年轻人向往的地方，在美国、法国与日本，许多年轻人都在迪士尼乐园里留下过美好的回忆，当这些年轻人重新以工作者的身份进入乐园，会产生更多的亲切感和认同感，在这些国家，许多优秀的年轻人都把自己美好的青春奉献给了迪士尼乐园。当然，付出之后的回报也是令人满意的，在迪士尼获得较为全面的职业发展之后，这些年轻人在就业市场上具有较强的竞争力，许多公司都乐于接受受过系统训练的迪士尼员工。

五、发挥员工的创新能力

迪士尼是一家娱乐性综合服务公司，需要为游客提供不断翻新的节目，以吸引人们一次次重游迪士尼乐园，这既是对员工的一种挑战与要求，又是对具有创新意识和能力的人的一种吸引。迪士尼的六大类招聘职位中，特设了一类“幻想工程”，这是其他公司少有的职业大类。迪士尼乐园一直努力致力于创造令人叹为观止、啧啧称奇的作品，不少经典之作正是迪士尼幻想工程员工的创意结晶。与一群“梦想家”“实干家”并肩工作，自己也会成为一名梦想家与实干家。这种具有挑战性的工作吸引着大批爱幻想、求创新的艺术创意类人才。比起“单干”，迪士尼可以为艺术家们提供雄厚的资金、魔幻的舞台、优秀的团队和蜂拥的人流，这让一些艺术创意人才心动不已。除了幻想工程的员工，迪士尼也鼓励其他岗位的员工在工作中积极创新，激发自己的工作活力，从而营造迪士尼不一样的创新文化。

8

一切从零开始的招募行动

——亚投行的招聘创新之举

◎ 企业背景

亚洲基础设施投资银行（Asian Infrastructure Investment Bank，AIIB，简称亚投行）是一个政府间性质的亚洲区域多边开发机构，重点支持基础设施建设，成立宗旨是促进亚洲区域的建设互联互通化和经济一体化的进程，并且加强中国及其他亚洲国家和地区的合作，总部设在北京。

2013 年 10 月 2 日，中国国家主席习近平提出筹建倡议。2014 年 10 月 24 日，包括中国、印度、新加坡等在内的 21 个首批意向创始成员国的财政部部长和授权代表在北京签约，共同决定成立亚洲基础设施投资银行。随后，先后有 35 个域内外国家作为意向创始成员国加入了亚投行。2015 年 5 月下旬，经过四轮专业、高效的谈判磋商，更多意向创始成员国如期商定了相关协定文本。截至 2015 年 4 月 15 日，亚投行意向创始成员国确定为 57 个，其中域内国家 37 个、域外国家 20 个，涵盖了除美国、日本和加拿大之外的主要西方国家，以及亚欧区域的大部分国家，成员遍及五大洲。其他国家和地区今后仍可以作为普通成员国加入亚投行。

2015 年 6 月 29 日，《亚洲基础设施投资银行协定》签署仪式在北京举行，确定亚投行前五大股东依次为：中国、印度、俄罗斯、德国、韩国、澳大利亚（与韩国并列第五），该协定签署仪式的举行在亚投行筹建进程中具有里程碑意义。按现有各创始成员国的认缴股本计算，中国投票权占总投票权的 26.06%，具备一票否决权（veto power），随着新成员的不断加入，中方和其他创始成员国的股份和投票权比例均将被逐步稀释。2015 年年底前，经合法数量的国家批准后，协定即告生效，亚投行正式成立。

就股本认缴来看，亚投行的法定股本为 1 000 亿美元，分为 100 万股，每股的票面价值为 10 万美元。实缴股本的票面总价值为 200 亿美元，待缴股本的票面总价值为 800 亿美元，域内外成员出资比例为 75∶25。经理事会超级多数同意后，亚投行可增加法定股本及下调域内成员的出资比例，但域内成员出资比例不得低于 70%。域内外成员认缴股本在 75∶25 范围内以 GDP（按照 60%市场汇率法和 40%购买力平价法加权平均计算）为基本依据进行分配。

亚投行的申请国家覆盖五大洲，亚投行的定位更是瞄准国际多边机构的最高标准，因此亚投行行长、董事会人选和研究人员招聘无疑都将按照国际最高标准执行。董事会共有 12 名董事，其中域内 9 名，域外 3 名。亚投行设行长 1 名，从域内成员产生，任期 5 年，可连选连任一次，同时设立副行长若干名。亚投行将设立理事会、董事会和管理层三层管理架构，其中理事会为亚投行最高权力机构，可根据亚投行章程授权董事会和管理层一定的权力。在运行初期，亚投行设非常驻董事会，每年定期召开会议，就重大政策进行决策。

2015 年 8 月 24 日，筹建亚投行谈判代表会议以共识方式推选现任亚投行临时秘书处秘书长金立群为亚投行候任行长。根据规定，亚投行正式成立后，将在首次理事会上将候任行长选举为行长。2016 年 1 月 16 日，亚洲基础设施投资银行开业仪式在北京钓鱼台国宾馆举行，中国财政部部长楼继伟被推举为首届理事会主席，金立群当选为首任行长，5 位副行长分别来自英国、德国、印度、韩国和印尼。

◎ 典型案例

2015 年 3 月，亚洲基础设施投资银行筹建工作组在北京举行制度发展研讨会，这更像是一次亚投行智囊团的集体亮相，众多外国顾问的出席意味着中国的努力已经得到了这些业内高级专家的认可。专家的肯定为亚投行的世界标准运营打下了一个良好的基础，也能够消减对有关治理和透明度的担忧，让亚投行在西方世界中建立起可信度。研讨会重点讨论了多边银行的环境和社会框架特征与趋势、公共采购发展的总体方向和治理结构的选择和影响三个方面的内容。在这次研讨会上，主席台上除了中间端坐的亚投行秘书处秘书长金立群外，剩下的六位都是外国银行专家与金融官员。两天的研讨会聚集了包括世界银行、亚洲开发银行、欧洲投资银行等在内的多个多边机构的官员参与。

中国银监会前副主席蔡锷生透露，亚投行将面向全球招聘员工，核心岗位的官员肯定不会只有中国人。亚投行已在北京金融街设立临时秘书处，一些具有财政部及使馆工作背景的人员，如财政部中国清洁发展机制基金管理中心副主任陈欢、财政部税政司处长殷丽海等，已加入临时秘书处。值得注意的是，有迹象表明亚投行正在招聘具有世界银行背景的人员。为此，世界银行一名高级官员表示，亚投行和世行在人才上的竞争是良性的，是一件好事。自亚投行设想被提出以来，国际上一直有将亚投行与世界银行等现有多边金融机构相比较的声音。对此，中国财政部官员和世界银行高管都多次强调，在亚洲基础设施融资需求巨大的情况下，亚投行与世界银行是互补而非竞争关系。此外，亚投行侧重于基础设施建设，而世界银行则强调以减贫为主要宗旨。

金立群担任亚投行多边临时秘书处秘书长，与此同时，金立群还担任亚投行中方筹备组组长。事实上，拥有前世界银行中国副执行董事、中国财政部副部长、亚洲开发银行副行长、中金公司董事长等一系列国际背景的金立群，一直被外界认为是亚投行首任行长的最佳人选。亚投行内部让金立群出任该行首位行长的呼声也非常高。

金立群，1949 年 8 月出生于江苏常熟，后在北京外国语大学就读，最终获得英语文学硕士。金立群曾在 2014 年年底指出，亚投行不是中国的银行，是成员国团体共同的银行。亚投行不会抄袭现有的区域性银行的模式，而是以最高的标准来进行运作。“有人质疑中国发起成立亚投行的动机，这让我想起了电影《末代皇帝》。一天，皇帝的英文老师建议皇帝佩戴一副眼镜，大臣们认为以皇帝的视力不需要佩戴眼镜，英文老师说‘他需要的是视野’。”金立群称，自己担任亚投行候任行长是所有成员国选举通过的，其责任是为所有的成员国服务，推动各成员国之间进行合作。

早在 2015 年 1 月，全球职业社交网站领英（LinkedIn）上悄然出现了“亚洲基础设施投资银行临时秘书处”的招聘信息，网站显示，该机构目前有 3 名员工，其中两位是有 30 多年国际机构实操经验的海外专业人士。清华大学教授李稻葵表示，亚投行会对国际金融治理形成挑战和刺激，其中就包括人才挑战——亚投行的招聘人才很可能会来自国际货币基金组织（IMF）和世界银行（世行）。

马修·达尔泽尔（Matthew Dalzell）就是其中的一位，根据公开信息显示，马修·达尔泽尔是新西兰外交贸易部顾问，不久前才加入亚投行，现担任“高级运营专家”一职，为亚洲基础设施投资的新形式提供建议，专业领域集中在环境和社会框架设计。履历显示，马修·达尔泽尔有多年的外交领域经验，曾在2000年至2003年间代表新西兰与世界银行等谈判，有贷款资金池条款谈判经历。2007年至2009年，马修·达尔泽尔担任过世界银行执行理事的高级顾问。

达尔泽尔以及公开消息中提及的其他人员，绝非亚投行全球专业人才招募的全部。事实上，亚投行早已在数月前就启动了在全球范围内招聘法律、环保、公共采购等方面的国际专业人士的工作。中国财政部早已经意识到，吸引各个领域的专业人才是亚投行能够做好的必要条件。

亚投行筹建工作组秘书处首席顾问娜塔莉·利希滕斯坦（Natalie Lichtenstein）是前世界银行律师，也是媒体透露出的加入亚投行最早的一位外国专家，但娜塔莉·利希滕斯坦拒绝对自己在亚投行中的职务置评。回顾娜塔莉·利希滕斯坦的职业生涯，不难看出金立群选其做治理机构顾问专家的原因。

2010年利希滕斯坦从世界银行退休，在这之前利希滕斯坦已经为世界银行工作了30年。其在许多国家担任过贷款项目运营顾问，包括中国、越南等，还曾经是东亚和太平洋地区的首席顾问。作为法律顾问，利希滕斯坦专注于制度上的法律事务，并领导了在世界银行集团中增加发展中国家席位的改革。1978年至1980年，利希滕斯坦担任了美国财政部国际事务律师顾问，一直为中美关系正常化而努力。

在研讨会上主持公共采购发展的专家顾问是世界银行的运营经理玛拉·沃维克（Mara Warwick），沃维克毕业于斯坦福大学的土木与环境工程专业，从2006年至今都在世界银行的北京办公室工作，是中蒙可持续发展部门的高级城市环境专家。沃维克的工作范围很广，从城市环境管理规划到文化遗产和旅游业开发都有涉及。2008年汶川大地震后，沃维克还加入了世界银行与中国政府合作的重建项目中。

在领英上，部分外籍人士的简历中已经悄然出现了“亚洲基础设施投资银行临时秘书处”的名字。例如，曾在英国驻北京大使馆工作三年半的亨利·贝尔（Henry Bell），从2015年6月开始更新了其在亚投行的新部门——亚投行公关团队（Communication Team）。贝尔拥有伦敦国王学院历史学学士学位，以及伦敦大学经济学求学经历，还持有清华大学MBA学位。在进入英国驻华大使馆之前，贝尔曾在英国财政部做过5年的政策分析工作。

除了现有的外国高级专家顾问外，亚投行的团队建设一直在按部就班地进行。至2015年上半年，亚投行团队已经约有50名成员，主要来自财政系统。在创建完规则并与各个创始成员国达成一致后，亚投行将在2015年秋进行面向全球的精英招聘计划。消息一经透露，便有一些外交、国际组织人士对此跃跃欲试。中国本土目前仍然缺乏懂外语、懂国际规则、有经济学修养、有人品、有领导力、有全球视野的官员，而这可能是在亚投行治理框架难题之外的另一大挑战。

在中国决定主导筹建亚投行时，就有不少才俊蠢蠢欲动，想要成为其中一员。这些人相信，在亚投行这一立足亚洲、成员遍布五大洲的国际性投资开发机构，会有更多机会参与亚洲相关国家提升基础设施建设水平的项目，还有可能参与到修建世界N大工程奇迹的项目中，在历史长河里留下自己光辉的一页。而且，亚投行总部地址位于北京的核心区域，建在全国政协礼堂附近，其地位可想而知。

那么，在中国的国际性机构中担任“国际公务员”，究竟需要哪些阅历与能力呢？一位曾在联合国驻维也纳从事翻译工作近10年的“国际公务员”为大家揭开联合国“公务员”严格的选拔条件。

首先，选拔考试难度大。考生要在英、法两种规定语言中任选一种完成试题作答。在中国参加联合国的招聘初选考试中，最多只有十分之一的人可以进入第二阶段的中国国际职员后备人才库，并获得参加次年的联合国国际竞争考试的资格，最终能进入联合国后备人才库的更是寥寥无几。

其次，考生即使有幸成为“候补”，也只有在有空缺或扩大编制时才有机会获聘。通过考试选拔的人员将进入联合国国际职员后备人员名单，当出现职位空缺时，由联合国从后备人员名单中选聘。

而在国际性的银行工作又不同于在联合国，要求会更严格。例如，世界银行的招聘就要求应聘者起码要有跳过3次槽的经历。因为世界银行认为，对于经常需要考查、验资的银行人员来说，知己知彼非常重要，所以，应聘世界银行的基本条件是至少要有3种以上不同行业的工作经历。世界银行驻中国代表处人力资源官员认为，除了基本的教育背景和工作经验要求外，想要应聘世界银行的职员，还要注意以下几点。

第一，专业素质。不同的岗位，专业素质要求也不同。如果是专业岗位，就需要非常专业的知识或技能，例如，能源专家就需要有能源方面的专业知识或技能。如果是助理或秘书职位，就需要看应聘者对这个岗位的理解程度有多高。

第二，对客户服务的精神。应聘者是否能够从客户的角度出发，是考察的重点之一。

第三，交流能力。交流能力除了说的能力，还包括倾听能力，这是非常重要的，在国际组织里面工作、交流，要学会倾听，了解需求。

第四，解决问题的能力，主要是主动解决问题的能力。

第五，团队合作。团队合作是世界银行在招聘中比较看重的，面试会就此设置很多问题，每一个问题都相对应地考察某一招聘要求。

◎ 分析参考

组建精干、廉洁、绿色的队伍

中国正在从一个发展中国家迈向中等发达国家的征途中，目前，中国的经济已经位居世界第二。从一个需要世界援助的国家，变成一个有能力援助世界的国家，既是一个国家的荣耀，也是生活在这一历史转折期的中国人的骄傲。但是，中国在走向世界的过程中还只是一个“小学生”，需要学习的东西很多。如何学习、如何在帮助别人的同时也让自己受益，正成为中国急需解决的重大课题。建立亚洲基础设施投资银行，便是在这一漫长学习过程中的一个全新尝试。

中国之前没有筹建过国际性的组织，对于如何建立与管理一个全新的国际性组织，中国缺少最基本的经验。亚洲基础设施投资银行在北京的建立，将使之成为成员国最多、影响最大的一个国际性金融机构，为此，中国非常需要走出并走好第一步，其他国家也非常想知道中国人将如何筹备与运用这一机构。其关键是，中国人要如何在别人的经验之上，走出漂亮的第一步，让世界放心，让世界喝彩。

目前，中国政府与金融官员对亚投行的基本思路和态度已经可以基本看清。亚投行中方筹备组主要负责人金立群表示，亚投行将永远是一个公开、透明、包容的国际机构，其核心理念是精干、廉洁、绿色，将对腐败实行零容忍，并致力于促进发展绿色经济和低碳经济。同时，作为国际机构，亚投行将重视亚洲地区每一个发展中国家的发展和利益，欢迎北美、欧洲和其他地区的金融机构和投资者一起合作共享亚洲地区发展的丰厚成果。

一、组建一个包容的机构

一句“亚投行将永远是一个公开、透明、包容的国际机构”，包含着中国政府对亚洲基础设施投资银行最基本的期许，也是在宣告全世界的金融专家，这是一个可以共享与包容的新机构，欢迎有志者加入。

亚投行通过表明自己将是一个规范运作的机构，用公开表达态度，用透明表明诚意，用包容表示欢迎，希望同行精英放心加入到代表着新秩序的全新金融机构里来。事实上，在亚投行筹备阶段，曾经在世界银行与亚洲开发银行工作过的一些专家已经加入了进来，这正说明亚投行是一个包容的机构，中国政府倡导的国际性组织不会也不可能只由中国职员参与。中国需要真正的世界性专家来帮助中国建立这样一个机构，从制度建设到人员培训，再到项目评估和项目投资，都希望世界性专家可以把成熟的运作和成功的经验带入亚投行，防止亚投行在建设初期犯下严重的错误。

二、建立一支精干的队伍

一支精干的队伍，应该体现出专业、高效、精准三个方面。为此，亚投行努力从一开始就建设这样一支队伍。

专业，重在经验，只有在重大项目上有过切实的操作经验，才能更直接地达到所需要的专业水准。一个受人瞩目的新机构，自然也受到许多新人的关注，新人们迫切希望可以加入其中。但是，对于亚投行这样的新机构来说，具有资深金融投资阅历的专家才是其最希望得到的人才，包括行长。金立群，一直被外界认为是亚投行首任行长的最佳人选，这可以从金立群的职业阅历上看出，事实上，很难找到比金立群更合适的首任行长人选了。

高效，在于效率，只有在每一件事务上都能够直达目标，才能表现出不凡的业绩。对于亚投行来说，工作效率首先就体现在要建立一个可以快速运作的投资银行上，漫长的学习与培训过程显然不适合这样一个万众瞩目的机构。当人员到位后，必须可以马上运作，运作之后必须可以尽快出现成效。高效的另一层含义，则是要用更少的人做更多的事，以达到精干的直接效果。亚投行秘书处首席顾问娜塔莉·利希滕斯坦为世界银行工作了30年，在许多国家担任过贷款项目运营顾问。有这样的专家担纲，高效与精干自然可以很容易地融合在一起。

精准，在于准确，只有掌控得了大势与细节的人，才能在决策时做到准确无误。在大型投资项目中，任何一个失误都会引起重大损失。对亚投行来说，没有前期模板和案例可供参考，只能依靠职员的经验与专业。因此，在招聘时，应聘人员曾经操作过的成功项目必将成为其是否被录用的关键因素。世界银行的运营经理玛拉·沃维克，工作阅历丰富，从城市环境管理规划到文化遗产和旅游业开发都有涉及，还加入过世界银行与中国政府合作的重建项目中，这是其被录用的重要原因。

三、构筑一个廉洁的机制

与一般的机构不同，国际性组织的权威性往往来自于自身的廉洁性和公正性，在中国腐败案例频发的时期建立亚投行，很容易让人不放心。为此，公开、透明是一个方面，广泛吸纳不同国家的人参与，形成一个有效的内部监督机制，是另一个异常重要的方面。根据已经签署的《亚洲基础设施投资银行协定》，亚投行前五大股东确定为：中国、印度、俄罗斯、德国、韩国、澳大利亚（与韩国并列第五），这六大国家的政府都会派出自己国家的金融专家到亚投行任职，担当不同的重要角色，在合作中共同建立监督机制，为构筑一个廉洁的亚投行做出各自的努力。此外，57个亚投行意向创始成员国以及今后加入的普通会员国，都有可能派出自己的金融专家参与其中。因此，对于中国主导的亚投行来说，人才招募与岗位整合必将是一项需要长期面临的艰巨任务。

四、强化一个绿色的投资

在亚投行筹建初期，世界银行和亚洲开发银行内部就表达了对亚投行选择投资项目上的担心，因为在已经建立的项目审批原则中，对于环境生态的保护和人道主义的维护一直被认为是极其重要的考评要求与决定因素，这两家银行担心亚投行会把那些曾经被其否决的项目重新启动起来，造成两个不同的价值体系与评判标准。对此，中国政府明确表示，未来的亚投行将是一个绿色的投资银行，基础设施建设与环境生态保护并不矛盾，处理得好，两者将是一个更为和谐稳定与相辅相成的关系。在这方面，亚投行准备招募更多有着丰富环境保护背景的金融专家。在筹备处就已经有多位环保专家参与工作，例如，担任

“高级运营专家”一职的新西兰外交贸易部顾问马修·达尔泽尔，其专业领域就集中在环境和社会框架设计，还有亚投行的公共采购发展方面的专家顾问玛拉·沃维克，其毕业于斯坦福大学的土木与环境工程专业，曾经是中蒙可持续发展部门的高级城市环境专家。相信，亚投行这样的安排，可以打消很多人的担忧。

9

让员工创造价值体系

——沃尔玛的人才需求模式

◎ 企业背景

沃尔玛公司由美国零售业传奇人物山姆·沃尔顿先生于1962年在美国阿肯色州成立，以“售价最低、保证满意”作为企业的经营理念。经过50多年的发展，沃尔玛已经成为世界上最大的私人雇主和连锁零售商。一直以来，沃尔玛集团坚持创新思维和服务领导力，在零售业界担任领军者的角色。

沃尔玛集团通过实体零售店、在线电子商店、移动端等不同平台、不同方式开展经营活动。每周，全球会有超过2.5亿名顾客和会员光顾沃尔玛在27个国家拥有的超过70个品牌下的约11 000家分店，以及遍布11个国家的电子商务网站。2015财政年度（2014年2月1日至2015年1月31日），沃尔玛集团净销售金额达到近4 857亿美元，全球员工总数约220万名。

山姆会员商店是沃尔玛旗下的高端会员制商店。1983年4月，首家山姆会员商店在美国俄克拉荷马州的米德韦斯特城开业，20世纪90年代初山姆开始进入国际市场，发展至今已成为全球最大的会员制商店之一。目前，山姆在全球已拥有700多家门店，为5 000多万个人与商业会员提供购物体验。中国第一家山姆会员商店于1996年8月12日落户深圳，截至2015年5月，山姆已在中国开设了12家门店，分别位于北京、上海、深圳、广州、福州、大连、杭州、苏州、武汉和常州。未来，山姆会员商店将继续扩大在中国的投资，让更多中国的家庭感受山姆带来的生活方式。

沃尔玛对中国经济和市场充满信心，并致力于在中国进行长期投资与发展。沃尔玛于1996年进入中国，在深圳开设了第一家沃尔玛购物广场，经过20年在中国的发展，现已拥有超过10万名中国员工。目前，沃尔玛在中国经营多种业态和品牌，包括购物广场、山姆会员商店等。截至2015年5月31日，沃尔玛已经在中国19个省、2个自治区、4个直辖市的165个城市开设了413家商场、9家干仓配送中心和11家鲜食配送中心。沃尔玛在中国的经营始终坚持本地采购。目前，沃尔玛中国已与超过7 000家供应商建立了合作关系，销售的产品中本地产品超过95%。

2012年10月26日，沃尔玛宣布对发展迅速的控股公司中国电子商务网站1号店增加投资，沃尔玛持有股份增至近51%。沃尔玛的增资不仅有助于1号店的继续发展，也使沃尔玛能够通过电子商务来服务中国顾客。自2008年7月上线以来，1号店一直和中国电子商务市场保持同样快速的发展，预计到2016年，中国电子商务市场规模将和美国相当。1号店现拥有近1亿注册用户，在北京、天津、上海等8个城市已实现当日达，在全国166个城市实现次日达。2015年7月，沃尔玛从中国平安以及1号店前董事长于刚、前CEO刘峻岭手中购买了1号店余下股份，全资拥有1号店在中国的电子商务业务。为此，商务部新闻发言人沈丹阳表示，期待1号店在中国电子商务发展的进程中继续发挥积极的作用。沃尔玛进一步加大在电商领域的投资，表明了该公司对中国经济和市场发展的信心和迫切愿望，也表明我国在电子商务领域扩大开放取得了积极进展。

◎ 典型案例

在集团的全球发展战略中，沃尔玛将考虑不断加大对中国市场多种业务的投资，计划在2015年年初的基础上再新增115家门店，包括大卖场和山姆会员店，预计可以创造3万多个就业岗位。同时，沃尔玛宣称将继续升级现有门店，与本土供应商共赢发展。沃尔玛希望能更好地适应中国经济的新常态，创造更多就业岗位，在与中国经济共发展的同时成为消费者信赖的优秀企业公民。沃尔玛注重人才本土化，鼓励人才多元化，特别注重培养和发展女性员工及管理层。目前沃尔玛中国超过99.9%的员工来自中国本土，商场总经理100%由中国本土人才担任，女性员工占比超过60%，管理团队中约40%为女性。在建立员工队伍方面，沃尔玛通过以下举措，实现员工招聘的有效性和快速性。

一、提供均等的就业机会

中国各地的沃尔玛商场都会根据自身的发展需要，及时向当地的社会劳动力市场公布人员需求信息，以公开、公平和完全双向的方式进行员工的招聘和录用。沃尔玛集团倡导，在招聘员工时公平对待每一位应聘人员，无论种族、年龄、性别、地域、宗教信仰等，都要为其提供均等的就业机会。在沃尔玛招聘过程中，每一位应聘者都必须经过笔试和面试。笔试又分为两种，一种是针对应聘管理层的综合测试，包括英文水平、组织管理、领导能力、逻辑思维的测试等；另一种是针对应聘非管理层人员的测试题，包括文化素质、团队合作精神、简单服务行业英文口语的测试等。面试通过言谈了解应聘者的工作背景、综合能力、处理问题的态度、团队合作精神、个性、个人对工资福利方面的要求等。通过笔试和面试，最终筛选出合格的应聘者。

目前沃尔玛正在努力改进招聘方法，拓宽招聘渠道，如通过网络招聘、中介推荐或直接到国内部分高等院校招收应届毕业生等。沃尔玛提倡尊重公司中的每一个人，给员工最好的工作体验，这是通过平等相待做出来的，而不是依靠媒体吹嘘出来的。世界各地的沃尔玛人，虽然背景、肤色、信仰不同，但都能受到尊重。即使山姆本人，在总部办公楼前的停车场上，也没有一个固定的车位，这被认为是沃尔玛员工地位平等的表现。

二、实施见习管理人员计划

1998年，沃尔玛开始实施见习管理人员计划，即通过在不同的高等院校举行职业发展讲座，吸引一大批优秀的应届毕业生前去应聘沃尔玛公司提供的岗位，大学毕业生在获得沃尔玛公司的初步录用之后，会经过相当长一段时间的岗位培训和业务培训，然后再分派到各个具体的岗位。此举为公司增添了新鲜血液，极大缓解了公司业务高速扩展对人才的需求。对于每一位员工的表现，沃尔玛人力资源部门都会定期进行书面评估，并与员工进行面谈，将评估结果存入个人档案。

沃尔玛对员工的评估分为试用期评估、周年评估、升职评估等。评估内容包括每一位员工的工作态度、积极性、主动性、工作效率、专业知识、长处、需要改进之处等，这些都将作为员工日后获得晋职提升的重要依据。多次的评估可以帮助发现一些在管理方面有潜力的员工，以便在公司发展急需时及时补充到相应的岗位上，既解了燃眉之急，又为年轻员工提供了发展机会，可谓一举两得，皆大欢喜。

三、注重适时引进高级人才

沃尔玛发展之初，在人力资源配置方面，公司更看重肯苦干和实干的人，对学历不太注重，这在一定程度上造成了对高等教育人才的排斥，公司也难以吸引和留住有着较高学历的人。但是，随着公司的不断发展，在技术、营销、财务、法律等各方面的高级人才变得不可或缺，除了从公司内部选拔现有优秀人才之外，沃尔玛开始从外部适时引进高级人才，以补充新鲜血液，丰富公司的人力储备。对一些岗位，沃尔玛甚至动用猎头公司来招募人才，以更高效的方式寻觅到所需要的人才。

在沃尔玛，管理人员和员工之间建立起了良好的合伙关系。公司经理人员的纽扣上镌有“我们关心我们的员工”字样，管理者必须亲切对待员工，必须了解员工的为人、家庭、困难、希望等，必须尊重、赞赏和关心员工，认真倾听员工的意见，真诚地帮助其成长和发展。

四、推行合伙人制度

在沃尔玛总部的术语中，公司员工不被称为“员工”，而被称为“合伙人”。这一概念的具体化政策体现为三个互相补充的计划：利润分享计划、雇员购股计划和损耗奖励计划。1971 年，沃尔玛实施了一项由全体员工参与的利润分享计划，即每个在沃尔玛工作两年以上并且每年工作 1 000 小时的员工都有资格分享公司当年的利润。截至 20 世纪 90 年代，利润分享计划总额已经约有 18 亿美元——这些都是属于沃尔玛公司“合伙人”的利益，此项计划使员工的工作热情空前高涨。合伙人制度的推行，一方面留住了员工，另一方面又吸引到了更多的人加入沃尔玛，许多年轻人主动投身到沃尔玛，希望成为沃尔玛公司的合伙人之一。

之后不久，山姆又推出了雇员购股计划，让员工通过工资扣除的方式，以低于市值 15%的价格购买股票。这样 80%以上的员工或借助利润分享计划，或直接持有公司股票分享公司的进步成果。员工利益与公司利益休戚相关，实现了真正意义上的“合伙”。沃尔玛公司还推行了许多奖金计划，最为成功的就是损耗奖励计划。如果某家商店能够将损耗维持在公司的既定目标之内，该店每个员工均可获得奖金，最多可达 200 美元。这一计划很好地体现了合伙原则，也大大降低了公司的损耗率，节约了经营开支。

五、通过内部提升破解高级岗位的招聘难题

沃尔玛全球员工总数约为220万名，其中中国员工10万多名，如此宏大的员工规模，招聘工作肯定是艰巨与繁杂的，如果没有一套行之有效的招聘体系作支持，这样大量的工作将难以完成。过去，沃尔玛推行的是“招募、保留、发展”的用人哲学，现在则改为“保留、发展、招募”的模式。这种改变不仅仅是语序的改变，还表明了公司对现有人才的重视，改变了以前不断招聘的用人方式。沃尔玛公司期望最大限度地发挥员工的潜能，并创造机会使其工作内容日益丰富和扩大，尽可能鼓励和实现从内部提升管理人员。沃尔玛绝大部分经理人员都是通过公司的管理培训计划，从公司内部逐级提拔上来的。

公司经常要求员工轮换岗位，使员工有机会担任不同工作，接触公司内部的各个层面，从而可以在多方面起到独当一面的作用。同时，轮换岗位可以使员工之间形成良性竞争，最终促进公司总体业务水平的提高。这样做虽然也可能造成企业内某些主管之间的矛盾，但公司认为每个员工应首先学会帮助公司的其他人，发扬团队精神，收敛个人野心。通过帮助别人发展，达到最终促进自我发展的目标。《财富》杂志曾经评价沃尔玛公司是“通过培训方面花大钱和提升内部员工而赢得雇员的忠诚和热情”。

◎ 分析参考

招聘人才，是为了留住人才

沃尔玛公司的创始人山姆曾经说过：“沃尔玛业务75%是属于人力方面的，是那些非凡的员工肩负着关心顾客的使命。把员工视为最大的财富不仅是正确的，而且是自然的。”沃尔玛首席执行官则认为：“是我们的员工创造了沃尔玛的价值体系。”因此，在沃尔玛的整体人力资源体系中，建立企业与员工之间的伙伴关系被视为最重要的部分。沃尔玛如此辉煌的发展历史和发展前景，其用人之道确实值得中国的零售行业深思和借鉴。员工是公司的主体，尊重员工，与员工建立利益共享的伙伴关系，最大限度地挖掘员工的创造潜力，让每一位员工充分实现个人的价值，使之在各项工作中达到卓越的境界，这样才能真正使企业站在更高的起点上，实现跨越式发展。

分析沃尔玛公司的招聘体系，在以下几个方面给人留下了深刻的印象。

一、建立有效的人员需求预测系统

沃尔玛公司进行有效招聘体系的创建，并不完全出于招聘工作本身的任务要求，而是以公司经营发展的战略为中心，围绕商场发展的中短期经营目标，结合地区社会经济发展来开展的。招聘者对工作的分析参与，可以帮助其了解胜任某项工作所必需的资格条件，还可以帮助其掌握适时的岗位变化，并及时预测公司中潜在的人员过剩或人力不足。一个公司对员工的需求变化预测，是与公司的发展战略、所处的内外部环境相对应的。对员工需求的预测主要是指在数量、质量、结构等方面的预测。

在实际工作中，沃尔玛将可持续的人才培养计划与员工个人发展计划相结合，建立了一个清晰的流程。首先，每年 4 月进行人才大盘点，了解当前岗位的胜任状况、高潜力人才储备状况等。其次，制定继任计划，通过核心指标的跟踪，管理未来业务发展下的岗位储备人才。接着，组织各部门召开人才发展会议，由人力资源部和业务部门的高管们共同讨论该部门、该区域的人才培养计划和培训计划。年底，跟踪各项人才培养 KPI 指标。在各部门管理层的考核项中，除了业绩，人才培养也会占一定比例。

合理的员工需求变化预测流程，不但提高了招聘工作的主动性，增加了招聘工作的时效性，增强了对市场和竞争对手的适应力，而且能够帮助组织降低在经营发展过程中可能遇到的人力资源风险，从而提高组织的相关利益。可以想象，如果沃尔玛公司在快速发展过程中，没有对招聘需求的超前与精准预测，没有建立一个为公司发展服务的招聘支持系统，就可能会处处遇到人员招聘跟不上需求的情况，最终可能就无法帮助沃尔玛保持全球商业零售第一的稳定地位。

二、运用先进的测评与能力培养手段

沃尔玛公司运用多种测评手段了解员工的发展水平与潜力，为员工的职业发展提供新的空间。沃尔玛内部的经理人员大多是通过公司的管理培训计划，从公司内部逐级提拔上来的。公司采取的轮换岗位制度，使员工有机会接触到公司的各个层面，帮助员工具备独当一面的能力。沃尔玛 80%以上的总经理是从员工或一线经理晋升的。这得益于一个清晰的人才发展通道机制（People Pipeline），人才发展通道机制让员工进入公司后就清楚自己的职业方向。培养一位商场总经理是从职业发展测评和人才盘点开始的，评估工具包括发展评估中心、人才评阅、绩效评估等，人才盘点可以评定出高潜质的、表现稳定的、有待改善的三类员工，然后针对性地为员工提供不同的培训活动。

沃尔玛重视对员工的培训和教育，建立了一套行之有效的培训机制，并投入大量的资金予以保证。各分公司必须在每年的 9 月份与总公司的国际部共同制订并审核年度培训计划。培训项目分为任职培训、升职培训、转职培训、全球最佳实践交流培训和各种专题培训。在每一个培训项目中又包括 30 天、60 天、90 天的回顾培训，以巩固培训成果。沃尔玛非常注重提高分店经理的业务能力，沃尔玛的最高管理层不是直接指导分店经理如何做生意，而是让分店经理们从市场、从其他分店学习这门功课。沃尔玛还投资购置专机，定期载送各分店经理飞往公司总部参加有关市场趋势及商品采购的研讨会。

对于有望承担更高职位的高潜质人才，沃尔玛专门设有“人才加速发展计划”，并让其定期和主管回顾自身的个人发展计划实施情况，人力资源部则会为其提供所需的发展资源。普通员工在经过一段时间的培训和工作实践后，该员工的教练会通过各种测评工具对其进行全方位评估，判定其是否已做好向下一职位发展的准备。如果员工能力准备就绪，同时又有升职或转职机会，那么该员工就可以被安排到更有挑战性的岗位，教练会针对其开展“新星扶持计划”，加速员工适应新的岗位。这样的方法，可以让有发展潜力的员工看到未来发展的机会与方向，当其确实具备了管理才能之后，就可以在多种测试中脱颖而出，被及时发展和提升，而公司也可以及时找到合适的候选人员填补发展中出现的职位空缺，真正实现员工个人发展与企业发展“双赢”。

三、控制人员招聘的成本

面对几万人的员工需求，如何开展招聘，是沃尔玛人力资源管理部门需要经常思考的问题。如果无法实现高效与高质的招聘，不仅可能延误招聘时机，而且可能会增加招聘成本；反之，则可以突破人力资源管理中的瓶颈，为公司的经营活动提供最基础的保证。

校园招聘、见习生制度、招募假期临时工、在劳动力市场上发布用人信息等，都是控制成本而进行大规模招聘的有效途径。在这些途径中，用人单位跳过了第三方中介机构，可以成批量地与求职者直接联系，大大提高了招聘的效率，也节省了费用，可谓一举两得。

沃尔玛公司通过建立内部招聘制度，发现和使用有管理潜力的员工。在日常管理中，公司努力创造机会，使员工的工作内容日益丰富和扩大，鼓励和实现从内部提升管理人员。这些年，沃尔玛绝大部分经理人员都是通过公司的管理培训计划，从公司内部逐级提拔上来的，由此，中国沃尔玛商场的总经理达到了100%的本土化。

四、全面推行留住人才的政策

沃尔玛致力于为每一位员工提供良好和谐的工作氛围、完善的薪酬福利和广阔的事业发展空间，并且在这些方面已经形成了一整套独特的政策和制度。例如，沃尔玛的“合伙人”政策及其3个互相补充的计划（利润分享计划、雇员购股计划和损耗奖励计划），使员工利益与公司利益休戚相关，实现了真正意义上的“合伙”。

沃尔玛重视信息的沟通，提出并贯彻门户开放政策，即员工在任何时间、任何地点只要有想法或者意见，都可以以口头或者书面的形式与管理人员乃至总裁进行直接沟通，并且不必担心受到报复。任何管理层人员如因“门户开放”政策实施打击报复，将会受到严厉的纪律处分甚至被解雇。这种政策的实施充分保证了员工的参与权，为沃尔玛人力资源管理的信息沟通打下了坚实的基础。沃尔玛以各种形式与员工之间进行沟通，大到年度股东大会，小到简单的电话会谈，公司每年花在计算机和卫星通信上的费用高达数亿美元。沃尔玛还是同行业中最早实现与员工共享信息的企业。授予员工参与权、与员工共同掌握公司的许多指标是沃尔玛公司不断提高的经营原则。

对所有走上管理岗位的员工，沃尔玛要求：“如果你想事业成功，你必须要让同事们感觉到你是在为他们工作，而不是他们在为你工作。”管理者不是坐在办公桌后发号施令，而是实行“走动式”管理。管理层人员要走出来直接与员工交流与沟通，并及时处理有关问题。在沃尔玛，任何一个员工佩戴的工牌除了名字之外都没有标明职务，包括最高职位的总裁。公司内部没有上下级之分，可以直呼彼此的姓名，这有助于营造一个温暖友好的氛围，给员工提供一个愉快的工作环境。另外，离职面试制度可以确保每一位离职员工离职前都有机会与公司管理层交流和沟通，从而公司管理层能够了解到每一位员工离职的真实原因，有利于公司制定相应的人力资源战略。沃尔玛还实行挽留政策，这不仅使员工流失率降低到最低程度，而且即使员工离职，仍可能会成为沃尔玛的一位忠实顾客。

10

招聘和晋升员工的独门秘笈

——波特曼丽思卡尔顿酒店的人员甄选与评价

◎ 企业背景

上海波特曼丽思卡尔顿酒店是一家隶属于丽思卡尔顿酒店集团的美国独资酒店。在美国，丽思卡尔顿投资公司由阿尔伯特·凯勒成立，凯勒购买了“丽思卡尔顿”的品牌名称并出售其特许权。20 世纪初，一些酒店被命名为“丽思卡尔顿”，但是到了 1940 年，除了波士顿丽思卡尔顿酒店，其他酒店都已停业。这座波士顿地标建筑以其卓越的服务、餐饮和设施标准成为未来全球各地所有丽思卡尔顿酒店和度假酒店的基准。

波士顿丽思卡尔顿酒店通过将奢华理念引入酒店掀起了美国酒店业的革命。酒店的每间客房都配有私人浴室，客房内使用更轻盈的布料，以便更彻底地清洗。酒店服务员佩戴白色领结、穿围裙制服，餐厅领班佩戴黑色领结，所有其他职员则穿西装，展现出一种正式而专业的仪表。酒店的整个公共区域装饰大量的鲜花，私密、较小型的厅堂，提供了更个性化的宾客体验。酒店采用点餐式服务，为宾客提供用餐选择。

1983 年，丽思卡尔顿酒店有限责任公司成立。公司开始扩张，在全美各地分别建立新的酒店项目。至 1992 年年底，丽思卡尔顿的酒店数量已经发展到 23 家，卓越的产品和服务帮助其首次赢得了马可姆·布里奇国家质量奖。次年，丽思卡尔顿在亚洲创建了第一家酒店，即香港丽思卡尔顿酒店。1998 年，丽思卡尔顿酒店有限责任公司的成功吸引了酒店业的关注，该品牌被万豪国际收购。自此次被购买后，丽思卡尔顿继续发展，在全球各地为宾客提供卓越的服务和真诚的关怀。今天，公司仍在不断壮大，并在全世界最令人向往的旅游胜地建有酒店。

位于上海市南京西路核心地段的上海波特曼丽思卡尔顿酒店，于1998年1月1日正式开业营运，2003年重新装修，楼高45层，拥有610间客房，是一家集零售、餐饮和娱乐于一体的综合性酒店。酒店的会议设施包括1个510 m^2 的宴会会议厅和7个可容纳90人的会议厅。2001年11月APEC会议期间，酒店接待过当时的美国总统布什和国务卿鲍威尔，以及世界三大男高音。2009年11月15日，美国总统奥巴马访问上海时也下榻于此。

波特曼丽思卡尔顿酒店被《Travel＋Leisure》杂志评为2003年度和2004年度“世界五百强酒店”，在由翰威特咨询公司、《亚洲华尔街日报》及《远东经济评论》杂志联合举办的3届“亚洲最佳雇主”和“中国最佳雇主”评选中均获得第1名。酒店还两次荣膺“亚洲最佳商务酒店”的殊荣，并4次蝉联“中国最佳商务酒店”的桂冠，也是全国仅有的3家白金五星级饭店之一。波特曼丽思卡尔顿通过实施信任、诚实、尊重、正直和承诺的原则，培养并充分发挥员工的天分，以达到员工和企业的互利。酒店致力于创造一个尊重差异化、提高生活质量、实现个人抱负的工作环境。

◎ 典型案例

每位进入上海波特曼丽思卡尔顿酒店的员工，上到管理人员下到一线员工（尤其是一线员工），都曾经经历过固定的6个应聘步骤。一是人力资源主管面试，二是人力资源标准化测试，三是部门经理面试，四是直接上司面试，五是人力资源总监面试，六是酒店总经理面试。丽思卡尔顿酒店的管理理念中包含着这样一条基本的思路：每个员工都会直接面对客户，每个员工的服务都直接体现了丽思卡尔顿的服务水平和质量。

在面试时，每种岗位的招聘测试都有50个问题，这些问题能帮助确认应聘者是否适合某项工作。在考核工作技巧和经验的同时，波特曼丽思卡尔顿更看重应聘者是否具有和丽思卡尔顿相同的价值观和原则，是否真得从内心深处就愿意照顾、帮助他人，是否有旺盛的进取心。酒店并不欣赏那些仅仅为了找工作而来的人，而是喜欢那些工作是为了创造“特别性”的人。

在波特曼丽思卡尔顿酒店，经过最初的面试之后，应聘人员都要参加一项标准化 QSP（Quality Select Process，质量选拔程序）测试，以衡量这些应聘者的价值观和态度是否适合酒店文化，只有通过测试的应聘者才能获得会见部门经理的资格，进入下一轮的专业面试。

经过数十年的使用和改进，丽思卡尔顿酒店发现 QSP 测试涉及的内容非常广，远不止可以用在招聘面试方面。波特曼丽思卡尔顿酒店的 QSP 测试按级别分为一般员工、管理级（主管/领班）、经理级、总监级（行政人员）。酒店认为销售人员非常关键，因此也专门针对销售人员设计了一套特制的 QSP。每套 QSP 测试问卷包括 50～60 个题目，涉及 10～11 个不同方面，分别测试应聘者的学习能力、服务意识和能力、处理突发事件的能力、沟通能力、工作安排能力、与他人建立关系的能力等。

每套 QSP 都会根据部门、级别的不同而有各自的内容和侧重。例如，销售经理需要有良好的沟通和表达能力、与客户建立联系的经历和设想、具备说服力的谈话能力、市场敏感度、安排某些项目的能力等，所以对销售经理的测试也相应地侧重于这些方面。针对后台领班，考察的重点则是组织能力、帮助员工发展等。波特曼丽思卡尔顿酒店所使用的 QSP 测试问卷和方法是从丽思卡尔顿集团那里授权获得的。在设计题目时，丽思卡尔顿集团调查统计了当时全球丽思卡尔顿酒店的所有员工，并对其进行调查测试，以建立准确的基础模板。

虽然 QSP 测试问卷中的每个问题都没有标准答案，但是统计出来的成绩还是按照不同的部门和级别被归纳成不同的档次。表现很好的员工被归为一档，表现不是很好的员工被归为另外一档，中间就出现一个范围，公司会通过系统把这个范围量化。例如，10 个方面的问题就会有 10 个点，每个点分别从 1～5 来评分，然后根据分值形成曲线。现在，面试主考官们也会根据应聘者的回答做相应的评分，最后形成一个曲线图。这个曲线图将和作为标准模板的参考图相对照，曲线越接近越好。因为很少有初入行者能达到标准模板中的要求，所以人力资源部会选择 3 个重点相关的点，初入行者的这 3 个点一定要接近标准模板，有的时候甚至达到标准模板才算是通过这轮测试。

在波特曼丽思卡尔顿酒店，每个员工的口袋里都有一张信条卡，里面包括公司的基本信条、员工承诺、座右铭、优良服务的 3 个步骤、员工基本守则五个部分，其中员工的基本守则内容有 20 条。通过 QSP 测试，人力资源部可以发现一些员工的特质，并会根据这些特质为这些新员工规划和安排更合适的岗位。

可以通过一个真实的事例，说明这种测试的作用和人力资源部在岗位指导上的意义。

一位刚从大学毕业的女生想应聘丽思卡尔顿酒店的侍应生，准备从基础开始好好学习酒店的管理实践，但结果却令这个女生意外。人力资源部的考官们根据 QSP 测试结果，建议其去做酒店公关工作。主考官们的解释是，在一个多小时的沟通之中，考官们发现这位女生思维敏捷，表达能力非常好，人缘也不错，善于跟周围的人建立良好的关系，应该在公关方面有潜力，就在给这个女生的 QSP 测试中插入了部分问题。QSP 测试结束之后，考官们把这个女生的测试曲线图和标准模板一比较，觉得当初的直觉没有错。酒店人力资源部主管们都认为：每个人只有在适合自己的位置上才能有更好的发挥，所以建议这位女生到公关部任职。

结果，这位女生在公关部任职之后被安排了几次培训，培训课程与其 QSP 测试有着非常紧密的联系，其 QSP 测试结果也不止一次地被翻出来察看。酒店人力资源部主管觉得：要发展一个员工，必须清楚地知道员工的强项和弱项。如果花同样的时间和精力，某个员工在某项目上发展较快，说明该员工在该项目上有天赋，是其强项，所以人力资源部门就会把重点放在这个员工强项的发展上。同时这位女生的 QSP 测试结果显示，其在领导力方面的分数较其他初学者高，很有发展潜力，人力资源部自然而然地就在其公关专业培训之外安排了几个领导力课程方面的培训，包括给员工工作计划、如何制订实现计划的步骤等。

在波特曼丽思卡尔顿酒店，当员工要求换岗的时候，人力资源部也会参照每个员工的 QSP 测试结果，看看该员工是否适合其希望从事的岗位，或者是否有这方面的潜力。上述这位女生在最初两年中都在酒店公关部，工作做得得心应手，其本人并没有提出换岗位的请求，而且该女生一次次出色地完成任务给大家留下了相当不错的印象，其参加的领导力培训课程也似乎颇见成效。因此，人力资源部决定重新给该女生做一次专门针对经理级的 QSP 测试，考察其是否已经达到了提升级别的条件。如果通过测试，只要有空缺职位，该女生就会得到自然晋升。

经理级的 QSP 测试，更多考察员工如何制定目标，如何安排工作计划，是否具备帮助员工发展的能力，是否有能力领导整个部门的人达到某个既定目标，当团队里有员工出现问题时将如何处理等。也就是说，领导力和管理能力成了对候选经理级别员工的最重要的考察点。

正是因为选人时的慎重和力求最佳，波特曼丽思卡尔顿对进入酒店的员工都予以极大的信任和尊重，因为酒店相信自己的员工都是诚实、有天赋、乐于服务的人，这很符合中国古语“疑人不用，用人不疑”。这家被认定为“最佳雇主”的波特曼丽思卡尔顿酒店，至今仍继续着自己的努力。酒店独有的人力资源管理理念通过以下一个个具体化的要求来体现。

• 尊敬每一个人：被尊重是每一个人的基本需求，每个雇员都希望被尊敬，都希望因为对公司的贡献而感到自豪并获得认可。

• 良好的工作环境：使雇员有良好的工作环境，创建一个所有人共同工作以创造特殊成绩的环境，为雇员提供工作和照顾客人所需要的工具。

• 像对待家人一样关怀雇员：态度坦诚，并与雇员分享重大的情感事件，帮助雇员的个人成长和职业发展，关心雇员的幸福。

• 信任雇员并授权：使雇员有工作自由，指导并支持雇员，鼓励其成为最好的员工，在雇员获得成功和接受挑战性责任时给予认可。

• 提供具有竞争力的报酬：为雇员的工作支付公平的报酬，提供进步机会和全体员工都受益的福利。

上海波特曼丽思卡尔顿酒店作为丽思卡尔顿集团中的一员，在过去几年中的员工满意度从96%增长到98%，有的年份甚至高达99.9%。上海波特曼丽思卡尔顿酒店的总经理对于员工的优秀表现是这样认为的：“因为他们是处于自然的工作状态，一个人如果能真心地喜欢自己的工作，他就会在工作中自然地发挥天赋和潜能，就能将个人性的自然带到职业性的工作中。这正是波特曼努力追求的境界。”据统计，波特曼丽思卡尔顿的员工流动率只有20%左右，远远低于豪华酒店50%的平均流动率。

丽思卡尔顿在中国的扩张计划已经展开，新一轮扩张最大的挑战就是“丽思卡尔顿式”人才的培养。经过几年的准备，波特曼丽思卡尔顿已经为员工的培训与人才的培养建立起了一套完善的体系，确保所有员工具备足够的培训时间，且不断创新培训方法和项目，使员工牢固树立“我有不断学习和成长机会”的信念，增强了员工的成就感和对酒店的归属感。

◎ 分析参考

科学运用评价方法，把握现代用人之道

企业在制定招聘战略时，必须把企业的使命、愿景以及企业的竞争战略考虑在内。为确保战略目标的顺利达成，吸收、招聘优秀的员工对任何企业来说都是至关重要的。波特曼丽思卡尔顿酒店为实现这一目标，运用评价技术构建了科学的甄选体系。

企业间的竞争已越来越集中于人才的竞争，准确可靠地发现和使用人才，已成为企业生存和发展的关键，选拔和考评人才是人力资源管理招聘环节的重中之重。当前，人才评价技术已在世界各地被广泛应用于人力资源管理和开发环节之中。人才评价技术是选贤任能的一种科学方法和手段，是从个体的内心深处去挖掘人才的潜能，甄别人才的内在素质。人才评价技术是通过综合利用心理学、管理学、人才学等多方面的学科知识，对个人的能力、特点和行为进行系统、客观的测量和评估的科学手段，为招聘、选拔、配置和评价人才提供了科学依据。

与传统的人事考核方法相比，现代人才评价不是建立在主观的、直觉的基础上，而是建立在比较客观的、量化的、科学测量的基础上，因而评定的结果会更可靠、更有效。如何正确地将人才评价技术应用于招聘过程、如何正确引入科学有效的评价方法是现代人才评价的突出问题。

一、要重视正确认识和运用现代评价技术

目前我国人才评价的技术大多是从西方直接移植过来的，测评结果偏差大，可靠性低。不能简单地认为企业购买了几套评价软件就是运用了人才评价，人才评价所需的心理学、行为科学、社会学等综合知识不是一般人员所具备的，不慎重的操作反而会造成不良后果。在企业大多不具有自主开发与运用现代评价技术的时候，一个可行的解决方案是建立起社会化的人才评价服务机构，并配备专业人员研究制定符合时代发展与实际需求的评价手段，为企事业单位的人力资源管理提供专业化、社会化的服务。如何提高评价专业人员的专业素质的水平，开发出符合我国国情与市场需求的评价手段，特别是情景化的评价手段，提高人才评价在社会上的影响力是亟待解决的问题。尽管专家们一直在致

力于评价工具的改进，尽可能提高评价的信度和效度，但必须承认，偏差还是难以避免的，只是偏差程度的区别而已。对此，人力资源从业者应充分注意到评价技术的局限性，同时做到尽量的准确、客观和公正。

在波特曼丽思卡尔顿酒店，应聘人员都要参加一项标准化的 QSP 测试，以衡量应聘者的价值观和态度是否适合酒店的文化。这套 QSP 测试虽然只是在酒店内部开发与使用，但其建立的模型具有相当的科学性与代表性，因而丽思卡尔顿的 QSP 测试被认为是有效推行现代评价技术的杰出典范。

二、评价来源多样化、反馈及时化

人才评价毕竟是由人来参与，并且是由人来操纵的，而人又是最易受到众多主观因素影响的。因此，在进行人才评价时，应注重评价来源的多样化，提高评价标准的客观性和可操作性，并保证一定的评价者数量。评价结果的反馈要遵循及时性、准确性、建设性、保密性、尊重性等原则，对评价结果的反馈能帮助组织完成对人才的鉴别和选拔，寻找员工的优势及潜能，选择更适合员工的职业发展计划，也为组织寻找和发展后备的管理者提供依据。波特曼丽思卡尔顿酒店在制定 QSP 评价体系时，调查统计了当时全球丽思卡尔顿酒店的所有员工，并对其进行调查测试，目的就是为了让评价来源多样化，使模板设计更具有典型意义。

有了评价工具，还需要有坚持原则去执行的决心，以保证其公正性。波特曼丽思卡尔顿管理者认为，在酒店这样以“人的服务”为特殊产品的行业，人力资源管理部门的工作任务和责任显得更为突出和重大。波特曼丽思卡尔顿的总经理每天都会和人力资源部经理见面与沟通。人力资源部经理应该具备的素质是三条：主持公道、富有同情心、坚持原则。人力资源部经理应该是公正客观的，要有开放的心态，没有偏见地对待每个员工，这是其最基本的职业道德。其次，人力资源部经理应该善于倾听员工的诉求，富有同情心，要比别人提前发现问题，要在员工没有说出需求前就已经知道员工的需求，这样员工的感觉会非常好，就像酒店对待客人一样。

三、评价手段多样化、形式可选化

采用多种评价手段既能相互验证又能互为补充。评价可以采用面试和笔试相结合、性格和能力测试相搭配等多种测试方法，如结构化面试、心理测验、文件筐、情景模拟、无领导小组等工具。要根据不同的需要选择不同的评价形式。例如，小组讨论适合于评价语言沟通能力、说服能力、主动性等，而文件筐测验则更适合于评价一个人的综合能力、信息获得和处理能力、处理问题的灵活性和系统性等。不同的评价形式适合于不同岗位人员的测评，应根据具体情况选择合适的评价手段。另外，在使用一个测验手段的时候，应尽可能使在该测验中得到的信息获得更为有效的利用，这是评价中心技术应用中应该遵循的原则。

人力资源部在评价员工的同时，也可以通过员工的满意度调查，反过来调查企业的行为表现。上海波特曼丽思卡尔顿酒店有一个完整的员工满意度调查评价体系，一方面酒店经理每个月要就员工的满意度进行讨论；另一方面，公司每年还要请第三方公司做 1～2 次调查，要求每个部门的员工进行不记名投票，就自己工作的各方面是否愉快进行评定，并由此产生一个分数。通过这个调查，员工满意和不满意的地方便一目了然，而总分低的部门则会成为“众矢之的”，这极大地督促了管理层为员工解决实际问题。一般情况下，当每个部门的分数出来后，经理们都会就当中存在的问题，在开会时留出专门的时间讨论，然后把解决方案统一交到人事部，一些能够立刻解决的问题就会马上得到解决，而耗资比较大的则要高级经理们开会决定，但酒店会在限定时间内给员工一个答复和解决方案。

四、评价角度多样化、尊重个性化

企业关注员工的个性与能力，最终目的是为了关注员工在企业中的行为和员工带来的效益。因此，企业需要紧密围绕工作对员工的特点进行描述，揭示各种性格类型和能力特点的员工在工作中可能的作为和潜力。对人进行评价是一件复杂的工作，评价者对被评价人员的一句不经意的评价，就有可能影响其职业生涯的发展。因此，评价者应该认真、负责地对待每一次评价工作，尊重每一位被评价者，了解其个性和特点。波特曼丽思卡尔顿酒店针对不同职位的人，有不同的 QSP，兼顾了不同员工的个性化特点和职位多样化要求，在更大程度上保证了评价体系的准确性和有效性。

科学地运用人才评价方法，切实把握现代招人和用人之道，能使人力资源管理真正达到“人适其事，事得其人”的效果，同时还能促进企业人力资源管理的日趋规范，人才队伍的日趋稳定。波特曼丽思卡尔顿对人才的甄选与评价，充分体现了其对评价手段的科学运用，能打破员工发展瓶颈并为企业寻找到一条快速发展之路。

11

基于核心价值观的全面招聘体系

——丰田公司对高品质招聘的追求

◎ 企业背景

丰田（TOYOTA）汽车公司创办人丰田喜一郎出生于1895年，1933年在纺织机械制作所设立汽车部，从而开始了丰田汽车制造的历史。丰田喜一郎托同学从德国买回一辆德国前轮驱动汽车，经过两年的拆装研究，1935年8月造出了一辆二冲程双缸、木制车身、车顶用皮革缝制的汽车。1937年丰田喜一郎成立了丰田汽车工业株式会社，员工300多人。1950年6月，朝鲜战争爆发，美军46亿日元的巨额订单使丰田迅速发展起来。1974年，丰田与日野、大发等16家公司组成了丰田集团，同时与280多家中小型企业组成协作网。1957年，丰田汽车进入美国。1982年7月，丰田汽车工业公司和丰田汽车销售公司重新合并为丰田汽车公司。1999年，丰田汽车公司在纽约和伦敦证券市场分别上市。公司现有员工68 240人，现任社长丰田章男，是丰田喜一郎的孙子。从1957年进入美国至今，丰田几乎一半的汽车都在美国生产和销售，其生产的皇冠轿车享誉全球，创单一品牌最高销售纪录。

丰田公司通过引进欧美技术，在美国技术和管理专家的指导下很快掌握了先进的汽车生产和管理技术，创造了著名的丰田生产管理模式，并不断加以完善提高，大大提高了工厂的生产效率和产品质量。丰田的生产管理模式，目的在于降低成本的同时生产高质量的产品，该生产管理模式已经成为丰田制造产品的根基，世界上所有的丰田工厂都无一例外地采用了这一生产方式。丰田公司三个椭圆的标志从1990年年初开始使用，标志中的大椭圆代表地球，中间两个椭圆垂直组合成的 T 字代表丰田公司，象征丰田公司对未来的信心和雄心。现在，丰田的业务涉及汽车、钢铁、机床、电子、纺织机械、纤维织品、家庭日用品、化工、建筑机械、建筑业等。

丰田分别与中国一汽集团和广汽集团合作，在天津、广州、成都、长春合资建立了 6 个整车工厂和 4 个发动机工厂，同时丰田在中国 8 个省市设立了 9 家独资公司、15 家合资公司。目前，丰田有 40 000 余名中国员工在生产、销售、售后服务等各相关领域为中国的汽车工业和汽车市场的发展积极贡献着力量。截至 2014 年 11 月，中国引进了 7 款丰田品牌车型和 21 款 LEXUS（雷克萨斯）品牌车型。

丰田公司制定的企业基本理念是：遵守国内外的法律法规，通过公开、公正的企业活动争做得到国际社会信赖的企业公民；遵守各国、各地区的文化习俗，通过扎根于当地社会的企业活动为当地经济建设和社会发展做出贡献；以提供环保安全的产品为使命，通过所有企业活动为创造更美好舒适的生存环境和更富裕的社会而不懈努力；在各个领域不断研发最尖端的科学技术，提供能满足全球顾客需求且充满魅力的产品和服务；以劳资相互信赖、共同承担责任为基础，营造出能够最大限度发挥个人创造力和团队力量的企业文化；通过全球化的创造性经营努力实现与社会的协调发展；以开放性的业务往来关系为基础，致力于相互切磋与创新，实现共生共存、长期稳定发展的良好关系。

◎ 典型案例

以建设“丰田全球模范工厂”为目标，丰田中国公司引进了全球最先进的生产设备和工艺。在广汽丰田公司，冲压、焊装、树脂、涂装和总装五大工艺布局近乎完美，其中：焊装车间采用 GBL（Global Body Line）全球车身生产线系统，配备 267 个自动化机器人，使车身焊接更精密、柔性化；涂装成型车间采用机器人自动喷涂系统、新型注塑成型机以及水性涂料，实现了工序自动化和生产环保化，保证了高效率、高品质；总装车间采用日本极先进的精细化 SPS（Set Parts Supply）零件分拣系统，使生产线员工专注于装配工作，有力地确保了装配品质。追求高品质是丰田公司的核心价值观之一，因此，公司希望自己的员工也能够具有追求高品质的责任感。丰田公司在招聘员工时有自己的要求，主要有三条：一是要求员工具有良好的人际关系，因为公司非常注重团队合作精神；二是要求员工对于高品质的工作进行承诺；三是要求员工聪明并受过良好的教育。

丰田公司强调对工作的持续改善。对于应聘人员，丰田公司都要进行基本能力和职业态度的心理测试，以及解决问题能力的模拟测试，目的是希望能够有助于形成良好的员工队伍。丰田公司的高层管理者认为："受过良好教育的员工，必然在模拟考核中取得优异成绩。"在丰田高层看来，一个受过良好教育的人，事实上在求学过程中已经接受过无数次的筛选，对于领会最新的知识和适应最严的标准具有最基本的接受能力。丰田公司的生产体系是基于决策的一致性、工作的轮换制和职业发展的灵活性。这就要求在生产体系中的所有员工思路开阔灵活、适应力强，而不是因循守旧的教条主义者。丰田公司的全面招聘体系正是以此为思想基础而设计的。丰田公司全面招聘体系的主要特点如下。

第一，招聘时需要考虑的不仅仅是员工的技能，还要考虑员工的价值观念。员工是否具备优秀的素质、持续的改善精神和诚实可信的品质，对于员工基本价值观念的考察可以得出相应答案，全面招聘体系就是要考察员工基于这些价值观念的团队精神。

第二，必须为复杂的招聘过程付出时间和精力。通常，丰田公司在招聘初级员工时的面试时间达到 8～10 小时，也被认为是非常正常的，有时还可能高达 20 个小时。丰田公司认为，投入大量时间和精力是获得合适人才的保障。

第三，企业的需要应与员工的价值观和技能相适应。小组工作制、持续改善和弹性工作制度是丰田公司的核心价值观的表现，从而解决问题的能力、人际关系技巧、对优良品质的追求是录用员工的关键考量要素，公司希望招聘到与企业价值观一致的员工。

第四，员工的自我选择也是重要的招聘考量因素。丰田公司不论在招聘初期，还是在长达 6 个月的试用期中，都会给予员工双向选择的机会，同时淘汰不能胜任的员工。整个全面招聘体系需要应聘员工花费大量的时间并竭尽全力争取才会得以入选。

这些都是丰田公司招聘员工的特点。在明确了这些要求之后，丰田公司的招聘人员与应聘人员都要经历六个阶段，才能最终完成整个招聘全过程。丰田公司推行全面招聘体系的目的，就是要通过努力保证招聘到最优秀的、有责任感的员工。

第一阶段：委托专业的职业招聘机构进行初步的筛选。应聘人员一般先会被要求观看有关丰田公司的工作环境和工作内容的录像资料，同时要求了解丰田公司的全面招聘体系，随后填写工作申请表。1个小时的录像可以帮助应聘人员对丰田公司的具体工作情况有个大概的了解，初步感受工作岗位的要求，同时也是应聘人员自我评估和选择的过程，许多应聘人员在此阶段可能会“知难而退”，从而“自我淘汰”。专业招聘机构则会根据应聘人员的工作申请表和具体的能力与经验进行初步的筛选。

第二阶段：评估应聘人员的技术知识和工作潜能。在这一阶段，丰田公司通常会要求应聘人员进行基本能力和职业态度的心理测试，以评估应聘人员解决问题的能力、学习能力和潜能，并了解相关职业、兴趣、爱好。如果是技术岗位的应聘人员，还需要现场进行6个小时的机器和工具操作测试。通过这一阶段测试后，应聘者的有关资料将被转交给丰田公司人力资源部。

第三阶段：丰田公司对应聘人员进行多项测试。这一阶段主要是评价应聘人员的人际关系能力和决策能力。应聘人员被要求在公司的评估中心参加一个4小时的小组讨论，讨论的过程由丰田公司的招聘专家即时观察评估。比较典型的小组讨论形式是应聘人员组成一个小组，讨论如未来几年汽车的主要特征等问题。对实际问题的讨论与解决方案，可以考察应聘人员的洞察力、灵活性和创造力。在这一阶段，操作类应聘人员还需要参加5个小时的汽车生产线的模拟操作。在模拟操作过程中，应聘人员需要组成项目小组，承担起计划和管理的职能。例如模拟操作如何生产一种零配件，考察应聘人员对人员分工、材料采购、资金运用、计划管理、生产过程等一系列生产考虑因素的有效运用。

第四阶段：组织应聘人员参加1小时的集体面试。此阶段，应聘人员将逐个向丰田的招聘专家谈自己取得过的成就，这样可以使丰田的招聘专家更加全面地了解应聘人员的兴趣和爱好，了解应聘人员以什么为荣，了解什么样的事业才能激发应聘人员的热情，以便更好地为其做出工作岗位安排和职业生涯计划。在此阶段，招聘专家还可以进一步了解应聘人员的小组互动能力。

第五阶段：对应聘人员进行全面的身体检查。通过以上四个阶段，留下的应聘人员基本上已确定被丰田公司录用，但是员工需要参加一个25小时的全面身体检查，以了解这些应聘人员的身体素质和不良嗜好，如是否酗酒、药物滥用等。

第六阶段：这是最后一个阶段，应聘人员的身份已经转变为新员工，需要接受丰田公司6个月的工作表现和发展潜能评估，在这一过程中新员工会被全面观察、督导，给予严密的关注与培训。

在招聘过程中，丰田公司要求招聘人员努力体现企业方针。丰田的企业方针包括以下几个方面。

高效营销：把JIT（Just in Time，准时生产）应用于公司的整个生产经营过程。

合作共有：在相互理解的基础上，实践丰田管理方式。

顾客第一：打造顾客第一为试点的品质。

持续改善：通过引进革新技术创造简单精练的生产线并不断改善。

以人为本：打造以人为本的工作环境，能够看见实际作业的工作环境。

造车育人：通过有计划的持续的教育和训练，培养能够实践丰田管理方式的人才。

节能环保：做节能环保先锋，成为良好的企业市民。

丰田公司的全面招聘体系把招聘过程与未来员工的工作表现紧密结合起来，是基于公司在精益生产战略上的考虑，有时招聘要求甚至超过“岗位职责”本身的需要。公司通过鼓励应聘人员积极参与，再进行多重选拔和严格筛选才最终确定要录用的人选。

秉承造车育人的理念，丰田公司努力构建健全的人才培养体系，加大人才培养的力度，为员工成长提供机会，促进员工能力的提高。新员工一旦进入丰田公司，即可加入到公司内部庞大的培训计划之中，这些计划包括以下三个方面。

• OJT（在职培训）：ICT（Internal Consultant Training）、前后辈指导等；

• OFF-JT（脱产培训）：TPS（Toyota Production System，丰田生产方式系统培训）、TBP（Toyota Business Practices，丰田工作方法培训）、层级培训；

• 自我启发：语言类课程、办公工具使用技巧。

员工还被纳入职业生涯规划。公司给予员工的能力素质提升费用是每年每人1 000元，这对于一个数千人的工厂来说，已经是一笔不小的预算了。公司对每一级管理人员都提出要求，希望管理人员能更多地关心下属的成长与发展，以使每位员工的能力得到最大程度的发挥。对努力工作的下属，上级要为其提供机会或赋予责任并提供帮助，让员工获得成长感、成就感，可以真正体会到

“工作的价值”。丰田公司认为，人的潜能是无限的，上级管理人员要经常主动判断下属“适合或不适合”做什么，“擅长或不擅长”做什么，并提供必要的帮助，使其得到更大的发展。

◎ 分析参考

中国制造型企业应该创建自己的招聘体系

中国的制造业为全世界生产各类用品，经过近30年的不断发展，中国已经成为世界级的“制造大国”。但是，中国的制造业优势并不在于产品的设计与质量，特别是质量，还有很大的提升空间。

丰田公司恪守“通过汽车创造美好生活，服务和谐社会”的立业宗旨，精益求精，全心全意地为顾客提供性能卓越、安全环保的汽车产品与细致周到的服务，把早日建成最具竞争力的“世界级企业”列为努力目标。日本丰田公司的全面招聘体系，让世界看到了一个以精益生产著称的企业在招聘员工上的严格程序和标准，这不能不引起中国制造型企业的深思。中国制造型企业应该创建自己的招聘体系，为可持续发展提供长远的动力。

一、中国制造型企业提高产品质量要从提高员工素质开始

中国产品的质量有待于提高，中国制造型企业的员工素质更需要提高。通过对中国企业的了解可以发现，中国制造型企业员工的素质远远不能满足企业发展的需要。在民营企业，许多所谓的技术人员或者“师傅”有相当一部分由农民工转业而来，其从业的知识和技能全靠经验积累，在质量意识和生产管理上还缺乏现代化大生产的观念与方法。而在国有大中型企业，生产技术人员的素质同样堪忧，在就业形势严峻的情况下许多大学生“委屈”当了技术人员(包括关键岗位上的技术工人)，尽管技术人员的学历提高了，但其所学的学科知识与生产实际所需要的技能严重脱节。

中国的制造型企业迫切需要的是素质更高的技术类人才，这类人才不仅应具有良好的科学技术基础知识，掌握从事生产设计、流程、工艺、制造和管理的知识和能力，而且应具有良好的心理素质，乐于与技术打交道，有良好的沟通能力，有团队合作精神，对产品质量有很高的要求，并且知道如何去提高产品的质量。要提高“中国制造”的质量，一定要有这样高素质的技术人才队伍作支撑。日本丰田公司把追求责任感作为员工应该具备的第一品质，并始终在招聘中贯彻这一思想，目的就是为了能够真正招聘到素质高的员工。因此，中国制造型企业提高产品质量要从提高员工素质开始。

二、提高企业员工素质应该严格把好招聘第一关

高素质技术人员的来源主要有三个方面：一是从新生劳动力中选拔有发展潜力的院校毕业生到企业进行强化培训；二是从现有的优秀骨干力量中挑选合适人才进行专业辅导，这些骨干在企业中已有出色表现，并对企业文化有认同，将成为企业发展主要依靠的力量；三是从其他企业招募人员，这些人员一方面已经具有一定的从业经验，是可以很快上手的“熟手”，另一方面也可能受到原来企业的影响，形成某些难以改变的习惯和认识，因此需要适当的“改造”才能融入新的企业文化，达到企业所需要的标准。不管是从哪一渠道招募，企业都应该把好招聘第一关。只有招聘时的人员素质关把好了，才能保证企业的产品质量和长远发展。如果不舍得在招聘上投入人力物力，招入了大量并不适应企业发展的新员工，就会造成各种资源浪费。

日本丰田公司用六个招聘阶段，从各个方面考核应聘人员，目的就是希望从一开始就选对员工，不让企业和员工个人后悔，新员工从此就可以进入企业的价值体系中发挥自己应有的作用。同时，丰田公司对已经进入公司体系的员工给予切实的发展指导，让员工可以看到自己的未来。丰田公司的员工职业发展划分为职务发展通道和资格发展通道，通过完善的人才培养体系得以实现。各通道之间还可以通过轮岗、调动以及晋级晋升实现转换。丰田公司内部的资格通道不存在职业的“天花板”现象，只要符合能力要件及晋级条件员工均可到达顶端。

三、引入积极有效的素质测评技术

如何才能招聘到企业所需要的高素质人才呢？中国的大部分企业还在使用传统的招聘模式，以招聘人员的第一感觉代替科学的测评方法，这就不能保证招聘目标的准确性。现代管理心理学及素质、性格、能力测评技术已经相当发达，世界上也不乏成功运用的案例，丰田公司就是其中之一。对此，中国制造型企业的管理者，包括人力资源管理者，应该学习和掌握可以用于招聘的素质测评技术，结合企业的实际需要和岗位特点，为企业招聘未来发展所需要的人才。

选择合适的素质测评技术，设计鉴别性强的面试试题，应该成为企业招聘体系的核心内容之一。日本丰田公司全面招聘体系中的六个阶段都运用了测评手段和方法，经过这六关，招聘进公司的员工素质已经得到一定保障，值得公司给予更大的投入和期望。

四、严格招聘可以给社会带来积极的影响

企业在招聘上把好第一关，不仅对企业发展有利，同样会给社会带来积极的影响。

1. 鼓励企业加大员工招聘和培训的力度。丰田公司的成功与其严格的人才招聘培训密切相关，像丰田这样的成功案例，将会鼓励其他企业加大员工招聘和培训的力度。

2. 促进教育培训机构的教学改革。制造型企业在招聘时对人员素质的要求，也会反馈到教育培训机构，从而促进教育培训机构的教学改革，并促使其努力培养出企业所需要的人才。教育培训机构不仅应在专业知识和技能上使学员可以达到企业对人才的素质要求，还应该通过加强对毕业生心理素质的培养，训练其沟通能力和培养其团队合作精神，帮助毕业生更快融入企业和进入社会。

3. 让青少年更加崇尚科学技术。企业在选人思想和招聘模式上的改变，可以帮助青少年端正学习态度，改变其对不同职业领域知识和能力的看法。如果企业能够做到像日本丰田公司那样，设置严格的招聘要求，把企业办成年轻人十分向往的地方，那么将使青少年更加崇尚科学技术，从而为企业更长远的发展积累无穷的能量。

12

建立规范有效的招聘程序和方法

——普华永道独特的聘人策略

◎ 企业背景

普华永道会计师事务所（Price Waterhouse Coopers，简称 PWC）是世界最大的会计师事务所之一，由源于 1849 年的普华和源于 1854 年的永道两家事务所于 1998 年在英国伦敦合并而成。普华永道与毕马威（KPMG）、安永（Ernst & Young）以及德勤（Deloite Touche Tohmatsu）合称为四大国际会计师事务所。普华永道在 157 个国家中设有近 900 家分公司和办事处，拥有超过 19.5 万名的专业人才。普华永道向全球各地的主要公司提供全方位的业务咨询服务。

普华永道的主要业务包括：保证及企业咨询服务（包括财务报表审计、石油行业价值证分析、全球扩展及私有化、内部控制服务、内部审计服务、风险管理、外包服务等），商业程序外包（包括财务及会计、应用流程、采购、人力资源、不动产管理等），财务咨询服务（包括企业重组服务、致力于有形及无形资产评估等的公司价值咨询服务等），全球人力资源（包括全球人力资源解决方案、人力资源咨询支持等），管理咨询服务（包括公司战略、技术战略、组织战略、经营战略、改造战略等）。普华永道作为一家合伙企业，事实上是一些成员公司的集合，共有 9 000 个合伙人，按照各自的权限自主运行。这些成员公司的高级合伙人是董事会的成员，并由一家在英国注册的总公司普华永道国际有限公司负责协调。

普华永道进入中国的历史可以追溯到 1902 年的香港和 1906 年的上海，之后又在 1956 年停止了中国业务。1979 至 1992 年，中国改革开放后，普华和永道先后进入中国大陆，其中普华在上海开设了办公机构。普华永道中国大陆、香港及澳门事务所根据各地适用的法律协作运营，共有员工约12 800人，其中包括约540名合伙人，分布于北京、上海、天津、重庆、沈阳、大连、西安、成都、青岛、南京、苏州、武汉、杭州、宁波、厦门、广州、深圳、香港及澳门，在中国大陆的经营实体名称为普华永道中天会计师事务所，是北京2008年奥运会会计服务供应商。

与大部分的会计事务所一样，普华永道要求员工长时间地工作。但对大多数员工来说，工作时间是由个人决定的。如果员工是个工作狂，那么可以没日没夜地干；如果员工只想按公司的规定做，那么可以只从早上8点干到下午5点，从周一干到周五。普华永道的员工如果加班，不会拿到任何加班费，因为公司认为这只是员工在完成本职工作而已。普华永道的员工很大一部分工作时间都在出差中度过。普华永道每年会在全国著名大学里开展校园招聘，从本科生到博士生都包括在招聘对象之中，每次都会吸引大量各类专业的应聘毕业生前往应聘。

◎ 典型案例

每年，普华永道的招聘量都非常大，一年四季几乎都在招聘中。2016年度普华永道毕业生招募活动以“成就你一生的机会”为主题，在中国内地及香港同时开展。活动通常于每年的9月及10月进行，一直延续到年底。2016年时，普华永道计划在中国内地及香港地区共招募2 200名2016年应届毕业生。

某日一个平平常常的下午，在普华永道的一个办事处里，一批来普华永道参加面试的应届大学毕业生围桌而坐，用英语互相交谈讨论着。这些应届生在分析一桩谋杀案，目的是找出凶手。在会议室的一角，两个普华永道的业务经理正襟危坐，一言不发地听着应届生的讨论。普华永道正是用这种特别的面试方式，逐级考察应聘者的综合能力和素质。

校园招聘是普华永道主要的招聘渠道。按照普华永道规范的招聘体系，每年的9月份，普华永道中国区会召开一次统一的招聘会议，专门讨论该年度的招聘事宜，分别确定招聘的时间、测试材料等具体事项。为了招收到优秀的人才，普华永道每年的10月份都会进行高校宣传，而每年普华永道的招聘台前都人山人海。

大学应届毕业生要进入普华永道就必须过关斩将。从每年的 11 月上旬到 12 月上旬短短的一个月时间里，应聘的大学生通常需要经历大大小小 5 道关卡，也就是 5 个招聘测试环节。什么时候进行第一次面试，什么时候进行外语考试，什么时候宣布应聘结果，对每一个环节，普华永道都确定了明确的时间。这样一个明确的时间表可以让应聘者对招聘流程有一个清晰的了解。

第一关，应聘者在网上提交自己的简历。普华永道的网站上有对简历的详细要求，应聘者必须仔细阅读要求后按照规定填写电子表格，然后发到普华永道的官网上。提交简历后，应聘者要等待来自普华永道的第一次回音。

第二关，参加英语能力测试。在数千份应聘简历中，普华永道通常会选取一半左右的应届毕业生参加公司组织的英语能力测试，时间基本上安排在 11 月初，一般是简历提交截止日以后的第五天。英语测试形式类似于大学课堂中的考试，口语能力测试则会在之后的面试中进行。

第三关，进行个人面试。通过英语测试的人，一般 10 天以后可以接到个人面试的通知，也就是进入了第三关。个人面试主要是让应聘者介绍自己，整个面试过程都需要用英语完成，由普华永道的各个业务部门经理担任面试官。

第四关，参与群体评估。个人面试之后，大约有 2/3 的人可以进入群体评估环节。这是整个招聘程序中最重要的一个环节，也是普华永道招聘流程中最有特色的一环。大约在 11 月下旬，普华永道会组织应聘者进行群体评估，以 10 或 12 个应聘者为一组，让每一组就某一个问题进行讨论，组员用英语进行自由发挥，而面试官则在一旁观察每一个人的表现，并且给每一个人评分。群体评估阶段包括 3 个小步骤。

第一步，介绍同伴。每组中，每个人要分别找一个自己不认识的人两两搭配，用 10 分钟的时间相互介绍，然后用 3 分钟的时间向所有小组成员介绍自己的同伴。这主要是为了测试交流沟通技巧，看应聘者能否在短时间内了解对方，并且在更短的时间里向别人介绍对方。

第二步，主题讨论。面试官会提供几个选题让应聘者挑选，经过 10 分钟的准备时间后，让其进行 3 分钟的陈述。面试者不能在纸上写文字要点，只能通过画图表示。这个测试主要是考察应聘者的表达能力。要在短时间内把一件事说清楚是很难的，这就需要应聘者选取最有代表性的要点，并有条理地把要点说清楚。这是普华永道对埃森·拉塞尔的电梯理论的应用。电梯理论认为，一个咨询师必须在和客户一起坐电梯的30秒钟内把自己的方案说清楚，不然就不会让繁忙的客户取得认同。

第三步，案例解决。面试官给应聘者一个案例，让小组的所有成员共同来解决。每一个面试者都会得到一张纸条，上面是面试官提供的几条相关信息，这些信息是各不相同的，可能是有用信息，也可能是无用信息，需要面试者自己来判断。小组成员不能相互交换纸条，只能向别人提供自己手上的信息。这个测试主要是考察面试者的团队合作能力和领导能力。普华永道的工作特别需要团队合作能力，因为每次工作都要通过合作来完成，如果员工不能融入团队当中，不愿意提供和分享信息，就不能做好工作。

第五关，录取面试。经过第四关的群体评估，有一半的候选人能留下，但这些候选人还要跨越最后一道关卡，即录取面试。这一次面试的面试官是由普华永道的合伙人来担任的。这个环节，面试官不会再去考核应聘者的英语能力或专业能力，而要考察的是面试者的综合素质。作为普华永道合伙人的面试官，手握最后的“生杀”大权，能确定最终录用的名单。通过面试的人大部分会被直接录用，即使暂时不被录用，也会接到普华永道的等待通知单，一旦公司有空缺的职位，普华永道首先会想到有等待通知单的人，因为这些人是已经通过最后选拔的优胜者。

普华永道对应聘者的专业没有任何限制，最为关注的是应聘者的素质。普华永道合伙人之一认为：“我们对人才的要求是五个必备素质——优秀的英语表达能力、熟练的电脑操作能力、优秀的领导能力、团队合作精神和沟通能力。”普华永道设置了5道招聘关卡，就是希望能够找到真正出色的应聘者，保证普华永道的员工队伍始终由最优秀的青年才俊组成。

在进入普华永道的初期，会计事务所会组织全体新员工参加一个系统的培训，以帮助新员工尽快适应即将到来的高强度与快节奏的工作。普华永道中国及香港人力资本主管合伙人曾章伟指出：“在当今快速变化的环境中，寻找自信并能灵活应对客户多变需求的求职者，对于企业而言显得越来越重要。我们寻找的人才需要具备成为普华永道全方位人才的特质——全面领导力、商业敏锐度、专业化技能、全球化思维及关系拓展力。我们希望员工在职业发展中成为专业顶尖人才。为了帮助他们实现这一目标，我们会提供系统化的学习发展课程以及定期培训。2014年，我们为员工共投资了超过120万小时的培训，提供了接近1 300节课堂及网上学习课程。每位受聘的新毕业生将会在入职的第一年内接受超过200小时的在职训练。”普华永道公司内部专门设有培训部门，新员工培训分为两个阶段：入职培训和实地培训。每一年的培训高峰过后，培训部会公布一年的培训计划及相关课程。另外，有资历的员工可能会获得每年一次到国外普华永道公司进行在职带薪培训的机会。

作为全球四大会计事务所之首的普华永道所拥有的客户中，32%都是世界五百强企业。中国大陆有许多成功上市的H股企业，其中有40%都十分信赖普华永道，如中国银行、中国石油、TOM网络、诺基亚、中国华能、中国铝业、国家电网、中国人寿等，都与普华永道有过合作。进入普华永道工作的年轻人将有机会与这些中国最著名的大公司合作，与这些公司的员工经常性地在一起办公。除了这些，普华永道的工作地点和员工群体同样对年轻人有很大的吸引力，以上海来说，其办公的场所位于繁华的商业中心——新天地湖滨路。普华永道员工的年龄大致位于24～35岁之间，工作气氛相当轻松，员工们喜欢在下班后一起出去喝一杯，也经常举办活动或联欢会。公司的员工大多友善而风趣，尽管员工们的工作量非常大，但人人都有自由干自己想干的事。

◎ 分析参考

实现招聘组织与实施方案的规范化

招聘的组织和实施工作是企业人力资源管理的重要组成部分之一，不同的企业会根据各自的需求制定和完善招聘解决方案。普华永道国际会计公司在招聘组织上的做法，从侧面反映了规范有序的招聘方案既需要有良好的组织准备，也需要按部就班地进行程序化推进，以全面考核候选人的综合素质，为企业引进优秀的新员工把好第一道关口。

在管理不够成熟的企业中，招聘环节往往不被重视，对于新进人员的考核比较马虎，而发现新进人员不太合适时，招聘投入已经发生，培训过程已经进行，工作交接已经完成，再重新招聘将会给企业和个人都带来损失。更重要的是，如果招聘流程和环节维持原样，企业将很难避免犯同样的错误。我们可以从普华永道的招聘流程中得到启发，在总结归纳的基础上，可以列出一个相对完善的招聘流程与规范要求，以帮助更多企业对照执行。当然，根据招聘规模和岗位要求，企业可以选择性地采用其中的部分环节与流程，关键是要在每个环节中融入对员工要求的考核内容，真正为企业招聘到最合适的员工。

一、及时掌握招聘需求

企业的招聘需求来自于企业自身的发展要求和人员变动情况，在其他因素相对不变的情况下，人力资源部应该及时做好对企业招聘的预测和需求分析工作，并根据企业人力资源规划拟订年度招聘计划。具体操作上，人力资源部可以先收集系统内各单位、各部门的招聘需求信息，然后汇总成企业年度招聘需求，并且根据变化情况不断修订。

二、充分做好招聘准备

通常，为了有效组织招聘工作，企业的人力资源部应主动完成以下各项工作。

1. 将招聘计划报总经理批准并获得有效支持。

2. 召开招聘专项会议，拟定招聘流程，组成招聘小组，选定专业资深的面试官，沟通相关事宜等。

3. 对参与招聘工作的人员开展专题培训，特别在对应聘者的观察能力、理解能力、分析能力、口头表达能力等比较难以量化的能力，以及在对企业文化的认同程度等比较抽象的能力进行评价时，需要所有面试官统一思想、统一标准，按照一定的科学方法公平、公正地进行考察和评价。

4. 根据批准后的招聘岗位，撰写岗位说明书，设计招聘简章。

5. 在各大招聘网站发布招聘信息，选择必要的平面媒体刊登招聘广告。

6. 选择若干高校或招聘会，设摊发布招聘信息或举办招聘说明会。

7. 对招聘的组织和实施过程做经费预算，确定直接成本、内部成本、外部成本、机会成本等指标。

三、有序展开招聘过程

1. 简历筛选。将收集到的简历对照招聘要求进行筛选，通知所有符合条件的应聘者在统一时间里进行笔试初选。

2. 第一次测试（半天）。第一次测试包括三个环节。

第一，形象测试。安排一个上午，在企业内通过录像观察所有应聘者的表现，包括仪表、神情及小动作，要求工作人员记录下每位应聘者的言谈、气质印象，最后给每位应聘者一个形象评分。

第二，笔试。工作人员将事先设计好的测试卷发给应聘者笔试，设计的题目可以较为简单，主要让应聘者写出自己的理想、爱好和对未来公司工作环境、企业文化等的期望，通过笔试来了解应聘者的条理性、逻辑思维能力、文学素养、表达能力等，由阅卷工作人员按照侧重点进行评分。

第三，汇总。将形象分和笔试得分进行汇总，淘汰表现较差的一些候选人。将通过本次测试的应聘者，按照不同类型的应聘岗位进行分类，再依照专业相关性和从业年限进行归类，并在10个工作日内正式公布第一次测试结果和第二次测试的时间。

3. 第二次测试（一天）。第二次测试包括四个环节。

第一，组织参观。按照计划组织应聘者参观相关单位或部门，一方面将企业的部分风貌展现给应聘者，另一方面观察应聘者在参观中的表现。

第二，安排午餐。参观之后，安排统一午餐，午餐后休息一小时，由工作人员现场观察应聘者的用餐和休息情况。

第三，考察面谈。下午1点钟，由几位人力资源部招聘工作人员分组进行面试，按照第一次测试后归类的小组，将应聘者带至相应的面试室。面试官的第一次面谈主要针对应聘者上午参观的情况进行提问，可以联系其专业特长和个人能力进行提问，重在考察面试者的观察能力、理解能力、分析能力和口头表达能力，以及对于企业文化的认同程度，还要考察面试者的表现与其笔试所表达的内容和倾向是否一致。

第四，汇总。所有应聘者的面谈结束后，由人力资源部招聘工作小组针对两次测评进行全面汇总，按照预先拟定的不同岗位标准，选取符合要求的应聘者组织第三次测试，并在7个工作日内公布第二次测试结果和第三次测试通知。

4. 第三次测试（半天）。由人力资源部安排候选人进行第三次测试，让应聘者统一时间到达指定地点的不同会议室，按照不同应聘岗位分类进行测试。候选人一般需要半天时间，而招聘人员将根据候选人的数量确定测试的持续时间，一般在半天至两天内完成。

（1）行政文职类岗位测试。要求应聘者在规定时间内按照提供的剧本排演一部短剧，导演和演员角色全部自行安排，在规定时间结束后10分钟内组织现场表演。测试由行政部、人力资源部资深人员评分，重在考察应聘者的应变能力、组织能力、沟通能力与团队协作能力。

（2）工程类岗位测试。由工作人员提供部分参考资料和图纸，要求应聘者以工程项目组的形式分配工序和角色，进行相应的绘图或计算，并在规定的时间内完成要求。规定的时间到达后，由投资部、工程部的相关专业人士和人力资源部招聘工作人员对该项作业进行评分，重在考察应聘者的沟通协作能力、工程专业知识和压力应对能力。

(3) 销售类岗位测试。由工作人员发给应聘者每人一份相同的书面要求，让其针对同一地块的同一商铺，各自花费相同的时间准备5分钟的推销演说，然后由招商部、人力资源部及相关资深人士进行评分。应聘者在推销演说时，会遇到现场面试官的提问和发难，该测试侧重于考察应聘者的营销能力、应变能力和心理承受能力。

(4) 财务会计类岗位测试。由工作人员发给应聘者每人一份不同的书面材料，要求其针对某个下属企业的季度或半年度财务报表，在规定时间内做出财务分析。测试由审计监理部、财务部和人力资源部招聘工作成员进行评分，侧重于考察应聘者的财务专业知识、分析能力和表述能力。

之后，依据每位应聘者的所有评分结果，人力资源部和所有面试官成员经过充分沟通，最后确定通过三次测试的人员名单，并于7个工作日内正式公布测试结果和初步录用意向。

5. 第四次测试（某个晚上）。按照计划发出通知之后，在3个工作日内，人力资源部再次发出通知，要求初步确认录取意向的应聘者安排半天时间前来进行入职事宜面谈和手续准备，并邀请一起参加公司组织的一次酒会。通常，应聘者经历过入职事宜的商谈之后往往会比较放松地加入到酒会中去。而第四次测试就是在公司安排的酒会上，由人力资源部招聘工作组成员进行最后一次评价。这次测试，应聘者处于放松的状态，加上酒精的作用，可以观察到应聘者的另一面。酒会结束以后，招聘工作组的所有成员当场对应聘者进行行为评分，行为不符合要求的将会被最终淘汰，而经历这四次测评最终过关者才会成为正式录用的对象。

四、全面评估招聘结果

1. 测评结果和录用通知。在酒会结束后的第2天，人力资源部依据4次测试中应聘者的得分及表现，将最后建议录用的名单形成报告提交总经理。经过总经理批准后，人力资源部发出书面录用通知。

2. 招聘评估。整个招聘方案执行结束后，人力资源部招聘工作人员需要及时对全过程进行评估，形成评估报告。

3. 资料保存。人力资源部应将本次招聘过程的所有文件资料和录像数据进行归档保存，包括评估报告在内，形成完整的档案。

从招聘组织与实施方案中，可以折射出企业的文化和用人策略。不同的企业有不同的招聘解决方案。“不问出处，严格选拔”是普华永道在人员招聘选拔实施过程中运用的独特策略，可以给尚在成长和发展中的企业一个很好的启示。通过不断实践，相信每个企业最终都能找到适合自己的策略。对每个企业来说，只有适合自己的，才是最好的。

第三篇

培训与开发

13

进出交汇与全员提升式的改造

——万科公司的人才提升计划

◎ 企业背景

万科企业股份有限公司（以下简称“万科”）成立于1984年5月，总部设在广东深圳，1988年进入房地产行业。从1993年起，万科将大众住宅开发确定为公司核心业务，是目前中国最大的专业住宅开发企业。2010年，万科公司完成新开工面积1 248万平方米，实现销售面积897.7万平方米，销售金额1 081.6亿元，营业收入507.1亿元，净利润72.8亿元。这意味着，万科率先成为全国第一个年销售额超千亿的房地产公司。这个数字，相当于美国四大住宅公司高峰时期的总和。

在企业领导人王石的带领下，在很长一段时期内，万科通过专注于住宅开发行业，建立起内部完善的制度体系，组建专业化团队，树立专业品牌，以“万科化”的企业文化——“简单不复杂、规范不权谋、透明不黑箱、责任不放任”而享誉业内。万科认为，坚守价值底线，拒绝利益诱惑，坚持以专业能力从市场获取公平回报，是万科获得成功的基石。公司致力于通过规范、透明的企业文化和稳健、专注的发展模式，成为受客户、投资者、员工、合作伙伴以及社会欢迎和尊重的企业。

1991年，万科成为深圳证券交易所第二家上市公司，持续增长的业绩以及规范透明的公司治理结构，使公司赢得了投资者的广泛认可。过去30年，万科营业收入复合增长率超过30%，净利润复合增长率超过35%。公司在发展过程中先后入选《福布斯》“全球200家最佳中小企业”“亚洲最佳小企业200强”“亚洲最优50大上市公司”排行榜，多次获得《投资者关系》等国际权威媒体评出的“最佳公司治理”“最佳投资者关系”等奖项。

经过多年努力，万科逐渐确立了在住宅行业的竞争优势，公司研发的“情景花园洋房”是中国住宅行业第一个专利产品和第一项发明专利。万科的物业服务通过全国首批 ISO 9002 质量体系认证。公司创立的“万客会”是住宅行业的第一个客户关系组织，同时也是国内第一家聘请第三方机构、每年进行全方位客户满意度调查的住宅企业。

万科 2010 年正式进入商业地产，在多地成立商业管理公司，2011 年正式宣布三大产品线。近几年来，万科虽然一直强调以住宅开发为主，但其在商业地产领域却是动作频频。截至目前，万科已经形成万科广场、万科红、万科大厦、万科 2049 四大商业产品线，在全国规划在建 18 个购物中心项目，商业面积达 150 万平方米。

2013 年 2 月，万科宣布在美国市场上与铁狮门房地产公司成立合资公司，万科持公司 70%的股权，铁狮门持股 30%。公司自 2013 年起，开始尝试境外投资，目前已经进入中国香港、新加坡、旧金山、纽约等 4 个境外城市，参与 6 个房地产开发项目。2016 年 3 月 12 日，万科与深圳地铁集团签署合作备忘录，作为股权交易的初步意向。

2014 年万科公司实现销售面积 1 806.4 万平方米，销售金额 2 151.3 亿元，销售规模居全球同行业领先地位。公司物业服务业务以万科物业发展有限公司（以下简称“万科物业”）为主体展开。万科物业始终以提供一流水准的物业服务、做好建筑打理作为企业立命之本。截至 2014 年底，公司物业服务覆盖中国大陆 61 个大中城市，服务项目 457 个，合同管理面积 10 340 万平方米。

◎ 案例分析

万科集团非常重视领导力培训，建立有符合集团自身发展需要的领导力模型，并在内部创建了领导力发展体系，分别是高管晋升计划、经理晋升计划、人才晋升计划、人才引进计划。领导力建设，更多的思路来自于企业战略，在企业的发展过程中，万科的领导力建设系统与战略的结合是非常紧密的。在新世纪初，万科就确定了未来的增长目标。当时预计在2014年，公司将达到1 000亿元的销售规模，在这种情况下，人力资源管理水平就存在很大的差距，其中重要的一点就是领导力建设的问题。认识到万科领导力建设的重要性之后，万科首先做的是建立领导力资质模型和通用资质模型，界定优秀万科人的衡量标准。

2001年，万科请合益集团（Hay Group）帮助建立万科的领导力资质模型。2008年，在公司营业收入突破500亿大关、成为全球最大房地产开发商的时候，万科又与合益集团一起对这个模型进行了修订，因为万科管理层认识到，管理一个百亿规模的企业与管理一个五百亿或者上千亿的企业有非常大的不同。万科领导力资质模型分为三个层面："修身"，包括整合性思维、学习成长和持续改进三个要点；"齐家"，包括发展他人、团队领导和塑造组织能力三个要点；"平天下"，包括客户导向、市场敏锐、股东视角、伙伴关系和协同一致五个要点。在资质模型中，每一个要点都有详尽的说明，而且还辅以万科发生的具体案例加以阐述。

万科的新领导力资质模型界定了万科未来究竟需要什么样的人才，需要培养什么类型的人才。正是在这个基础上，万科2007年开始启动了第二轮大规模的外部招聘高管人才计划，公司内部称为"社会精英招聘计划"，又称"007计划"。对于一个五百亿规模的企业，精益流程至关重要，大公司如果没有精益流程，可能引发灾难性的后果。也正因为如此，万科决定使用ERP系统（企业资源计划，一种制造企业使用的IT信息管理系统）。为了配合项目需要，万科从外部市场招聘了熟悉ERP系统的管理专家，通过领导力课程的培训，直接为万科的升级发展提供专业服务。

一、高管晋升计划

对于高管晋升计划，万科成立了专门的领导力发展中心，目的是培养万科分公司总经理一级的管理人才，每月举办一次为期两天的课程，每一期学员6人，但为学员服务的培训现场人员就达到9人。领导力发展中心的培训成本非常高，尤其是需要公司管理层投入大量的时间和精力，培训包括公文筐、电话采访、电视采访、现场PK、模拟董事会会议等。除了参加领导发展中心的培训，高管晋升计划的参加者还会获得出国培训、与总裁出差、调研项目的机会等。

早在2002年，王石就提出万科要国际化，但到2005年，万科管理层并未有实质性的行动。毕竟，作为房地产开发企业，很难真正走出国门，这是一个非常本土化的行业。为此，王石身体力行地指出："我为什么要到哈佛、到剑桥去，实际上我们追求一种普世的价值，我追求的就是说老实话，办老实事，做老实人。"不仅董事长自己身体力行，不断学习，而且敢于花大本钱让职业经理人去学习，这是需要很大胆量的。在2006年的公司年会上，王石再次提出"万科国际化"，"国际化喊了这么多年，怎么没有动静？是不是我这个董事长该到澳大利亚去学学英语呀？"随后，管理层就万科国际化进行了探讨，最终得出的结论是：万科的国际化并不是真得要到国外去开发房地产项目，而应该是管理水平和管理层眼界的国际化。

二、经理晋升计划（MPP）

除了对高层人员的出国培训计划，万科还制订了中层经理出国学习的计划。对于在万科任职工作满一年、绩效和职务达到一定标准以上的年轻人，万科鼓励他们申请就读全球顶级商学院，如果申请获得通过，万科将提供全额资助，并提供一年脱产学习的时间。在这项计划的初稿上，规定每年挑选10位年轻人，但在最终审批的时候，集团总裁郁亮将每年只选10位这个规定去除，这也意味着，有多少符合条件的员工，万科就资助多少。

万科有一项名为"珠峰行动"的计划，要求参加这项计划的员工都要给自己设定一个挑战性的任务。计划最初要求每个人都登珠峰，但这不够现实，后来修订为每个人都要跑马拉松，女性可以跑半程，现在约有2/3参加这项计划的员工已经跑完全程马拉松。万科认为，一个优秀的管理人员必须要给自己设定一个需要努力拼搏才能够得着的目标，这是对自我的挑战。最初设定的培养目标叫作"培养万科未来事业的接班人"。第一期选择与合益集团合作，确定学制为两年。当时入选的29人中不仅仅有一线公司的总经理，并且还有1975年以后出生的一批中青年，这些人有职能部门的管理层，也有一线服务人员。这个班级的名字就叫作"珠峰行动"，是在郁亮登珠峰之前确立的。在王石看来："世界上最难攀越的山其实就是自己。"每个人心里都有一座山，每个人都有自己的目标，但是要想达到这样的目标，最难克服和最难跨越的可能就是自己的那些困难、弱点、性格中的一些缺陷，或者其他的一些障碍。

万科规定，一线公司总经理在岗位上工作满三年之后要强制休假一个月。在这一个月中，万科会指定一名同事出任代总经理，对公司的一切日常工作进行监管。而原来的总经理在这一个月中，需要到集团总部交流一个星期，并参加集团指定的培训课程一个星期，剩下的两周可以自行安排休假。通过这样的安排，既加强了正式和非正式的沟通，又让一线人员得到了培训和休息，还强化了透明度建设。

三、人才晋升计划（TPP）

万科管理层认为，万科的员工要比同行，不仅仅指房地产的同行也指跨行业的其他企业的员工，“多工作十年”。有经验、身体好、可以适应未来发展的需要，员工的价值就会延长十年。如果一个万科员工一旦离开了万科，去了其他的公司或者自主创业，其自身的价值会更大，这是万科员工要比同行“多工作十年”的意义所在。万科员工离开万科，往往在其他公司里都可以快速攀升，因为其超前了其他员工十年。在学习行为上，王石还给员工做榜样，60 岁还去哈佛和剑桥进行学习。

万科的千亿计划设定的目标是 3 年选送 1 000 名员工去日本学习，而花费大约是 1 亿元人民币。这个计划的初衷来自于王石对提高中国的工程质量水平、提高房地产行业的工程质量管理水平、提高万科的工程管理和质量文化等的倡导，这个计划真正体现了一个企业的使命感。这代表了一个企业的决心和魄力。这些万科的员工在日本学习，长则一个月、短则半个月或者一周的时间，包括一线公司的总经理、集团高管，还有来自工程、采购、设计、营销等方面的专业人员和客服人员。

“塑造杰出领导人”，这是合益集团给万科提供的一个经典课程，三天半的时间，就是要学员去打开自己。课程的前期工作比较复杂，需要做大量的测评工作，其最重要的目的就是把自己打开，看一下自己究竟是什么样子，包括个人素质、个人的领导风格、对于组织氛围的影响力等。这些方面都会以一个报告的形式呈现给个人和他的领导。在这个报告出来以后，最重要的环节是每个人必须“晒”报告。直接领导、总裁，还有分管人事的执行部门负责人都坐在后面，学员必须当着大家的面来“晒”自己的长项和弱项，这对于经理人和各类人才都是有很大压力的。

四、人才引进计划

万科最早的人才引进计划有一个代号叫——“海盗行动”，而学习“中海好榜样”则是万科的一个口号。从 2000 年开始，万科将以“中海外”为首的优秀房地产企业作为人才吸纳的对象。在 2～3 年的时间内，有 50 位“中海外”中高管加入到了万科。这一举动使当时的万科在工程质量管理、项目管理、成本管理等方面都有了极大的提高。“海盗行动”支撑了万科的高速发展，现在万科也成为很多公司定向挖掘的对象。

2007 年时，万科成为千亿级企业已经指日可待，但管理层人员只管理或者见识过几十亿、几百亿的企业，当万科到达千亿级的时候，谁来管理这家企业，谁又能够有眼界、有能力把握这家企业的组织规模、组织架构、人才管理、竞争策略与战略呢？针对当时的情况，万科采取了“走出去”的策略，而且这次走出去不是在同行业内寻找，而是去寻找那些“既见过猪跑，又吃过猪肉”的人。那段时间，一些真正管理过千亿级企业，或者在千亿级企业工作过的人，都成为万科的挖掘对象。虽然万科坚持主要从内部提拔干部，但也坚持适度从外部引进人才。针对“空降兵”在企业中“存活率”不高的现象，万科也有一套办法。例如，在引进之后，为他们每个人都配备了导师，还为他们在公司外部聘请了心理顾问。而且，万科当初从外部引进人才的时候，王石就有一个理念，既要同时引进足够多的同类人，又要让他们能够抱团生存下来。当然，提高“空降兵”的“存活率”，最关键的还是要给予他们实权实职。

◎ 分析参考

走出去，引进来，一切为了上得去

凭借公司治理和道德准则上的表现，万科连续多年获得“中国最受尊敬企业”称号，并曾入选《华尔街日报》（亚洲版）“中国十大最受尊敬企业”。2007 年，在《财富》杂志、翰威特和 RBL 共同组织的“2007 年最具领导力公司研究”中，万科获得了大中华区“最具领导力公司”排行榜第一名，并且是唯一一家进入亚太区排行榜的中国大陆企业。万科向来对领导力发展非常重视，这个奖项正是其努力的一个证明。

万科集团的高层管理者常常在想，万科如何才能成为千亿级的企业？成为千亿级的企业需要什么样的领导力？光靠自身培养职业经理人，其具有的领导力是否能够满足公司的快速发展？集团负责人力资源管理的副总裁解冻在《万科周刊》中写道：“公司规模小的时候，运作比较简单，通过管理人员的智慧就能把很多事情搞定。但发展到今天，靠几个、几十个聪明人就不行了。万科必须更新领导力，靠整体优势。所谓整体优势，就必须通过方法论、通过系统和流程来实现。”对此，万科采取开放的心态。

第一，吸取跨国企业的成熟经验，派人员到国外或跨国企业进行较长时间的交流和学习。

对于一个上市公司来说，要派一位在职的副总裁脱产出国学习，成本相当高，这不仅仅是物质上的成本，更重要的是机会成本。让副总裁出国学习，其实是万科国际化的一个标志，也是公司国际化战略的一部分。因此，即使在原来安排接替解冻工作的人员出现严重健康问题的情况下，解冻出国学习依然得到总经理郁亮的支持。解冻在美国学习期间，王石还专程前往美国看望。在解冻的安排下，王石还在麻省理工学院、哈佛大学等美国名校作了万科的推介，出国培训计划让当事人和万科都得到了真正的益处。万科要实现业务发展的国际化，就必须完成人才国际化的过程，随着万科业务向世界更大领域的拓展，今后还将面临招聘与管理更多外籍人才的任务，对于万科来说，这既是一个挑战，也是一个更大的机会。在国际人才交汇的氛围中工作，可以让万科的员工在岗位上得到更多锻炼，这也将成为一种新的培养能力的方式。

第二，通过引进与公司现有人员不同背景和资质的人才，确保公司人才多样化，并帮助公司获得增长。

万科早期的人才引进计划——“海盗行动”，成功引进了一批人才。解冻当年在美国结束学业回国前，也引进了一批人才。例如，万科的战略投资部的总经理孙嘉、副总建筑师赵亮等，就是解冻在美国学习时结识并最终成功请进万科的。出国学习开拓了眼界，掌握了与国际化经理人对话的语言，也对国际化大公司运作有一个清晰的认识。解冻在万科是主管人力资源工作的副总裁，对万科引进国际化人才非常重要。在 2008 年年底前，万科陆续引进 32 名跨行业管理人才出任要职，包括之前在宝洁公司负责品类管理、曾任百安居中国区担任副总裁、曾任仲量联行亚太区董事和资产管理总监等职的一批优秀的职业经理人。为了能够引进曾经管理过千亿元级资产的人才，万科不惜代价，重金挖人，在万科的社会精英行动中，包括宝洁、百安居、麦肯锡等这样千亿企业中的优秀人才陆续加入万科。从那一个时刻开始，万科已经为未来达到千亿做好了人才准备。

第三，万科通过建设有效的领导力模型，以此为未来准备人才，而不是凭空设想未来人才的要求。

多年来，万科一直致力于明确对管理人员的资质要求。2001 年和 2008 年，万科两次请合益集团帮助建立领导力资质模型。有了模型之后，万科就可以把有限的资源投入到最有价值的员工身上。一个符合公司业务发展要求的领导力模型，就是给所有员工制定了一个努力发展的方向。员工由此知道自己具备和欠缺的能力，从而可以更自觉地接受培训，希望通过培训这一手段尽快地弥补自己的不足，为迎接更多更大的挑战做好准备。为此，万科建立了一系列的评估体系，设计了各种工具和方法。为了向世界一流企业看齐，万科很早就采用了 ERP 手段，帮助公司管理的现代化。

第四，对于员工的培训，万科也是不遗余力，花重金提升员工的管理与专业水平。

在万科的员工手册上有一句话：“人才是一条理性的河流，哪里有谷地，就向哪里汇聚。”这里有两层含义，第一层含义说明人才是理性的，第二层含义是指在万科的发展当中，人才也在不断流走。万科希望可以通过完善的培训体系，让员工更加完美，哪怕因为完美而可能流失掉一部分人。在这方面，万科是开明的，他们曾经为了跨越式发展而“挖”过其他公司的骨干，现在也有优秀员工被别的公司“挖”走的心理准备。在万科实施的千亿计划中，3 年选送 1 000 名员工去日本学习，花费是 1 亿元人民币，这是需要魄力的决策。这些经过提升之后的员工，不论是在万科继续发展，还是到其他公司去工作，都是对中国房地产行业健康发展的一大促进。

在万科历年来推行的各项人才培训计划中，不管是走出去的深造，还是引进来的智力，最终都在万科这一平台上交汇与提升，并最终汇合为一体，实现了万科向千亿元级企业发展的战略目标。

14

员工培训先行，职业规划布局

——招商银行的员工培训与规划

◎ 企业背景

招商银行成立于1987年4月8日，是中国大陆第一家完全由企业法人持股的股份制商业银行，也是国家从体制外推动银行业改革的第一家试点银行，目前是中国大陆规模排名第六的大银行，总行设在深圳市福田区。2002年4月9日，招商银行A股在上海证券交易所挂牌上市，2006年9月22日又于香港交易及结算所有限公司（港交所）上市。

伴随着中国经济的快速增长，招商银行从当初1亿元资本金、1家营业网点、30余名员工的小银行，发展成为资本净额超过3 600亿元、资产总额超过4.7万亿元、全国设有超过1 200家网点与2 330家自助银行、员工超过7万人的全国性股份制商业银行，并跻身全球前100家大银行之列。招商银行还在香港拥有一家分行（香港分行），在美国设有纽约分行和代表处，在新加坡和卢森堡设有分行，在伦敦和台北设有代表处，同时全资拥有招银金融租赁有限公司，控股招商基金管理有限公司，持有招商信诺人寿保险有限公司50%股权。招商银行斥资300余亿港币收购了具有75年历史的香港本土第四大银行“永隆银行”，整合后开始取得良好的协同效应，被英国《金融时报》评述为“不可复制的案例”。招商银行已成为一家拥有商业银行、金融租赁、基金管理、人寿保险、境外投行等金融牌照的银行集团。截至2014年年末，招商银行实现净利润559.11亿元，同比增长8.06%。

招商银行的发展目标是成为中国领先的零售银行，1995年7月推出银行卡一卡通，并在1999年9月启动中国首家网上银行一网通，成为众多企业和电子商务网站广泛使用的网上支付工具，在一定程度上促进了中国电子商务的发展。招商银行信用卡是国内第一张符合国际标准的双币信用卡，目前发卡量超过5 981万张，被美国哈佛大学编写成MBA教学案例。

凭借持续的金融创新、优质的客户服务、稳健的经营风格和良好的经营业绩，招商银行现已发展成为中国境内最具品牌影响力的商业银行之一。在银监会对商业银行的综合评级中，招商银行多年来一直名列前茅，同时荣膺英国《金融时报》《欧洲货币》《亚洲银行家》《财资》（The Asset）等权威媒体授予的“最佳商业银行”“最佳零售银行”“中国区最佳私人银行”“中国最佳托管专业银行”等多项殊荣。招商银行在英国《银行家》杂志2011年公布的世界千强银行榜单上位列第56名，在美国《财富》杂志2014年发布的“世界500强企业”排行榜上位列第350位。招商银行以品牌价值67亿美元位居Millward Brown发布的2014年度BrandZ最具价值中国品牌榜第14位。

在公司治理上，招商银行一开始就将所有权和经营权分离，建立了董事会、监事会和经营班子分工明确、相互制衡的现代企业治理结构。在人员管理上，招商银行率先打破国内企业普遍存在的“铁饭碗、铁交椅、铁工资”的“三铁”制度，实行“人员能进能出、干部能上能下、待遇能高能低”的“六能”机制。在信息化上，招商银行领先同行业构建了全行统一的IT平台，创建了国内第一个电话银行，较早实现了客户资金的通存通兑和零在途汇划。在产品开发上，招商银行的较多创新业务产品具有比较明显的市场竞争优势。

◎ 典型案例

招商银行是中国大陆最早进行股份制改造的商业银行，在面向市场、敢于挑战的管理实践中取得了骄人的成绩，在人力资源管理方面同样积累了丰富的成功经验，仅员工培训与职业规划而言，就有许多值得学习与借鉴的地方。1997年，招商银行在总部还没有自由产权办公场所的情况下，就花巨资建成了设施先进、功能完备、水平一流、使用面积为28 000平方米的现代化培训中心，常年举办各类培训班。

一、建立完善培训体系

招商银行建立有协调运转的总、分、支三级培训体系。一级培训是由总行组织的重要培训项目，包括分行行长或支行行长培训、各专业重要的方针政策培训、新业务培训、全行岗位资格考试培训、远程视频培训、网上课件学习等。二级培训是贯彻总行重要培训任务并且结合分行经营管理实际，由分行组织发动的教育培训，包括干部或员工的专业素质培训、任务落实培训、政策方针执行培训、新员工入行教育培训等。三级培训是各支行以及总分行部室内部组织发动的教育培训，主要是业务操作流程、业务技能和服务技能培训。招商银行主要开展以下几个类型的培训：

1. 入行教育培训。新员工入行后，一般需要接受三个阶段的培训，即新员工教育培训、基本业务知识培训和岗位入职培训。

（1）新员工教育培训。培训内容包括：招商银行发展历史、招商银行企业文化、招商银行发展战略、招商银行组织架构与规章制度、服务礼仪与办公技能、风险防范与职业道德教育等。

（2）基本业务知识培训。培训人员若是应届生，则需要继续接受一周以上的专业知识和技能培训，学习基本的会计知识、储蓄知识、信贷知识、国际业务知识和招商银行现有产品知识，以及练习打字、使用计算器、点钞等基本技能。

（3）岗位入职培训。若是来自同业或者具有相关工作经验者，在入行教育结束后，则直接被派到工作岗位，进入岗位辅导期。在岗位辅导期，部门指定辅导人或经理（主任）进行1～3月的辅导，取得正式上岗操作资格。

2. 岗位资格考核。岗位资格考核是招商银行促进员工业务技能、提高员工基本素质的一种教育培训方式，除符合免考条件的员工外，都须进行考核。考核合格，取得岗位资格证书后，才能正式上岗。

3. 专业知识培训。专业知识培训是使员工的业务知识、技能达到岗位要求，并不断更新和提高的培训，内容主要包括岗位专业知识、专业技能、操作规程以及新业务、新产品应用等，部分内容通过E-Learning方式来实施。在线课程主要涉及金融知识、服务礼仪、办公软件以及各种视频讲座。招商银行会不定期邀请北大、清华等高校的知名学者就当今热点话题举办讲座。

4. 管理干部培训。管理干部培训主要包括支行行长培训班、高级管理干部培训班、新任职干部培训班，以及其他各级管理干部的培训。行（境）外培训根据业务发展和员工素质提高的需要，有计划地适时选派员工赴行外或境外接受相应培训。

5. 继续教育。招商银行鼓励员工以多种方式参加与银行业务及经营管理相关的继续学历教育，及其他专业知识学习和专业考试，以提高自身的专业水平和综合素质。

6. 博士后工作站和“131”人才培养工程。招商银行对教育培训经费的投入一直呈逐年上升的趋势，尤其是为了培养企业高层次的骨干人才，专门申请了博士后科研工作站，并启动了“131”人才培养工程。招商银行还通过对现代商业银行经营发展中的重大前沿性课题研究，培养高层次金融人才，加强与高等院校博士后科研工作站的合作，形成培养高层金融人才的良好合作机制。

为了使上述培训有效运转，招商银行做了具体分工：一是政策方针的研讨、理解和执行，是贯通一、二级培训的重要内容，以总分行一级二级培训为主；新业务、新制度、新规程的理解执行培训，由总行一级培训发动，贯通到分支行二级三级培训，以分支行二级三级培训为主。二是干部培训，以企业文化、综合素质和方针政策培训为主，由总行负责基本面内容的培训，分行负责针对性问题的强化培训。三是员工基本素质培训，总行负责综合素质考察，下发资料以及提供 E-Learning 课件，分行负责入行教育和业务知识培训，支行负责具体的岗位辅导。

二、实行全员职业规划

招商银行的招聘理念是：“我们不仅提供工作机会，更提供适宜人才职业发展的氛围。”在实际工作中，招商银行设计了切实可行的员工职业生涯规划，为员工的不断成长创造机会，最大限度地挖掘员工的潜力，达成员工个人与企业的“双赢”。具体做法主要表现在以下几个方面：

1. 完善员工职业发展通道。招商银行为员工职业生涯建立了任职干部序列、专业职务序列等职业发展通道。对于认同招商银行企业文化、有管理能力、德才兼备、业绩突出、素质优异且具发展潜质的优秀人才，招商银行都会不拘一格地大胆提拔到各级管理岗位。同时，为突破单一的行政任职干部序列，拓宽专业人才职业发展通道，招商银行在部分专业岗位逐步推行专业职务聘任制度，建立了相应的专业技术职务序列。目前，招商银行推行了专业技术序列、客户经理序列、柜员序列，以及审贷、资金交易（分析）专业职务序列。以客户经理为例，发展序列分为五级：见习客户经理、初步客户经理、客户经理、高级客户经理和首席客户经理。对于人数众多、工作性质相对单一的柜面人员，招商银行首创性地设计了九级柜员序列发展通道。在实际执行中，招商银行会根据员工综合素质、专业水平、发展潜力、所在岗位特点等因素对其职业生涯做有侧重的规划安排，如引导管理能力强的员工向任职干部序列方向发展，鼓励专业性较强、岗位相对价值较高的员工向专业职务序列的方向发展。

2. 制定选拔人才标准。在选拔人才的时候，招商银行的标准是倡导“五个看重”：“重人品”，就是要为人正直，处事公正，廉洁自律，政治思想素质高；“重文化认同”，就是要认同企业文化理念，事业忠诚，责任心、进取心和敬业精神强；“重实际工作能力”，就是要具备过硬的实际工作能力；“重工作实绩”，就是“以业绩论英雄”，这个业绩是经得起时间检验的长期业绩，不是短期业绩，更不是虚假的业绩；“重发展潜力”，就是要求人才具备担任拟提拔职务的能力和潜力。在这五个标准中，人品和文化认同是前提。人品和文化认同决定了一个人的方向，如果人品不佳或不认同招商银行企业文化，其工作能力越强，对招商银行造成的损害可能会越大。工作能力、业绩是基础，如果工作能力和工作实绩不突出，就很难赢得同事的尊重和认可。发展潜力是关键，也就是说，即使人品、文化认同没问题，工作能力和工作业绩也不错，但如果不具备担任拟提拔职务的能力和潜力，招商银行也不能提拔。因为，员工能胜任现岗位工作，并不代表就一定能胜任拟提拔职务的工作。

三、构建人力竞争机制

招商银行的人员呈现多元化态势，前线工作人员都以应届毕业生为主，而管理人员多数都是行内成长起来的，少量是“海归”或外籍人员。在干部选拔上，招商银行有两种形式：一种是任命制，另一种是公开竞聘制。每年招行都会让全体员工对空缺岗位进行公开竞聘，为一些特别优秀的人才创造脱颖而出的机会，这也是对招行员工的一种激励。

公开竞聘制已经成为招商银行非常重要的一种人才选拔方式，实施过程中，分为报名、笔试、面试答辩、组织考察和任前公示五个工作环节。2005 年 4 月 22 日，总行总经理级干部竞聘，共涉及总行计划资金部等 9 个部门、10 个副总经理或总经理助理职位，这是招商银行首次在总行部门总经理级干部选拔工作中引入公开竞聘制。而各家分行，也根据自身管理现状和需要，对竞聘制度改革做出了不同程度的探索。

招商银行健全岗位轮换制度，充分发挥行内人才市场的作用，使员工能更加充分、更加主动地选择更具挑战性的工作。在行内人员配置上，招商银行加大行内公开招聘和竞聘上岗的力度，逐步完成从“以行政调配为主”到“以行内人才市场配置为主”的转变。另外，招商银行在坚持以防范风险为目的的关键岗位轮换的同时，扩大以培养锻炼员工为目的的普通岗位轮换。同时，招商银行强化了约束机制，适当运用负向工作激励手段，使员工对本职工作产生适度的危机感，建立了不同用工方式之间“优升劣降”的动态置换机制，并在严格考核的前提下，按比例强制进行行内待聘或淘汰。

◎ 分析参考

不断推出新举措　始终领航同行业

招商银行员工的平均年龄为 29 岁，绝大部分员工集中在 35 岁以下。年龄层次相同的人往往有着一些相近的需求，如对自身职务的提升都有较大的期望，考虑到这一特点，招商银行构建了一个多层次、多角度，物质激励与非物质激励、个人职业发展与银行战略发展相结合的员工激励体系，而对员工的升级培训也被纳入了这一激励体系。

分析招商银行在员工培训与职业发展方面的成就，可以看出以下几个方面的工作取得了预期的成效。

一、强化招商银行企业理念，成为最有力的发动机

招商银行以人为本的理念主要表现在：尊重、关爱与分析三个方面。企业尊重员工的人格、尊严及个人需求，员工在充分发挥潜能的同时忠诚于企业，员工之间相互尊重。各级管理者关注员工的生活和发展，重视利用物质和精神两种手段，让员工实现个人价值，并使价值得到认可。每个员工都是招商银行大家庭中的成员，要同心协力推动企业长足发展，就需要企业与员工之间、员工与员工之间公开、诚实地沟通，相互信任、相互支持、共同成长。在人员管理上，招商银行敢于率先打破国内企业普遍存在的“铁饭碗、铁交椅、铁工资”的“三铁”制度，实行“人员能进能出、干部能上能下、待遇能高能低”的“六能”机制。为有效促进员工的发展，招商银行从员工培训与职业规划两个方面着手，不断强化招商银行企业理念。

二、突出招商银行核心价值观，实行可持续发展

招商银行的核心价值观表现在三个方面：服务、创新与稳健。银行业务的发展需要稳健，以求安全，但稳健不同于保守，以保守求稳健，势必将在激烈的市场竞争中处于被动与落后的境地。招商银行敢于把握大势，不断在创新中求稳健，以提高服务质量提升银行的核心价值，因此赢得了客户的好评，并获得了伴随中国经济高速发展而来的跨越式增长机会。招商银行坚持以客户为中心，尊重和关爱客户，发现需求，提供个性化的产品和服务，满足客户的期待与梦想。同时，招商银行强调内部服务，内部服务是外部服务的基础，各级管理者都要有很强的服务意识，做好对内部客户、对一线的服务。顺应银行业的发展趋势和市场竞争态势，招商银行灵活应对各种变化和挑战，保持开放的心态，大胆地进行尝试，持续地改进工作，并容忍失败。招商银行重视风险管理，视资产质量为银行的生命，有效控制经营风险，审慎投资，规范经营，合规运作，以实现长期、稳定的发展。

三、牢记发展历程，保证企业文化一以贯之

近 20 年来，招商银行战胜了一个又一个困难，创造出良好的业绩，一个非常重要的原因就在于招商银行始终重视企业文化建设，并在长期实践中逐步形成了富有特色和活力的招银文化。在创业期，招商银行就设定了明确的愿景——“做真正的银行”。“吃苦在前，享受在后，以苦累为荣”“敢为天下先”等口号集中反映了招商银行文化萌芽期的企业价值取向：拼搏奉献、创新和客户至上。在发展期，招商银行的愿景是做“国际化的大银行”，价值观则是“以业绩论英雄”“重结果不重过程”。这个时期，服务意识进一步得到加强，“拼搏、创新、奉献”成为招银精神的核心内容，在经营理念上更加突出创新意识。在变革期，招商银行开始在价值取向上强调风险管理是银行永恒的主题，把风险文化作为企业文化的重要组成部分：重结果，更重过程，严格按规章制度办事，培养从实际出发的扎实工作作风，效益重于规模。企业文化是一家企业的“形态”，比起规章制度的“神态”来，有时更能反映企业的精神面貌与管理思想，员工一旦接受了企业文化，就能更快融合进集体，将个人利益与企业利益相结合，将眼前利益与长远利益统一起来。

四、努力与时俱进，保持行业领先地位

招商银行不断推出新举措，并努力让某些举措处于中国金融行业的领先位置，以确保招商银行可以长期处在发展的前沿。为更好实现招商银行国际化发展战略，2008 年 12 月，“招银大学”正式成立。招银大学下辖两院（远程培训学院、IT 培训学院）、四室（培训研发室、综合管理室、财务室、培训基地管理室）、一站（博士后科研工作站），正逐渐发展为一所集内部员工培训、外部培训输出、金融研究和商学院四大职能为一体的综合教育培训机构。为全面提升一线员工的服务水平，区别不同岗位对员工服务能力的要求，招商银行总行又在近年建设了“零售岗位服务培训及资格认证体系”，并以“过筛子”的形式开展一线员工服务大通关，以服务能力为维度，对零售队伍进行梯队化建设。针对不同梯队，招商银行设计差异化的培训课程，制定不同的学习地图，培养专业化的服务内训师队伍，组织专项培训，并实施逐一通关与认证，通关结果直接与员工“专业序列”评级挂钩，使服务能力对员工的约束从“要他持证”转变为“他要持证”，进而从根源上强化了员工提升服务技能的欲望。

五、努力建设企业的核心竞争力

在经济全球化、市场化和信息化不断推进的背景下，金融业的竞争归根到底是优秀人才的竞争。近年来，伴随着各项业务的快速发展和市场竞争的日益激烈，招商银行以经营发展战略为中心、以培养专业人才和促进业务发展为目标，着力加强教育培训体系建设，持续开展多层次的教育培训，全面提升员工的业务技能、职业素质和综合能力。老行长马蔚华在《我看招行的人力资源管理》中指出：“什么是一个企业的核心竞争力？核心竞争力是只有你具备别人不具备，别人也学不去、偷不走的东西。无论是制度、办法还是产品、服务都可以偷走，特别是在‘世界是平的’情况下，只有你自己的企业文化，别人是学不去、偷不走的。因此，健康向上的企业文化才是企业核心竞争力所在。”

马蔚华曾经提出：“在选拔人才方面，因为招行发展很快，需要补充人才队伍，所以我们首先是不断培养自己的员工。但是仅靠培养不能完全满足快速发展的需要，因为培养一个优秀员工不是一朝一夕的事情，特别是专业业务人员。因此，除了注重员工培养，我们还很重视吸收新鲜血液。我们把培养人才作为一个重要任务，我们有 131 工程，就是在做好全行常规人才培养的基础上，重点培养约 100 名管理骨干、300 名业务专家和 1 000 名客户经理。最基层的客户经理送到新加坡学习，因为在新加坡可以用中文交流，又是国际金融中心。我们在新加坡有固定培训基地，把他们送到那里培训，他们都很高兴，感觉有一种优越感。支行行长是在香港和深圳两地培养。到中层副职，我们主要培养领导力，到清华北大培训。分行和部门一把手培养的是他们的视野。总行定期办培训班，已经办了十几期，请国内外著名的专家、学者、教授，培养他们的视野、观察事务的能力以及战略眼光。去年我们在剑桥大学办班，今年尽管遇到经济衰退，但是我们还要在剑桥再办一个班。一个银行的视野很重要，有了视野，才能有正确的战略选择。”

一家企业的管理者可以有如此认识，把培训的价值看得如此之高，这既是这家企业员工的幸运，也是一家企业本身的幸运。当企业拥有了一大批训练有素、专业精良的人才，且价值观与企业的核心文化理念相一致，企业的可持续发展才真正得到保障，核心竞争力也就真正得到体现。招商银行从当初的小规模，发展成为现如今能够跻身中国六大银行、全球前百家大银行之列，这与招商银行最高管理者对人才培养的理念直接相关。只有愿意在培训上花大本钱，才有可能在市场上抓住大机会，在经营上实现大飞跃。

15

对伙伴资源的培训与开发

——星巴克的培训体系与特色

◎ 企业背景

星巴克（Starbucks）是美国一家连锁咖啡公司，1971 年星巴克在西雅图派克市场成立第一家店，开始经营咖啡豆业务，其总部坐落于美国华盛顿州西雅图市。1982 年，霍华德・舒尔兹先生加入星巴克，担任市场和零售营运总监。1987 年，舒尔兹先生收购星巴克，并开办出了第一家销售滴滤咖啡和浓缩咖啡饮料的门店。1992 年，星巴克在纽约纳斯达克成功上市，从此进入了一个全新的发展阶段。

自 1987 年正式成立公司以来，星巴克从来不打广告，却在近 20 年时间里一跃成为巨型连锁咖啡集团，其飞速发展的传奇让全球瞩目。星巴克不仅将“丑小鸭变成白天鹅”的奇迹演绎得淋漓尽致，在其背后还隐藏着感人的故事。星巴克旗下零售产品包括 30 多款咖啡豆、手工制作的浓缩咖啡和多款咖啡冷热饮料、新鲜美味的各式糕点食品，以及丰富多样的咖啡机、咖啡杯等商品。星巴克在全球范围内已经有近 21 300 间分店，遍布北美、南美洲、欧洲、中东及太平洋区，有 20 多万名伙伴（员工）。

星巴克的最终目标是要在全球开设 25 000 家连锁店，就像麦当劳快餐店（拥有 30 000 家分店）那样，无处不在。星巴克向各地拓展的做法是先攻下该地区的大城市，塑造良好的口碑后，再以此为中心，向周围较小的市镇进军。在拓展过程中，星巴克会先参考各地的人口结构资料，仔细进行分析，确定有合适的客户群之后，才会进入该地区。星巴克一直致力于向顾客提供最优质的咖啡和服务，营造独特的“星巴克体验”，让全球各地的星巴克成为人们除了工作场所和生活居所外，温馨舒适的“第三生活空间”。

星巴克看好中国市场的巨大潜力，立志在中国长期发展。1998 年 3 月，星巴克进入中国台湾，开出第一家店。1999 年 1 月，星巴克在北京中国国际贸易中心开设了大陆第一家门店，开启中国大陆市场。2000 年 5 月，星巴克正式进入上海市场。2005 年年底，星巴克在上海成立中华区总部，主要负责星巴克大中华区战略发展、市场开拓和营运等事务。2005 年 9 月，星巴克出资 4 000 万元人民币设立“星巴克中国教育项目”，专门用于改善中国教育状况，特别是帮助中西部贫困地区的教师和学生。

截至 2015 年年中，星巴克在大陆 60 多个城市运营超过 1 500 家门店，这是星巴克的“第二本土市场”，并将不断致力于加强在中国的发展。在中国，星巴克先后获得过中国食品健康七星奖、中国最佳雇主奖、最佳人力资源典范企业、连锁经营协会员工最喜爱公司、关注员工培训与发展标杆企业、中国杰出公益团队等奖项。

星巴克不仅是一家“咖啡”公司，更是一家“人”的公司。星巴克的核心和灵魂是“星巴克人”。在星巴克，员工被称作“伙伴”。因为他们除了拥有保险、医疗等方面的福利外，还拥有获得公司“咖啡豆股票”的权利，真正成为公司的一员。星巴克为伙伴提供实现梦想的平台，也坚信把伙伴利益放在第一位，尊重他们所作出的贡献。除了完善的福利体系之外，星巴克还十分重视对伙伴进行长期的咖啡知识培训。

◎ 典型案例

在许多跨国公司里，公司与员工之间的关系被赋予了特定的含义，内部员工相互之间会有一些特定的称呼，以此来表明他们各自独特的企业文化和氛围。例如，迪士尼乐园把所有工作人员都称为“演艺人员”，苹果专卖店把一部分店员称为“genius（天才）”，而在星巴克的员工之间则以“伙伴”相称，对除门店以外的其他公司部门，则一概统称“星巴克支持中心”。星巴克还把人力资源称为“伙伴资源”，对于“伙伴资源”培训与开发，星巴克建立了一个完善的培训体系。星巴克的服务水平是有目共睹的，在点单的时候，服务员经常会与顾客寒暄几句，有时候甚至会开开小玩笑，这背后的原因必然是优质的员工培训。

一、重视新员工培训

对于每一位新加入星巴克的员工，除了对自己伙伴身份的新鲜感，他们还会接受一系列培训。除了所在岗位要求的业务培训，每个员工都需要完成咖啡知识和门店经营培训课程，并参与一段时期的门店见习和考核。这些针对新员工的培训包括：

1. 咖啡知识培训。新员工获得咖啡知识主要通过员工分享和自学两个途径。新员工会接受来自公司的咖啡知识培训，主要涉及一些诸如咖啡豆产地分布、烘焙方式等基础知识，在培训结束后，新人往往还需要通过考核。在基本的培训之后，员工可以借助公司内部的资料发放、员工分享活动等，来进一步了解更多的咖啡知识。

2. 推行“咖啡大师”和“咖啡公使”认证。星巴克中国为所有的员工设立了“咖啡大师”和“咖啡公使”的认证通道，在每年的“星咖啡”知识比赛中，公司会评选出对咖啡知识掌握得较好的员工，并且授予他们这两个称号，然后在次年对其再次进行认证，通过考核的员工可以继续拥有这项荣誉。截至2015年，中国国内获得“咖啡大师”称号的伙伴大约有2 000人，“咖啡公使”20人左右，拥有荣誉头衔的员工有资格申请所在职位以外的公司兼职，如可以申请星巴克（中国）大学的讲师职位。

3. 门店经营培训。新员工在入职之初均要在门店实习，门店培训的持续时间为2～3周。在这段时间里，新人会在老员工的指导下从如何泡出不同口味的咖啡做起，整个培训主要会涉及零售课程、岗位锻炼、门店负责辅导等内容。星巴克对新员工的一套通用培训方式是——说“好”就行。例如，顾客打翻了咖啡，要求再来一杯，就不应犹豫该如何应对，直接说“好”就行了。相比“服务至上”这种抽象口号，“说‘好’就行”一下子就能让基层员工们明白应该如何应对。

4. 重视“微笑力量”培训。星巴克专门花时间培训新员工如何微笑、眼神交流、倾听，如何能第一时间认出常客、建立私人关系，只有更加私人的关系才能让顾客感受到自己的特殊性，从而达到“升级”的感觉。星巴克要求新员工在面对顾客的时候，问一些需要对方具体回答的特殊疑问句，而不是普通的“是”或“否”的问题。在点单时问一个简单的问题，如“您喜欢喝咖啡吗”，对方会说“还可以”，不善交际的新员工可能就没办法与顾客继续交流下去。相反，如果问“您好，我发现您在看价目单，您喜欢喝哪种饮料?”这样的问题会鼓励顾客多说话，不但可以快速了解顾客需要，还能让不善言辞的新员工不需要多说话就能轻松地与顾客建立起良好的私人关系。

二、关注营运管理人员培训

星巴克在营运管理人员的招聘方面更倾向于任用从基层做起的员工，对员工自身而言，对公司的一线经营业务的了解也能够有助于未来职业的发展。对于在职员工，星巴克通过提供以下的课程，帮助员工迅速成长。

1. 员工推荐课程。这类培训项目是由员工的直属上司根据员工的个人特点和发展需求进行个性化推荐的，如咖啡大师认证项目、项目管理、谈判技巧等。当员工希望从门店进入到支持中心时，在接受资格面试之前，会被要求接受这一类的培训。星巴克重视培训员工两项发展性能力：一是优秀的学习能力，尽管许多人都是从门店咖啡师做起的，但只要具备优秀的学习能力，就会有一个更好的发展机会；二是影响他人的能力，当一名员工希望在未来领导一个团队时，如领导自己门店的员工，甚至是领导一个区域的门店经营，这种能力就很重要。

2. 优秀员工进阶课程。这类培训所面对的对象是潜在的管理人员。例如，专门针对门店经理设置的星光计划培训项目，这个项目在每年会举办一期，但培训时间会被分成多部分，这样的目的在于让员工能够将培训与工作结合起来。星巴克门店和支持中心的人员是双向流动的，一位具备意愿的门店员工在得到经理的推荐之后，可以参加支持中心的空缺职位面试，每年星巴克都有超过20%的门店员工进入支持中心。

3. 实施管理培训生计划。这是一个以培养杰出零售管理人才为目标的人才发展项目，管理培训生通过一项快速人才发展项目，参加包括零售核心培训课程、岗位锻炼、一对一辅导、领导对话等在内的一系列学习发展活动。管理培训生通过学习，能对星巴克零售系统及业务有全方位的了解，掌握岗位操作技能，并建立基本的人员发展和业务管理能力，可以为自己在星巴克的职业发展奠定扎实的基础。星巴克要求的管理培训生具备以下条件：大专及以上学历，优秀的学习能力和人际交往技能，正直诚实、尊重他人、对工作充满热情。管理培训生进入星巴克之后与社会招聘员工的发展机会基本相同，但前者通常能够在9～15个月的时间里成长为门店副经理。

美国《西雅图时报》2015年9月26日发表题为“星巴克的‘北京之星’随

着中国变化而冉冉升起”的文章。文章说：徐婕姬（音）是清华大学的毕业生，她的许多同学都选择从事风光的高薪职业，但她却选择戴上围裙，在星巴克接受咖啡师培训，准备成为一名经理助理。当在星巴克工作两年后，这名27岁的年轻人并未黯然失色。在中国国家主席习近平访美期间，徐婕姬被派往美国担当星巴克在西雅图咖啡烘焙体验馆的“门面”。她带领由中国官员和商人组成的代表团品尝咖啡。“他们中许多人都对该店感到很兴奋，尽管他们大多不太了解咖啡”，徐婕姬在接受采访时表示，“咖啡文化刚在中国崭露头角”。某种程度上，徐婕姬在星巴克公司的迅速成长也是中国的缩影，近来中国已超越加拿大和日本，成为世界第二大咖啡市场。两年来，星巴克在华门店数量已增至1 800多家，并有望到2019年时增至3 400家。目前，徐婕姬在北京的中央商务区管理着星巴克的一家高端概念店。徐婕姬的许多校友都在附近的咨询公司和金融机构工作。但徐婕姬表示自己并不后悔：“他们总是来到我店里并说，‘你的工作看起来很有趣，而我的工作太无聊’。”

三、建立企业大学培训平台

2012年11月，星巴克中国推出了一个面向员工的企业大学培训平台。员工除了接受入职的相关培训之外，还可以报名入学，接受更加系统性的培训，为今后进一步提升做知识技能储备。可以说，星巴克的企业大学，就是为员工的晋升与发展而准备的。在星巴克，员工的晋升之路很多。

1. 门店垂直晋升路径。对于在门店工作的员工，每两个职位间并没有严格的时间间隔，员工能否快速升职并且获得较快的发展主要取决于自己的业务能力和知识储备。每年大约有20%的员工获得各类升职，在升职前后都要接受公司安排的培训。

2. 跨部门发展路径。任何级别的员工都有机会进入支持中心或门店跨部门工作。在通过跨部门应聘面试后，公司将根据员工的具体能力，再结合公司需求给予相应职位。每年有20%的员工从门店零售进入支持中心，他们也需要接受企业大学的专题培训后才能进入新的岗位。

员工升迁和跨部门的条件主要看个人能力是否达到升迁标准，在原有职位上的工作是否被认可是前提，其次是业务知识（包括咖啡知识）是否积累到标准程度。在条件不成熟时，员工可以申请相关的培训以弥补弱势。当然还要看是否有职位空缺，只有存在相关的职位空缺，员工才有机会成功升职和跨部门任职，因此时机和个人能力同样重要。

◎ 分析参考

从尊重到转换，爱护好每位员工

作为一家咖啡连锁零售商，星巴克的绝大部分员工都集中在遍及各地的门店里。最近几年中，星巴克在中国的员工招聘总数每年都在 6 000～7 000 人，其中 90%以上新员工都会以门店员工的身份进入星巴克。星巴克计划未来两年将在全球新开 2 400 家门店，在中国内地的计划是在 2017 年时将门店增加到 1 200 家，预计 2019 年时达到 3 400 家，这将带来更多的工作机会。

当大批员工大量进入星巴克门店时，培训的支持变得十分重要。如果新员工到来之后的培训跟不上，开新店的步伐就会受阻或者变慢；而新员工不能及时进入岗位，老员工的晋升与发展之路也会受到阻碍。因此，看似只是公司经营中并不显眼的培训环节，到了关键时期，却会成为公司发展的关键因素，或促进或阻碍。星巴克的培训实践可以给许多快速增长的劳动密集型服务公司以诸多启示。

一、尊重员工

企业发展的关键是人才，人才是员工队伍建设中的核心力量。任何企业要想谋求快速增长与可持续性的发展，就必须在培训企业的未来精英上制订中长期的发展计划，就像星巴克那样，让员工伴随着企业的发展而成长、成熟和成功。

在星巴克，员工不再是简单的劳动力，而是被认定为“资源伙伴”。伙伴就是一种朋友间的亲密关系，能更加牢固地组成紧密合作的团队；资源则是一种可以持续发挥作用与能量的宝库。星巴克用“资源伙伴”这样的称谓直接肯定了员工的价值，是对员工的最大认同与鼓励。

星巴克公司认为：“我们的成功取决于我们伙伴的成功，我们之所以能够达到我们的目标，主要是基于我们所雇用的人，我们互相称之为‘伙伴’。我们始终致力于伙伴的发展。我们提供各种机会让伙伴们提高技能，拓展事业，并最终达成目标。我们有机会不仅能让你成为一名员工，更能让你成为星巴克的伙伴！”在这样的企业发展理念下，年轻、希望得到肯定的新员工很难不被吸引。正因如此，星巴克成为许多年轻人进入社会之后的第一份工作，他们从大学毕业后来到星巴克，在收获满满之际，感觉又进入了另外一所大学，一所培养年轻人成为好员工和具有良好职业精神的企业大学。

二、培养员工

企业用心培养自己的员工，不但造就了员工的未来，同时也成就了企业自己的未来。几乎每一家成功的企业，都拥有一个成功的培训体系作为支持，他们愿意花费更多的钱投入员工培训，宁愿暂时放弃眼前的利益，也要把员工的价值观统一起来。在许多企业中，短至几个星期、长则一年的新员工培训，不仅提供给培训生不错的生活条件，还向他们发放培训生工资，这样的投入，相信最终都可以带给这些企业不错的回报。

星巴克提出：员工培训是重中之重，需要把大部分员工流失控制在员工培训的前三个月培训期内。星巴克对新员工的培训特别严格，前三个月将会特别辛苦。星巴克为什么会如此安排？就是希望把不太胜任的员工在最早期就淘汰了。这样一来，熬过了培训期的员工会更加适应星巴克，一般会留在公司多年，正式员工的流失率也就降低了，公司就可以省下再次培训新员工的费用。星巴克的明智之处，正是在于有效防止了新员工在正式进入岗位后又提出辞职的尴尬。许多企业不能处理好这样一种关系，结果不断造成新员工的流失，不仅让人力资源管理一直处于被动应付状态，还影响到现有员工的稳定性和积极性。星巴克对新员工开展的“微笑培训”也是其一大特色，培训新员工如何微笑、如何用眼神交流与倾听，以帮助他们能在第一时间与顾客建立起良好的私人关系，让顾客感受到自己的特殊性，从而达到“升级”的感觉。在顾客感到满意的同时，也让新员工得到自我肯定。

三、提升员工

提升员工，是为了让员工看到自己在公司中拥有发展的机会。当自己的同学与其他同龄人在其各自的公司里相继被提升岗位职级时，一些员工会产生焦虑感，如果不能得到及时的培训与升级，他们就可能产生跳槽的念头。提升员工，不只是提高岗位职级与薪酬水平，关键是要提高他们的业务能力，只有工作绩效与薪酬水平相匹配时，才能真正留住优秀员工，并为企业带来更好业绩。

提高员工业务能力的一项基本工作，就是要为他们作更多的投入，能够提供完善的培训则是这种投入的具体表现。星巴克每年有超过20%的门店员工进入支持中心，他们是在得到经理的推荐之后竞争支持中心的空缺职位而得到提升的。星巴克员工还有门店升迁与跨部门升迁两个途径可以得到职位提升的机会。星巴克重视培养员工两项发展性能力：一是优秀的学习能力，二是影响他人的能力。做这样的安排，意味着星巴克把每一名员工都当作未来的管理者，当员工希望在未来领导一个团队时，可以把这种“影响他人的能力”发挥出来。

四、爱护员工

爱护员工，主要表现在一些细节上，能最大可能地让员工亲身感受到关怀力的存在。这是一种细致的管理，需要发挥更多的想象力和创造力，才能建立起与众不同的认可方式。在培训环节上，这表现为在最合适的时间，让最合适的人员去接受最合适的培训内容，而不是为了完成所谓的培训任务，让无关人员去接受一些无关紧要的培训。在培训过程中以及培训之后，要以一种怎样的方式去激励员工和奖励员工，几乎就是一门管理艺术。爱护员工是对公司人力资源的一种保护，这就不难理解星巴克为何要把员工关系定义为“资源伙伴”了。

星巴克为员工设立的“咖啡大师”和“咖啡公使”的认证称号，可以及时让员工发现自己的能力，并以能够获得来自公司和社会的正式认可而感到自傲，更可以激励其他员工向榜样看齐，在一种良性的竞争与发展中强化企业的价值观与企业文化。在培训中教会新员工问问题，鼓励顾客多说话，不但能快速了解顾客需要，还能让不善言辞的新员工轻松地与顾客建立起良好的私人关系，这样可以维护新员工迫切投入工作又想出色完成任务的信心。把毕业于清华大学的徐婕姬派往美国担当星巴克在西雅图咖啡烘焙体验馆的“门面”，直接接待由中国官员和商人组成的高级代表团，既是对优秀员工的奖励，也是一种有效培养方式，更有利于防止优秀员工的突然流失。

五、转换员工

转换员工是为了让员工可以在不同的岗位与职级上尝试发挥不同的专长，对于大多数人来说，从事一件崭新的工作会更有挑战性，也更容易激发创新力。企业的管理者意识到，人的能力可塑性之大往往超出想象。对于创业者来说，他们一开始从事的创业项目并不是自己专业范围内的工作，也没有太多的经营经验可资利用，是他们敢于面对新挑战的勇气和毅力，才让他们一步步走向成功的。同样，对于员工，只要给予他们机会，不断转换工作的内容，相信一样可以得到满意的结果。

星巴克的新员工会在老员工的指导下，涉及零售课程、岗位锻炼、门店负责辅导等内容的培训，每次培训都让新员工充满期待。星巴克在中国已经拥有

2 000 人获得“咖啡大师”称号，20 多人获得了“咖啡公使”称号，拥有这些荣誉头衔的员工有资格申请所在职位以外的公司兼职，如可以申请星巴克（中国）大学的讲师职位。这样一个简单的公司政策，却在最大程度上发挥了“伙伴资源”的价值。其中一些员工，当他们从“被培训者”转换为“培训师”，职业成就感便会油然而生。同时，这也省去了星巴克外聘培训师的麻烦与费用成本，而这些来自于岗位一线的业务人员或管理者，比起专职的培训师更能结合工作实际给予新学员切实的指导。

星巴克通过建立自己的企业大学，把星巴克的快速发展与员工多层次的培训有机地结合在一起，在各方面都取得了不错的效果。这中间既有对培训促进发展的深刻理解，也有企业激发培训创造力的因素。对于一个企业培训管理人员来说，能够在充满创造力的企业中工作本身就是一种诱惑，当身处其间时，就没有理由不投入全部身心，把工作做得更好。

16

加强对领导人的领导力培训

——通用电气公司的领导人培训实践

◎ **企业背景**

通用电气公司（General Electric Company，以下简称 GE）始创于 1890 年，前身是科学家托马斯·爱迪生将各项业务整合后成立的爱迪生通用电气公司。GE 是自道·琼斯工业指数 1896 年设立以来唯一至今仍在指数榜上的公司。在科技股中，通用电气历史市值是除微软之外的第二大市值股票，市值一度达到 5 800 亿美元以上，盘中交易最高峰突破过 6 000 亿美元，是历史上仅有的三家突破 6 000 亿美元的公司之一（其他两家是微软及苹果）。

现在，GE 是世界上最大的多元化服务性公司，从飞机发动机、发电设备到金融服务，从医疗造影、电视节目到塑料，GE 公司通过众多技术和服务渗透到各个领域。如果单独排名，GE 有 13 个下属业务集团可名列财富 500 强。GE 在全世界 100 多个国家开展业务，全球员工近 31.5 万人，总部设在美国康涅狄格州费尔菲尔德市，在 2012 年福布斯排行榜上列全球第 3 位。GE 公司致力于不断创新、发明和再创造，将创意转化为领先的产品和服务。GE 的 4 个全球研发中心吸引着世界上最出色的技术人才，超过 3 000 名研究人员正努力进行新一代的技术创新。GE 的品牌口号是“梦想启动未来”（imagination at work）。2015 年，GE 宣布将缩减金融业务，重新回归“制造为主业”的工业公司，计划到 2018 年将金融产业的比例减少到 10%。

曾经，杰克·韦尔奇几乎就是 GE 的代名词。1960 年，韦尔奇以初级工程师的身份加盟GE。一年后，他痛恨公司官僚主义体制，准备辞职，但上司却极力挽留他，展开近4个小时的说服攻势，最终使他答应留在GE效力，这位上司就此为GE留下了公司历史上最伟大的领袖之一。1968年韦尔奇成为GE最年轻的总经理。37岁时，韦尔奇成为集团行政主管，1979年担任副董事长，1981年就任GE第8任总裁。之后近20年，尽管其他公司在严峻的全球经济中像多米诺骨牌一样纷纷倒台，总裁也似走马灯一样地变换，可是韦尔奇始终领导着通用电气公司，并创造出一个又一个奇迹。直到2001年9月7日，杰夫·伊梅尔特接替韦尔奇担任GE公司的董事长及首席执行官。

杰夫·伊梅尔特是GE公司历史中第9任董事长，1978年毕业于达特茅斯学院（Dartmouth College）并获得应用数学学士，1982年获得哈佛大学工商管理硕士（MBA）学位，于1982年加入GE总部后，先后在GE塑料、家电、医疗等业务部门担任多个领导职务，1989年被提升为GE公司副总裁并于1997年进入GE金融董事会。伊梅尔特先生自从接任GE公司首席执行官以来，曾三次被美国著名的金融杂志《Barron》选为"世界最佳首席执行官"。此外，GE公司还被美国《财富》杂志推举为"全美最受推崇的公司"，以及被《金融时报》和《Barron》的联合调查选为"世界最受尊敬的公司"。

早在1906年，GE就开始了与中国的贸易，成为当时在中国最活跃、最具影响力的外国公司之一。1908年，GE在沈阳建立了第一家灯泡厂。1934年，GE买下了慎昌洋行后，开始在中国提供进口电气设备的安装和维修服务。1979年，GE与中国重建贸易关系。1991年，第一家合资企业GE航卫医疗系统有限公司在北京成立。迄今为止，GE的所有工业产品集团已在中国开展业务，建立了50多个经营实体，聘用近15 000名中国员工。

◎ 典型案例

在GE发展的120年历史当中，激动人心的事情数不胜数，并且每一件事情都使GE更加成功。在20世纪80年代初，GE将自己臃肿的350个业务部门精简为 10 个核心业务部门，使其成为行业中的龙头。GE 是一家多元化公司，将业务集团拆开来排名，曾经有 13 个业务集团可以进入《财富》500 强。GE 的文化拥有为人们津津乐道的“群策群力”“速度”“无边界”“横向学习”等概念和方法。

哈佛大学教授 Dennis Encarnation 做过一个调查，发现全美《财富》500 强中，有 173 家公司的 CEO 是从 GE 出去的。GE 有一整套的考核和激励人员的体系，对员工的要求是“又红又专”，就是既有 GE 价值观又有业绩。员工可以参加“360°评估”，让你的上司、同事、下属和客户从不同角度和视点对你进行评估，让你知道如何提升自己。公司要求经理人员把手下员工分为几个档次，对于最出色的 10%，公司会重点奖励、培养他们，而最差的 10%将会一无所得。公司要求经理人员要心平气和地与下属坐在一起，告诉他们现阶段在公司所处的位置，与员工坦诚交流对话，让员工有所认识，使员工不断进取。GE 最令竞争对手嫉妒的是“坚持不懈地培养人才并评估他们，最终决定其去留”。

GE 克劳顿管理学院创立于 1956 年，是 GE 高级管理人员培训中心，有人把它称为 GE 高级领导干部成长的摇篮。GE 克劳顿管理学院被《财富》杂志誉为“美国企业界的哈佛”，建于神秘而神圣的“克劳顿村”，占地 58 英亩，位于纽约州哈得逊河边，起伏的山脉满是大树和青草。每年在克劳顿村接受培训的 GE 高级经理人员都达 5 000～6 000 人，他们分别来自 GE 在全球的业务部门。而克劳顿村的教员 50%来自 GE 高层经管人员，其中包括 GE 前董事长兼 CEO 杰克·韦尔奇以及现任董事长兼 CEO 杰夫·伊梅尔特。杰克·韦尔奇曾 250 多次出现在教室里，亲自向通用电气公司大约 18 000 名经理和行政管理人员授课，足见其对培训的重视。通过有针对性的培训计划和全球性的轮岗计划，已经有超过 100 名中国经理人跻身“GE 全球高级管理者”之列，这些领导人分布于通用电气在中国的各个地区机构，他们共同进行世界级领导力发展的实践。

通用电气在中国的年销售收入已经超过 50 亿美元，而更令人称道的是其在中国市场培养领导人的实践。多年前，通用电气就将“克劳顿村”克隆到上海浦东新区的张江，为快速发展的中国市场培养领导人才。现在，GE 正将这套成熟并且运转多年的培训体系移植到在当时销售收入仅占全球业务比重 2%、人数仅占全球总员工数 3.5%的中国，建立了它在美国本土以外最大的发展培训中心。GE 希望借人才储备战略，拉开其在中国扩张的序幕。肩负这一使命的 GE 中国首席教育官白思杰（Jeffrey C. Barnes）说：“全球化的体系，配合本土化的方式，中国的员工将在有效的培训中快速成长。”

首席教育官（Chief Learning Officer）是 GE 创造的新名词。2002 年，负责 GE 全球经理人培训与发展的集团副总裁鲍伯·科卡伦，兼任了初创的首席教育官一职，他的工作地点就在克劳顿村。从那以后，这个职位开始在一些区域的组织里设立。2003 年 4 月，GE 中国迎来了第一位首席教育官白思杰。从组织结构上看，白思杰需要同时向全球的首席教育官和 GE 中国的 CEO 汇报工作，这样便于让中国的人才发展储备计划与全球战略顺利接轨。在培训、人力资源和国际管理方面都具有丰富经验的白思杰，对在新兴的中国市场上获得这个职位显得兴致盎然：“GE 并不是在所有的地方都设有这个职位的，是我们在中国的扩张带来了特别的需求。”在一些发达的市场上，如伦敦，GE 做得更多的是为员工提供工作任务和时间，让员工接受在职培训。而在中国，因为希望加快员工的成长进程，GE 创造了更多的机会，让员工在比较早期的职业生涯中，就能获得更多的培训。“所以我们建立了中国的克劳顿村，一个全球化的大课堂，我的任务就是找到适合的人，为他们提供适合的培训”，白思杰形容说。他把自己看作是一座双向的桥梁，既把 GE 的文化带到中国来，又确保年轻的中国市场可以给 GE 增添一些新鲜的内容。

通用电气针对中国经理人量身定制了课程。2005 年，通用电气（中国）启动了 China Executive Acceleration Program（CEAP，中国执行力促进项目），发掘有潜力的本地管理者，针对创造性思维、沟通能力、演讲等中国经理人普遍薄弱的环节进行开发。现在，这一项目已经使上百名通用电气（中国）高级领导者受益。通用电气在中国开设有 17 种不同的领导力课程，根据员工的职务、业务的不同开展培训，培训又分为三个阶段（初级阶段、中级阶段、高级阶段）和五个等级（起步领导、新领导、发展中领导、高级领导和执行领导），内容包括几大模块：管理理论、交流技巧、财务知识以及自我管理意识的测试和挖掘。与投入资源相比较，更大的投入是管理层的时间和精力。在这方面，恐怕没有任何一家公司的首席执行官能够像通用电气历任首席执行官那样花费如此多的时间关注培训。

针对通用电气最高级别领导人的培训项目通常需要 4 天，学员们与通用电气全球总裁伊梅尔特等一起，在克劳顿村的一间教室里讨论问题，完成项目。他们在课堂上不打电话，也不看电脑，自始至终专注听讲和提问，最后还要完成陈述。延续了韦尔奇对于培养人才的关注，伊梅尔特每年需要花费一个月的时间飞往全球各地，评估人力资源的发展状况。他的下属们也是如此。每年年底，所有被评估的员工都要与经理沟通，并提出有针对性的改善目标和计划。此外，所有的经理人都要在领导力发展中心授课，授课时间和授课效果将作为领导者绩效评估的重要部分。

在校园中发现领导精英并且加以培养，保证了通用电气源源不断的人才储备。每年，通用电气都会利用评估系统对全球10万多名通用电气员工及管理人员进行跟踪记录，将员工分为A、B、C三个等级。最好的A级人才占20%，公司会挖掘这类人才的业务素质和潜力，将他们输送到国外，积累不同的文化和管理经验，以准备年轻的管理精英们在未来两三年内承担更多的责任。为了拓宽人才输送渠道，通用电气还将年长的技术人才和拥有丰富经验的管理人才输送到全球各地，他们的任务是传授经验、培养接班人。

人才的发展无法适应公司的发展速度，而八个月甚至更长时间的轮岗，容易造成业务中断，甚至影响竞争力。通用电气的做法是因人制宜地派遣任务，在不降低人才质量的前提下，提升人才成长的速度。“不是通用药，而是对症下药，极大地缩短了人才成长的速度。”这样做的效果异常明显。第一期CEAP开始前，通用电气在对20位高层管理者的家庭背景、职业生涯、教育背景做全面评估后，发现了他们的共同弱点：这群生于20世纪60年代的中国管理者缺少战略性、创造性思维。于是，他们采用在公司内部向“典范”请教、去客户公司学习、同学之间相互分享经验等方式相互启发。

针对领导层普遍存在的沟通缺陷，通用电气设计了不同的场景训练。

场景一：电梯从1层到25层，演讲者必须讲清楚自己的想法，这是训练管理者用简练的语言讲出想法的能力。

场景二：演讲时，突然有来自讲台下的挑战性问题，如何应对？这是有针对性地帮助管理者锻炼应变能力。

场景三：原定25分钟的演讲缩短到7分钟，如何完成？这是帮助管理者训练在缩短时间内精彩地陈述观点的能力。

通用电气亚太区人力资源总监王晓军说：“在相互启发的环境中，领导力是可以人为制造出来的。”过去几年间，已经有超过200名中国区高级经理接受了这项“领导力开发培训”项目。大部分人意识到，领导力不是发号施令，而是努力造就并且激发团队共同成功。大多数卓越的领导人都承认，导师至关重要，他们能够提供真诚的评价和充分的指导与支持。“这是一个激励的平台，每个人都可以自愿去寻找榜样，从他们身上吸取力量，少走弯路。”在通用电气，你甚至可以为自己确定 5～7 位导师，而 100 多位中国区高级管理人员中，每人至少有两位“学生”。

通用电气已经足够优秀，但它并没有满足于领导人培养的现状。过去，通用电气的领导人都以个人能力出众、强势管理而著称，但现在通用电气拒绝明星文化，在新榜样中增加了包容性，强调共同协作，倚重团队做出决策。的确，在一个角逐人才的全球竞争舞台上，任何希望强大的公司都必须不断发展领导力，培养并获得更好的领导人。

◎ 分析参考

基业长青，从领导力培养开始

通用电气开创的“为全球培养最优秀的 CEO”“领导者是企业最主要的产品”的管理实践模式，与企业的社会责任感和发展理念密切相关，它不仅在 GE 内部形成了一套有效的人才培训和开发机制，而且也已经成为更多公司竞相学习的榜样。

一、企业的竞争就是人才的竞争

GE 作为美国企业界的“哈佛大学”，每年投入 10 亿美元用于培训，企业理念是“一流的企业必须拥有一流的管理者”。正是对培训的大量投入，培养了大批忠实执行企业战略、坚持企业价值观的管理者，才保证了公司战略目标的实现。GE 来到中国，并没有盲目招募或空降人才，而是进行了有针对性的培训和全球性的轮岗，通过量身定制的形式为中国经理人制定课程，针对中国经理人的特征、潜力、特点进行剖析，寻找薄弱环节，培育出了符合 GE 文化和标准的管理者。中国的企业由于经历和发展的时间比较短，大多还缺乏系统性的管理经验，遇到问题时更多地采取空降或引进“海归”的形式，对于企业自身的定位及发展理念没有明确的认识，往往只能解决当前问题，却无法达到企业培养或培训管理人才的目的，使中国企业在管理人才队伍的竞争上难以与国际企业相抗衡。

通用电气公司以“坚持不懈地培养人才并评估他们，将最终决定其去留”作为培训战略，并建立起了有针对性的培训计划和全球性的轮岗计划，符合通用电气“只做第一和第二”的企业战略。对于中国企业来讲，应意识到培训规划作为人力资源规划的重要组成部分，只有与企业的战略紧密地结合起来，才能让培训工作发挥出更大的作用。GE在美国本土有一个培训委员会，参加的人员包括克劳顿村的负责人和各业务集团的培训经理们。在中国，虽然并没有这样一个正式的机构，但是双方的协作同样紧密。GE的培训中心既是一个支持机构，同时又是一个独立的成本中心。各业务集团为员工申请课程，或邀请专职培训师到集团授课，都要支付相应的费用，这种模式避免让中心的课程脱离实际，成为空中楼阁。在这种互补配合之下，GE一般不需要把员工送去参加培训机构组织的外训，只有当某项需求特别集中而内部没有合适课程时，才会挑选一些培训师到公司来集中授课，当然这个过程也要经过严格的挑选和试听程序。

二、领导力的培训需要高层领导的支持与参与

培训不仅需要金钱和资源的投入，更大的投入在于时间和精力的投入，在GE公司学员有机会与通用电气全球总裁一起进行学习并参与讨论，充分体现了GE高层对培训的关注，极大地激励学员们的投入度与员工们的参与性。在GE中国区的100多位高级管理人员中，每人至少有两位“学生”，说明这些高层不仅重视与支持，而且更是参与和主导着领导力的培训方向。在中国，企业高层领导对培训的重视程度的具体体现更多是金钱上的投入，却很少亲身参与授课培训。对于一些管理类培训，中国企业更多采取外训形式，却往往使企业自身所积累和传承的经验得不到延续。

杰克·韦尔奇曾250多次出现在教室里，亲自向通用电气公司各级经理和行政管理人员授课，足见其对培训的重视。从杰克·韦尔奇开始，GE内部形成了管理者即讲师的风气。同时，公司又让每个受训者自愿寻找导师，从导师的身上吸取力量，少走弯路。在这一点上，中国企业首先要改变的是“培训就是人事部门负责”的观念。公司最高管理者重视培训，在公司内促进建立适合本企业的“导师”制度，将推动企业的培训效果。在GE，适当的领导力培训频率是每一年或每两年一次，每一步都切准员工的职业发展步伐，以在适当的时机，为适当的人，提供适当的培训。即使是有领导潜质的优秀员工，GE也不希望他们过早地接受某项培训。员工在没有正式成为经理的时候，不允许参加新经理发展课程；只有当一名经理已经获得了几年的管理经验之后，才有机会接受中级经理培训，以加速领导技能的发展。

三、成功的培训必须符合实际需要，勇于创新

GE 对人才的培训和培养采取多种方式，仅在中国就开设有 17 种不同的领导力课程。通用电气的所有经理人都必须在领导力发展中心授课，授课时间和授课效果将作为领导者绩效评估的重要部分；年轻的管理精英将被输送到国外积累不同的文化和管理经验；经验丰富的管理人才则被输送到全球各地传授经验、培养人才。对于缺乏实践经验的，“因人制宜”地指派任务；对于缺乏沟通经验的，设计不同的场景训练。GE 在培训中，通过各种形式不断地强化培训的效果，即反应、知识、行为和成就四个要素。使管理精英从理论到实践、从业务到管理，全方位地得到成长和锻炼，更好地服务企业。

从通用电气领导力课程的培训对象结构上，可以让中国企业学习的是，并不是只有领导者才能接受“领导力”的培训，而是要让人才的发展和储备跟上公司发展的速度，主动地去拓展“生源”渠道，把对后备领导力的培养纳入公司人才培养与培训计划之中。在 GE“中国的克劳顿村”，最主要的工作，正是各种领导力发展项目。在这个培训中心成立前，GE 的 11 个业务集团都已先后进入中国开展业务，它们各自担负着与本业务相关的各种培训，但各业务集团在中国发展的规模差别很大，培训开展程度也不同。培训中心成立之后，每个业务集团的培训都获得了更多的指导和支持，并且 GE 关于培训的分工相当明确。现在，所有的业务集团都有自己的专职培训人员，内训侧重在各自的业务领域；而培训中心则侧重在跨业务领域。除了最重要的领导力培训外，GE 的培训还包括让每位新员工尽快融入 GE 文化的入职培训“GE and ME”，帮助员工在日常工作中提高效率的各种职业技能培训（如演讲技巧、沟通技巧、内部项目管理等），以及为不同客户提供服务的系列培训项目。

四、成功的培训要结合严格的绩效评估

GE 对培养人才的关注，更体现在对人力资源发展状况的评估上。每年，被评估的员工都要与经理沟通，提出针对性的改善目标和计划；所有经理人必须到发展中心授课，这将作为其绩效评估的重要部分。每年年底，GE 的员工也需要进行年度的绩效评估，这个工作被称为“C 阶段”，每个人都要在这个时候，与自己的直接经理讨论个人发展计划，并初步拟定下一年度需要参加的培训。每年的 C 阶段，还需要做的一件事是对员工排名。这项工作，直接与领导力接班人计划相关，被认为具有领导潜能的人将在此时获得提名，因为领导力课程只是对表现最优秀的 20%的员工开放。通用电气每年都用评估系统对全球 10 万

多名员工的培训情况进行跟踪记录，并且根据培训成绩把员工分为A、B、C三个等级。评估就是为了发现更好的人才，通过让他们承担更多的责任，给予更多的关注和培养。

对于中国企业而言，也应对建立人力资源信息系统有所重视，这样既可以提高工作效率，还能为全面展现培训的过程和培训成果，甚至为整个人力资源管理过程提供客观的依据。在竞争激烈、发展迅速的当今社会，只有将80%的精力投入到20%的重要事件上，才能取得关键的成功。GE严格的绩效评估管理模式为企业挑选出20%最好的人才，使企业更好地挖掘出这类人才的业务素质和潜力，将最合适的人才放到最合适的岗位上，在发挥他们最大能量的同时，促进企业的发展。

综上所述，作为中国企业，可以从通用电气公司出色的领导人培训模式中得到很多启发。GE公司重视为中国的课程注入本土化内容，努力在一些领域寻求更为精深的本土案例。全球化的方法，配合本土化的素材，GE凭借这一点，正在为人才的全球流动打下基础。优秀的培训模式，不仅使员工收益，更主要的是能够使企业持续保持核心竞争力，并在激烈的市场竞争中保持基业长青。

17

全方位培训保证管理标准统一化

——肯德基的统一化培训

◎ 企业背景

肯德基（Kentucky Fried Chicken，肯塔基州炸鸡，简称 KFC）是世界上最大的餐饮连锁企业，隶属全球最大的餐饮集团百胜餐饮集团。百胜在全球 130 多个国家拥有超过 4 万家连锁餐厅和 150 多万名员工，旗下包括肯德基、必胜客、塔可钟、东方既白等著名餐饮品牌，分别在烹鸡、比萨、墨西哥风味食品及海鲜连锁餐饮领域名列全球第一。现如今，肯德基在世界上 109 个国家开设有 15 000 多家肯德基餐厅，每天接待 1 200 多万名顾客，近 50 万名餐厅员工为全球每年光临餐厅的 45 亿顾客提供服务。

1930 年，肯德基的创始人山德士先生在家乡美国肯塔基州开办了一家餐厅，他潜心研究炸鸡的新做法，成功地确定了由 11 种香料和特有烹调技术合成的秘方，这个独家秘方沿袭至今。肯塔基州为了表彰山德士为家乡做出的贡献，授予他上校的称号。山德士上校一身西装、满头白发及山羊胡子的形象，已成为肯德基国际品牌的最佳象征。1955 年，肯德基有限公司正式成立。与此同时，山德士上校本人的形象也成为肯德基全球性的象征。上校的年龄及财富并没有影响到他对工作的热诚，他每年都会旅行 250 000 英里，视察肯德基在全球的餐厅，他孜孜不倦地经营他的事业。上校认为："人们因闲散而生锈者比精疲力竭者多，如果我因闲散而生锈，我会下地狱。"山德士上校于 1980 年辞世，享年 90 岁。

肯德基以"特许经营"作为一种有效的方式在全世界拓展业务。1952 年，首家被授权经营的肯德基餐厅建立。1993 年，肯德基开始尝试在中国开展特许经营，经过一段时间沉默之后，自2000年起，肯德基在中国的特许经营只采取“不从零开始”的一种新形式，“特许经营”是肯德基第一品牌策略成功的代表性策略，具有“中国特色”。2000年8月，中国地区第一家“不从零开始”的肯德基特许经营加盟店正式在常州溧阳授权转交。肯德基对于加盟者的审核要求十分严格，加盟者除必须拥有100万美元或800万人民币作为加盟及店面装修、设备引进等费用外，还必须具有经营餐饮业、服务业、旅游业等方面的背景和实际经验。考虑到大城市餐饮业竞争已经十分激烈，肯德基可以进行转让的餐厅基本分布在消费水平较高的小型城市。

1987年11月12日，肯德基在北京前门繁华地带开设了在中国的第一家餐厅，北京肯德基有限公司也成了北京第一家经营快餐的中外合资企业。继1996年6月25日肯德基中国第100家店在北京成立以后，肯德基在中国的连锁店数目迅速增长。2004年1月，中国第1 000家连锁店在北京朝阳区樱花园东街开业。2007年11月，肯德基在成都开设了第2 000家餐厅。2010年6月，中国肯德基第3 000家餐厅在上海开业，同时发布全新品牌口号“生活如此多娇”。2012年9月，肯德基在大连开设了第4 000家餐厅。如今，中国肯德基已在950多个城市和乡镇开设了4 600余家连锁餐厅，遍及中国大陆除西藏以外的所有省、市、自治区，是中国规模最大、发展最快的快餐连锁企业。截至2013年年底，肯德基在中国的员工超过30万人。从中国的第一家餐厅到现在的4 600多家餐厅，肯德基一直做到员工99.9%本地化。

◎ 典型案例

在中国大陆的30年发展历程中，肯德基不断投入资金和人力进行多方面、多层次的培训。从餐厅服务员、餐厅经理到公司职能部门的管理人员，公司都按照其工作的性质要求，安排科学严格的培训计划。这些培训不仅帮助员工提高工作技能，同时还丰富和完善员工自身的知识结构和个性发展。许多有志青年在肯德基成长成为企业出色的管理人才。为使肯德基的管理层员工达到专业的快餐经营管理水准，肯德基还特别建有适用于餐厅管理的专业训练基地营运训练部。

先进的管理依靠优秀的人才来实现，人才培训则是造就优秀人才的必然途径，肯德基公司不断投入资金和人力，对员工、加盟商和供应商进行全方位的培训。作为世界最大的餐饮连锁企业，肯德基自进入中国以来，带给中国的不仅是异国风味的美味炸鸡、30 多万个就业机会，还有全新的国际标准的人员管理和培训系统。作为劳动密集型产业，肯德基奉行“以人为核心”的人力资本管理机制。

肯德基在中国特别建有适用于当地餐厅管理的专业训练系统及教育基地——教育发展中心。这个基地成立于 1996 年，专为餐厅管理人员设立，每年为来自全国各地的 4 600 多名餐厅管理人员提供上千次的培训课程。中心大约每两年会对旧版教材重新审定和编写。肯德基最初的培训课程部分来自于国际标准的范本，但最主要的是来自于当地资深员工的言传身教及对工作经验的总结。因此，教材的审定和重新编写主要是补充一线员工在实践中获得的新知识、新方法。每位参加教育发展中心培训的员工既是受训者，也是执教者。这所独特的“企业里的大学”，就是肯德基在中国的所有员工的智囊部门、中枢系统。

一、新员工培训

新员工从踏进肯德基公司大门的那一刻起，就被量身制订了培训与发展策略，以配合整个系统的发展和营运。肯德基对于应届毕业生，一般会让其在见习助理职位上锻炼 3 个月，学习服务员的业务。例如，餐厅服务员刚进公司时，每人平均有 200 小时的“新员工培训计划”，通过考试取得结业证书。公司的职员进入公司之后也要去肯德基餐厅实习 7 天，以了解餐厅营运和公司企业精神的内涵。即使打扫厕所的临时工，经过培训也要达到基本的要求：15 分钟清理一次，并在门后的打扫表格上签名，门店经理定时检查后也要签名确认，这些都被写入了培训内容中。如果一个员工升级为餐厅经理人员，同样会安排适应其新岗位的培训，不但要学习领导入门的分区管理手册，同时还要接受公司的高级知识技能培训，并会被送往其他国家接受新观念，以开拓思路。

二、在职员工培训

在肯德基公司，每一次职位的升迁都有不同的培训发展课程。肯德基的内部培训体系分为职能部门专业培训、餐厅员工岗位基础培训以及餐厅管理技能培训。品质管理、产品品质评估、服务沟通、有效管理时间、领导风格、人力成本管理、团队精神等管理技能培训，不同的管理职位会有不同的学习内容。

从最基本的人际关系管理技巧，到岗位基础培训、分区管理技巧，乃至高级知识技能培训，每一项课程均针对特定人群，起到事半功倍的效果。其中，“如何同心协力做好工作”“项目管理”“七个好习惯”“谈判与技巧”等是每个员工的必修科目。这些培训，不仅能够提高员工的工作技能，同时还能丰富和完善员工的知识结构以及个性发展。

1. 职能部门专业培训。肯德基隶属于世界上最大的餐饮集团百胜全球餐饮集团，中国百胜餐饮集团设有专业职能部门，分别管理着肯德基的市场开发、营销、企划、技术品控、采购、配送物流系统等专业工作。为配合公司整个系统的运作与发展，中国百胜餐饮集团建立了专门的培训与发展策略。职能部门职员一旦接受相应的管理工作，公司就要为其提供传递公司企业文化的培训课程，一方面提高员工的工作能力，为企业培养合适的管理人才；另一方面使员工对公司的企业文化有深刻的了解，从而实现公司和员工的共同成长。

2. 餐厅员工岗位培训。作为直接面对顾客的餐厅员工，每个人都要严格学习基本的操作技能，从不会到能够胜任每一项操作。从见习助理、二级助理、餐厅经理到区域经理，随后每一段的晋升都要经过五天的进修课程。据估计，每训练一名经理，肯德基就要花费几万元。见习服务员、服务员、训练员以及餐厅管理组人员全部是根据员工个人对操作要求的熟练程度实现职位的提升，职业提升后工资水平马上相应提高。在这样的管理体制下，年龄、性别、教育背景等都不会对员工未来在公司的发展产生直接影响。

3. 餐厅管理技能培训。目前，肯德基在中国有大约近万名餐厅管理人，针对不同的管理职位，肯德基都配有不同的学习课程。学习与成长的相辅相成，是肯德基管理技能培训的一个特点。一名见习助理随着管理能力的增加和职位的升迁，公司会不断安排不同的培训课程。肯德基餐厅的分区经理不但要学习领导入门的分区管理手册，同时还要接受公司的高级知识技能培训，并获得被送往其他国家接受新观念，以开拓思路的机会。除此之外，这些餐厅管理人员还要不定期地观摩录像资料，进行管理技能考核竞赛。

4. 员工活动与团队合作。为了密切关注公司内部员工关系，肯德基还举行不定期的餐厅竞赛和员工活动，进行内部纵横交流，传播肯德基的理念。在肯德基餐厅，员工所学到的最重要的东西就是团队合作精神和注重细节的习惯，这些对思想深层的影响，今后会一直伴随着员工的成长。

三、加盟商培训

培训是加盟肯德基的必备条件。成功的候选人在经营餐厅前将被要求参加一个内容广泛的为期 12 周的培训项目，系统培训使加盟商有效掌握经营一家成功的餐厅需要了解的值班管理、领导餐厅、经营餐厅等课程，培训包括到汉堡工作站、薯条工作站等各个工作站学习和实习。这些培训课程一方面提高了候选人的工作能力，为肯德基培养了合适的管理人才；另一方面使候选人认同肯德基企业文化，使其具有浓厚的服务理念，从而实现肯德基总部和加盟店的共同成长。加盟商接手餐厅后，还要安排为期 5～6 个月的餐厅管理实习。在培训过程中，未来的特许经营商将承担自己的全部费用（培训费、交通费用、生活费用等）。可以看出，在特许经营的严格规定背后，是肯德基总部和加盟店共同的利益关系，肯德基的成功取决于各加盟商的成功。

对于受许人来说，加盟肯德基后，通过培训可以掌握先进的企业管理理念和方法，自己亲自管理肯德基往往比聘请一个职业经理人要更用心，转让后的店所得收益也会比以前更多，这就是为什么肯德基要受许人亲自管理的原因所在，同时这也给肯德基省去了不菲的管理费用。受许人站在肯德基的肩上，通过自己辛勤经营，也能为自己带来可观的收益。这种崭新的特许经营方式被肯德基称为“中国特色”。与国内一些只收加盟费，对投资者没有管理、没有培训的连锁店主相比，肯德基强烈的品牌意识正是其成功的另一保障。

四、供应商培训

与此同时，肯德基还积极对中国国内相关的供应商进行评估和培训。一项肯德基全球运用、对供应商进行专业评估的星级系统在 1997 年进入中国。这项评估系统能够科学严格、客观公正地从多个方面对供应商进行评估测试，并帮助供应商提高自己产品的质量。每 3 个月到半年定期评估，到年底的综合评分将决定供应商在下一年度中业务量的份额。因此，要成为肯德基的供应商，不仅要接受严格的培训，还必须按照肯德基公司制定的标准进行管理，以保证产品和服务的统一性和标准化。

肯德基公司采取开放式就业策略，公司对员工的流动并没有做出特殊的限制和要求。经过公司严格培训的员工和管理者，有的会辞职流向当地竞争企业。例如，上海的“新亚大包”、来自台湾的“永和豆浆”等的核心高级管理人员有些就来自肯德基。但正是这种宽松环境下造成的人员流动，使肯德基培训的管理知识和经营理念也实现了隐性传播。在肯德基工作和受训的经验，使员工变成人才，人力资源变成人力资本，进而成长为中国经济发展进程中出色的企业管理人才。

◎ 分析参考

企业快速发展，培训应该先行

企业培训是人力资源管理体系中的重要组成部分，培训内容、培训方式、培训的时间周期，又都是企业发展战略的具体化表现。近年来，一些来自发达国家的跨国公司在中国开展的系统化、全方位、标准式的培训，给中国企业培训界带来了全新的理念和规范的操作，值得中国连锁企业学习和借鉴。肯德基作为一家全球最大的餐饮连锁企业，通过完善的企业培训体系，促进着公司的快速发展。在不断扩张和占领市场的过程中，先行一步的培训已经成为其取得成功的决定因素之一。

一、要根据企业发展战略设计培训系统

随着企业的跨地域发展，不管是直营、加盟还是代理，为了保证企业形象的完整，产品质量的可靠，服务水准的一致，就需要通过建立标准化的制度推进各地各经营门店的统一。要做到这一点，有三个最重要的环节：标准制定、加强培训和贯彻执行，而加强培训在其中起着承上启下的桥梁作用。任何一家成功的连锁企业都会有比较完整的发展战略计划，在这个战略计划中，培训的职能非常重大，它是计划能否顺利推进、目标能否有效达成的关键。对有些企业来说，全员培训仅仅包括注册在企业的正式员工而已，而对连锁企业来说，几乎与企业有供应关系的上下游人员都必须纳入全员培训的范畴，否则某一个环节培训和管理不到位，将影响到企业的整体形象和所有连锁经营门店的业务，这就是“一荣俱荣，一损俱损”。

因此，连锁企业的培训系统要根据企业发展战略，在培训对象和内容上，除了要针对在职员工设计外，还要面向所有的加盟商、代理商、供应商及其所属员工，设计出有针对性的培训课程和内容。加盟商在进入肯德基之前，会被要求参加一个内容广泛的为期 12 周的培训项目，以帮助加盟商有效掌握经营一家餐厅所需要的经营管理能力。加盟商接手餐厅后，还要安排为期 5～6 个月的餐厅管理实习。对于这些培训，特许经营商必须自己承担全部的培训费用，包括培训费、交通费用、生活费用等。

二、要针对不同岗位需要制定培训内容

企业是由不同岗位、不同职能、不同等级的人员组成的，由于每个人所要承担的任务和要求均不相同，为了让整个组织有机运行，就需要把企业的战略目标计划进行不断细化，细化到对每个岗位的具体要求，而企业的培训内容就要根据岗位的具体要求来设定。在肯德基公司，每一次职位的升迁都有不同的培训发展课程。肯德基的内部培训体系分为职能部门专业培训、餐厅员工岗位基础培训和餐厅管理技能培训。这样的安排，可以更好地适应不同岗位与不同职级人员的培训需求。

对于岗位和员工的要求，有共性的部分，也有个性的部分。在企业制定培训内容体系时，可以把共性的要求开发成为通用的课程，让每一个员工都能接受基础的培训。对于个性的要求，又可以进一步分清是岗位的个性要求，还是员工的个性要求。对于岗位的个性要求，如果放在公司系统内考虑可能又是同一类岗位的共性要求，可以制定出基本一致的培训内容，满足不同经营门店对员工技能和素质培训的需要。对于员工的个性化要求，如晋升职位以后的新知识、新技能培训，则可以因材施教。在这方面，肯德基的培训已经形成了一个良好的传统。如果一个员工从见习助理、二级助理逐步晋升到餐厅经理，甚至区域经理，与之相配合的每一阶段的晋升都要经过五天的进修课程，以促进新任人员尽快达到岗位所要求的能力水平。

三、要面向不同对象特点确定培训方式

在连锁企业的培训体系中，所要面对的培训对象是多面而复杂的，在公司内部就可以分为三大部分：一是公司本部的职员，包括品牌管理、市场运营、财务系统、人力资源管理、IT 及其他公司支持系统部门的不同人员；二是直营门店的管理人员、服务人员、辅助人员等；三是仓储、物流、客户服务、呼叫中心等保障部门的人员，这三部分人构成了连锁企业员工培训的第一级，也是企业培训中的核心对象，只有做好对这部分人员的培训与培养工作，才有可能让其成为培训第二级和第三级人才的培训师，并在各自的岗位上起到模范与表率作用。

如果连锁企业采用加盟特许经营或代理经营的模式，加盟商、代理商、实际经营管理者及其下属员工的培训就形成了连锁企业员工培训的第二级。为了保证供应商提供的产品和服务也能达到连锁企业的标准要求，甚至还要追溯到

供应商的供应商，例如为快餐店提供原料鸡的指定供应商，他们也有提供其所需饲料的供应商，这样对连锁企业来说就是两级供应商，也是连锁企业员工培训的第三级，从严格把关生产质量和安全的需要，就应该把这些重要的两级供应商也纳入到规范的标准要求中，并开展相应的培训。鉴于培训对象特点和要求不同，连锁企业就要根据需要确定不同的培训方式，课堂培训、参观实习、见习锻炼、个别辅导、案例讲座、评估检查等都可以作为培训方式，运用到针对不同对象的培训中去。

四、要配合企业文化建设突出培训特色

连锁企业一般都非常重视企业标志系统的规范和企业文化的建设，一方面这是塑造企业形象，增强员工凝聚力和培养客户忠诚度的需要；另一方面也是区别同行、防止模仿的需要。因此，在连锁企业的培训体系设计和培训内容制定上，需要不断强化对企业文化的认同，甚至要把企业文化特色作为一项共同的基础课程，让所有的员工都能接受相同的培训和熏陶。为了能够有效管理和制约供应商的行为，肯德基特别设计了一个星级评估系统。如果想要成为肯德基的供应商，就不仅要接受严格的培训，还必须按照公司制定的标准进行管理。

在连锁企业，企业文化特色是所有人共同的印记。对于新生劳动力来说，由于他们如同一张白纸，比较容易接受企业文化要求，也可以很快融入具有明显公司特色的工作氛围中去，但对于从其他公司招聘过来的员工，特别是从同行业且本身也有一定企业文化特点的公司招进来的新员工，可能会产生一时不适应新公司的现象，甚至会有某种程度上的抵触。这就更需要在培训上强化本企业文化特色的要求，并通过特有的培训，吸引和感化接受程度相对较低的员工，如加强岗位实习、个别辅导、出国考察学习等。肯德基餐厅在培训分区经理时，会采用送往其他国家接受新观念培训、不定期观摩录像资料、进行管理技能考核竞赛等具有公司特色的培训方式。

五、要适应市场变化有效开展培训研发

由于连锁企业要覆盖的地域会不断扩大，而每个地区都有不同的风俗习惯和消费特点，如果用完全一样的培训教材去应对所有地区的所有员工，一定难以获得同样的效果。因此，这就需要连锁企业根据地区的差异，有效开发与研究出针对不同地区人员以及不同时期人员的培训内容。最合适的培训内容往往都来自于对实践的经验总结。企业培训是一项非常务实的培训，因为其不需要过多的理论体系，只重视改善员工的知识结构和技能水平，实践经验总结往往可以达到更好效果。

肯德基公司的培训课程虽然有国际标准的范本，但同时也采用来自于当地资深员工的言传身教和所编写的真实案例，以及对工作经验的总结。肯德基培训教材的研发和重新编写主要就是不断补充一线员工在实践中获得的新知识、新方法，让每一位参加培训的员工既是受训者，也是执教者。这不得不说已经成为肯德基的一种培训特色，而且也是提高其培训效果的“制胜法宝”。

18

提供多样化的企业培训菜单

——搜狐集团针对不同对象的培训

◎ 企业背景

1996 年 8 月，张朝阳依靠一笔风险投资资金创办爱特信信息技术有限公司；1998 年 2 月 25 日，正式推出“搜狐”产品，并更名为搜狐公司。1999 年，搜狐推出新闻及内容频道，奠定了综合门户网站的雏形，开启了中国互联网门户时代。历经 4 次融资，搜狐最终于 2000 年 7 月 12 日在美国纳斯达克上市（NASDAQ：SOHU）；同年，搜狐收购中国最大的年轻人社区 ChinaRen 校友录。2002 年第三季度，搜狐公司在国内互联网行业首次实现全面盈利，这成为中国互联网发展进程中一个里程碑事件，带动中国概念股在纳斯达克的全面飙红。2005 年 11 月，搜狐签约成为 2008 年北京奥运会互联网内容服务赞助商。2014 年 8 月 7 日，搜狐集团正式宣布，已经与韩国娱乐传媒公司 KeyEast 签署战略合作及投资协议，成为第二大股东。2014 年度，搜狐集团总收入 17 亿美元，较上年增长 19%。

2009 年 4 月 2 日，搜狐旗下子公司搜狐畅游（NASDAQ：CYOU）在美国纳斯达克全球精选市场成功上市，搜狐公司因此也成为中国互联网企业在纳市的第一个“双子星”。搜狐作为中文世界最强劲的互联网品牌，为中国近 6 亿的互联网和移动互联网用户提供全面网络服务。搜狐门户矩阵包括门户网站（sohu.com）、青年社区（ChinaRen.com）、网络游戏信息和社区网站（17173.com）、房地产网站（focus.cn）、手机 WAP 门户（goodfeel.com.cn）、搜索搜狗（sogou.com）、地图服务网站图行天下（go2map.com）等网站。

搜狐视频是中国最有竞争力和影响力的综合视频平台之一，已建成国内最大的视频资源储备库，覆盖数十万部集电视剧、电影、纪录片、动漫作品及国内外数百档综艺节目。知名调研公司艾瑞 2014 年 2 月数据显示，搜狐视频月度及日均独立用户数均位居视频行业第二。在移动互联网方面，搜狐新闻客户端是中国最大的移动媒体平台，2012 年首创“即时新闻＋订阅”模式，2014 年成为首个推出“个性化”阅读功能的门户新闻客户端。截至 2013 年 12 月，搜狐新闻客户端的安装激活量 1.85 亿次，总订阅量突破 8.2 亿次。

鉴于张朝阳对互联网在中国的传播及商业实践中做出的贡献，其在 1998 年 10 月被美国《时代周刊》评为“全球 50 位数字英雄”之一，1999 年 7 月被《亚洲周刊》选为封面人物，2001 年 5 月被《财富》杂志评选为全球 25 位企业新星之一，同年被世界经济论坛评为全球“明日领袖”之一。2015 年 1 月 9 日，张朝阳通过微博公布两条消息：搜狐放弃做微博业务，2015 年的大事是门户改革。2015 年 2 月 11 日，张朝阳荣获“2014 中国互联网年度人物”。2015 年 9 月底，国家主席习近平访问美国，作为中国互联网科技力量的突出代表之一，搜狐董事局主席张朝阳随行访美。

◎ 典型案例

尽管搜狐曾是最早一批奔赴纳斯达克市场的中国互联网企业之一，但其创始人张朝阳却认为：如果有一个重新选择的机会，也许他会选择放弃上市。在张朝阳看来，“到美国上市是中国互联网的整体悲哀。为了收入、报表，我们整天忙短信、忙无线，整天忙，把网民给忘了。”张朝阳或许至今仍在为当年的决定而悔恨，他表示：“正是中国互联网上市热潮的那几年，各家忙着应付华尔街而给了百度历史性的发展机会，让百度走上了搜索的道路。”

同样，为应付华尔街的要求，搜狐曾一度放松了对员工队伍的建设，一大批创业元老和业务精英流失，特别是基于对人才的认可而收购进入搜狐集团的机构，其创始人的纷纷离去，让张朝阳一再处于尴尬境地。2005 年，古永锵卸任搜狐公司总裁，随后创办了优酷，目前已成为搜狐视频的重要竞争对手；2006 年，高级副总裁李善友辞职，创立视频分享网站酷 6 网；2008 年，首席运营官龚宇辞职，随后创办了爱奇艺，成为搜狐又一大竞争对手；2013 年，搜狐网总编辑刘春离职，加盟唯品会；2014 年 3 月，搜狐的联席总裁兼首席运营官王昕离职；2014 年 8 月，搜狐移动新媒体总经理岳建雄离职；除此之外，包括陈一舟、李学凌、张云帆、何毅等诸多人才纷纷离职。人才的流失对搜狐集团来说是件十分痛心的事情，特别是，许多人才在离职后成为了搜狐商业上的竞争对手。

互联网行业竞争激烈，业务变化快，作为搜狐集团的人力资源管理人员首先需要面对的挑战就是“变”，管理人员已经习惯了一个现象：互联网行业唯一不变的就是“变化”，不变等于等死。激烈的竞争和日新月异的技术革新，要求该行业必须常变常新。变化不仅仅体现在产品、技术和业务上，更直接体现在组织架构和人员能力上的变动与再造。搜狐集团的人力资源部门分为三个大组，第一组（C&B 和 System team）承担集团整体的人事政策、人事管理流程、薪酬福利、Vender 管理等 HR 职能，并承担 eHR 项目的实施改进，以及内部信息化流程的工作；第二组（Corporate HR team）负责公司企业文化管理，以及公司级的培训支持、平台搭建、集团招聘渠道管理等工作；第三组（HRBP team）的 HR 将深入集团各个业务产品部门，与部门负责人对接，了解业务架构、目标任务，与核心员工沟通等工作。培训业务主要属于第二组的职责任务。

张朝阳表示，“搜狐集团需要伟大产品，需要良好收入和盈利规模，形成正面发展态势；而组织里面的每个人，自己要有信心和意志，能忍受寂寞，不跟风随大流，勤奋就会有回报。”因此，一向更倾向于关注技术与互联网动态的张朝阳，在近几年中开始重视起组织结构的再造、团队合作的价值，以及对核心员工的激励与专业员工的培训。通过努力，搜狐集团开始呈现出良好的工作氛围，搜狐的管理层都很年轻，他们愿意尝试新鲜事物，员工思考出来的意见只要对公司有帮助或对工作小组有利，他们都会非常支持。

搜狐集团有一个独有的“搜狐文化墙”，一张张图片记录了一次次培训、联欢时的笑脸。新员工自进入公司，看到这样一个“搜狐文化墙”，就会在潜意识里想要尽快融入团队之中，去感觉不一样的企业氛围。这就是搜狐员工工作繁忙却凝聚力强，娱乐时绝对投入，工作时热情绝对高涨的原因。人力资源部门不断完善的培训制度体系让员工在不知不觉中既增长了技能，也在无形中默契了起来。

集团总部人力资源部为员工精心设计培训计划，把公司的主要培训分为管理类培训、员工基本技能技巧培训、观念培训、部门专业培训四大类。管理培训中设有情景领导、决战商场、管理高尔夫等课程；员工基本技能技巧培训则提供商务写作、时间管理、项目管理等工作需要的技能技巧课程；而观念培训中设有团队类课程，告诉员工团队的定义、在团队中合作解决问题的方法，如“Seven habits（七个习惯）”，就是教授员工如何从一个消极的人变成一个积极的人；部门专业培训则为不同部门量身定制与工作相关的技能技巧培训。

整个培训体系细致地将员工分为三大类。针对公司里高效、资深经理人，人力资源部会搜寻具有决策性的、较为前沿的管理类相关课程以适应其需要。而公司内部较为初级的经理人，刚刚从一个专业的岗位转换到管理的岗位，需要了解基本的管理知识，然后将其运用到工作中去。对初级经理人而言，基本管理技巧、沟通与谈判的技巧比较缺乏，人力资源部就会让其尝试人际沟通、搭建工作小组等基础类管理课程。而对普通员工的培训，人力资源部会选择一些注重技能、技巧的课程，让其提高工作技能，为以后的职业发展打下基础。

除了这些重要和正式的培训外，人力资源部还为新员工准备了入职培训。新来员工数量一旦满足 20 人后，人力资源部便会组织一次入职培训，将公司的历史、文化、规章制度、公司主要业务线等做一次详细的讲解。之后，人力资源部会组织新员工做一次拓展训练，让员工在紧张而有意义的气氛中学会挑战自己、帮助别人，一起融入公司团队。经过一系列的训练，来自不同部门的员工一起交流工作，一起郊游娱乐，关系特别融洽。整个搜狐公司有 600 多人，平常工作时，不可能与每个人都有所接触，员工通过培训相识，形成自己的小团体，就有一种归属感，工作气氛显得和谐。对于新员工来说，这样则可以降低自己在公司中的孤独感。

人力资源部还承担着公司年度全员培训的组织任务。每年人力资源部会与公司高层管理人员进行沟通，确认当年公司企业文化宣传的重点，然后在培训和日常人力资源工作中体现。搜狐集团提倡执行力，希望通过提高员工执行能力，使得公司在互联网日益激烈的竞争中胜出。为此人力资源部专门设计了一次模拟野外作战训练，使大家在“战斗”中深刻体会到计划和执行的重要性。本次培训，公司所有员工上到 CEO 张朝阳及几位副总裁，下到普通员工全都平等地投入训练，大家吃“大锅饭”，睡自己搭建的帐篷，一起参加军事训练，没有一人特殊化。在培训过程中，大家主动承担责任，相互帮助，共同克服困难，按照既定目标执行，每一位员工都切实感受到执行力对公司的重要性。

人力资源部还给员工设计了日常的小型研讨会。研讨会通常在公司内部进行，主要邀请公司有专长的员工讲解相关领域的知识。例如请财务部门员工分析做财务报表的要点；或请精通 PowerPoint 的信息部门员工讲述做演讲稿的编写过程与技巧；或请精通金融的员工解析股票期权；或一个技术项目完成后，请项目组成员与大家分享技术心得；或组织员工开展英语角等，感兴趣的或有相关方面欠缺的员工都可参与。培训虽小，但人力资源部要求形式多样化，即使是一次很小的培训，都要设置问卷调查，从而密切关注工作中的不足，下一次培训前进行改动或调整，才能真正做到提高员工素质。

2015 年 1 月 12 日，搜狐董事局主席张朝阳在搜狐内部会议上直言“门户已死”，并称搜狐 2015 年将实现“门户重生”。1 月 15 日，搜狐高调举办了“手机搜狐网 3.0 版本发布暨 HTML5 技术研讨会”，会上张朝阳再次表示，“虽然让我错过了一些机会，但创新永远不会晚，我们要做更新浪潮的推动者。”1 月 19 日，搜狗搜索 APP 3.0 版本正式发布，几个全新的重大产品新功能，也将对整个移动搜索市场影响深远。搜狐这一系列连续的组合拳，表明搜狐 2015 年“全新模式”的开启。技术变革不以人的意志为转移，面对移动互联网的冲击，张朝阳所谓的门户重生，变得任重而道远。

所有这一切的关键是看人才与技术是否能够跟着思路及时转身。人才的形成，一靠引进，二靠培训。引进可以保证速度与效率，然而团队精神与企业文化的形成则是困难重重；培训需要投入时间与精力，但可造就一支真正属于自己的队伍。更加认同企业价值观与企业文化的团队，将最终成为企业发展的中坚力量。互联网行业中的每一次转身与升级，往往都受困于人才的瓶颈。预计在未来的几年之内，基于 HTML5 技术的应用将会维持移动应用的中心地位，相比原生的 APP，HTML5 技术此前未能得到大力发展的原因在于其局限性，包括用户体验、产品功能等，但随着 HTML5 技术标准统一，这些问题将会得到有效解决，而其优势则会进一步扩大。面对这样的趋势，张朝阳必然会建设一支可靠的队伍，引进与培训双管齐下。在这一过程中，搜狐集团的人力资源部又将承担起极其重要的作用。招聘与留人、转岗与培训，都需要有一个系统的规划与实施方案，并针对不同的对象给予切实的辅导。

◎ 分析参考

让培训更适应企业的发展

自 20 世纪 90 年代以来，中国经济进入了一个崭新的发展时期，随着社会的发展和科技的进步，特别是计算机等新技术的广泛应用，使得生产技术不断更新，产品换代迅速，同时处于市场竞争最激烈的 IT 行业的工作人员也更感觉到需要不断“充电”、持续提高自我素质的重要性。搜狐集团在有效开展员工培训方面做了有益的探索，同时给我们带来了很好的启示。

一、根据需要和现状设定培训目标

通常，企业培训一般会遵循统一的模式，即培训需求测评、确定培训对象、拟定培训目标、选择培训方法、预算培训费用、评估培训效果等。但是，具体到一个特定的企业时，其培训模式就会发生某些变化。培训必须根据企业的战略、任务、企业文化、员工的胜任能力模型、员工的职业生涯规划、员工及部门的绩效等方面进行培训需求的调查，再对调查结果进行分析和汇总，并基于培训需求的调查，对企业的高层管理者、中层管理者、一般管理者、专业管理者、技能员工、销售人员、新进人员等制订切实可行的培训计划。

不切实际的培训计划，根本不能适应企业的发展。搜狐集团员工培训的管理体制、培训内容、培训方法等，都是建立在自己企业特点的基础上。集团人力资源部精心为员工设计了培训计划，把公司的培训分为管理类培训、员工基本技能培训、观念培训、部门专业培训四大类，每一类针对不同类型的人员进行培训。由于互联网行业变化迅速，技术更新快，在专业培训方面就需要投入更多的精力进行有效设计。掌握最新技术的人员本来可以在业务部门发挥作用，但为了培训的需要，有时不得不花费更多的时间和精力进行培训内容的设计与具体辅导，虽然在短期内是不见效益的任务，但从长远来看，却是不得不做好的工作。

二、培训需要得到企业各级人员的支持

只有不断与高层管理者沟通，得到其支持，培训才不会变成形式主义，因为高层管理者更清楚企业目前正处于什么状态、最紧缺什么样的员工，以及企业未来的发展方向。

培训同样必须得到各业务部门的配合，如果业务部门不配合，培训只能是局限于形式。和业务部门的沟通应该成为培训部门的常事，只有得到业务部门的配合，培训才能落实到位。一个优秀的人力资源部门经理，可以将培训变成一种供应商角色，不是让业务部门管理者来支持自己的培训工作，而是让其看到培训对业务发展的促进作用和必不可少的价值，让业务部门主动请求人员培训，如此一来，一方面使得人力资源部的工作得以有效展开，另一方面也提高业务培训的成效与价值。

培训同样需要员工积极参与配合，如果员工三心二意、对培训认识不足，培训就不会获得预期的效果。当技术发生升级、市场发展变化时，首先应该让员工意识到，如果业务能力不及时升级，工作内容不及时调整，就不得不面临下岗与辞退的风险，只有与时俱进，与公司同步发展，才能成为公司中的核心骨干人员。

要使培训真正能提高员工素质、促进企业的不断发展、提高企业的核心竞争力，培训就必须得到高层支持、部门配合及员工渴求。企业人力资源管理者的任务之一，就是把“要我学”变成“我要学”，让大家都直接感觉到培训的重要性和有效性。

三、跟随发展变化要求不断创新培训模式

企业员工培训工作是为企业的市场竞争服务的，只有立足于企业的需要、市场的需要，才能真正提高员工的素质，促进企业的发展。搜狐集团对员工教育培训工作的改革，就是为了适应生产经营和技术发展的需要，应通过不断创新培训模式，尽最大可能使培训符合企业现阶段的发展要求。这也应该成为从事企业培训管理工作的人员时刻牢记的原则。

企业培训的模式应该多样化，对不同员工采用不同培训模式，如视频培训、网络培训、课堂培训、拓展培训、现场培训、小组研讨培训。对不同的人员、不同的课程要采用不同的培训方式，培训要尽量互动。任何企业的人员结构、文化传统、组织方式、产品服务、营销策略等都是不一样的，只有建立在自己企业特点基础上的员工培训体制、内容、方式、方法，才是有效的。

四、企业发展需要源源不断补充和培训各类所需要的人才

企业发展需要新人的不断补充，同时也要对本企业现有人员进行充分、有效的培训，提高员工的素质，以便促进企业的可持续发展。企业管理者应该坚信“人人都是人才”，关键在于开发每个人的能力。搜狐集团人力资源部开展多层次、全方位、形式多样的员工教育培训工作，就是为了满足企业对人才的多方面需要，促进每个人的能力开发。目前，各类企业开展的员工教育培训种类繁多、方式各异，其目的无外乎希望开发人才，提高生产力，健全企业知识，达成企业目标。

1. 通过各种方式招聘进来的员工，即使学识丰富，见识广博，但由于缺乏特定的实际工作经验与认识，必须加强岗前培训，才能符合任用的条件。岗前培训可以起到以下作用：

（1）促进新进员工与企业之间的情感联系，让新进员工知道自己的个人利益与企业的前途是联系在一起的，促使其愿意为企业目标衷心效劳，全力以赴。

（2）培养新进员工岗位职务上所需的特定技能，让其了解工作方法与内容，并使其努力掌握新技能，从而能胜任当前岗位工作。

（3）加强团队精神，使新进员工与原有员工迅速增进友谊，培育“团队”概念，以提高其合作与服务精神。

（4）弥补理论脱离实际的缺陷，在实践中灵活运用理论法则。

（5）进一步考察新进员工的才能、专长，以便任用时可以充分量才录用，发挥潜力。

基于岗前培训具有以上明显的作用，因而有效发挥其作用可以大大提高企业的管理效率，挖掘并鉴定新进员工的才能，不断改进求新，以奠定培训制度的基础标准，使员工得以随时在工作中吸收新知识，顺应时代的需求。

2. 员工的在职培训是在社会不断发展、科技不断进步的时代背景下，从业人员增进新知识、新技能以适应环境的必然要求。一般而言，在职培训能起到下列积极作用：

（1）保持及增进在职员工的知识能力，培养企业的后备力量。

（2）发挥员工潜能，提高工作技能，增加工作满足感。

（3）促进团体合作，传授安全培训，协调人力资源供需，养成员工尽心尽责的品格，增加企业的竞争实力。

（4）减少无谓损失与浪费，降低缺席率与人事流动率，减轻管理人员的负担，消除员工的抱怨。

3. 企业必须认识人力资源的重要性，其重要性在一定程度上甚至超过资金、时间、设备等生产要素，而契合企业所需的人才必须由企业本身采取教育培训措施来达到，并使培训与企业目标和管理方向一致。企业的培训工作应做到全员性、制度化、终身性、针对性及超前性。就目前各类企业的实际情况来看，主要应加强以下几方面的改进：

（1）通过各种活动和教育培训，使企业员工认同企业所特有的企业文化，如企业组织的理念、规范、目标、价值观念等。

（2）通过多种形式，如聘请专家讲学、产品革新、同事间相互交流等，提高企业员工的工作技能、管理技能、创新技能等。

（3）通过心理辅导，调整员工心态，协调人与人之间的关系，不断增强员工和企业应对激烈市场竞争的能力，加强企业组织的团队建设。企业不仅应该加强员工的职业技能培训，还要加强员工的“情绪调控能力”培训。做好这几方面的培训工作，将有助于企业参与市场，迎接知识经济时代的挑战。

第四篇

绩 效 管 理

19

周全应对的绩效管理制度设计

——腾讯公司对绩效管理流程的细化

◎ 企业背景

1998 年 11 月，由马化腾等五位创始人共同创立“深圳市腾讯计算机系统有限公司”。当时公司的业务是拓展无线网络寻呼系统，为寻呼台建立网上寻呼系统，这种针对企业或单位的软件开发工程是所有中小型网络服务公司的最佳选择。

1999 年，腾讯公司开发成功 QQ 即时通信方式，到当年 11 月，用户数就达到 100 万。2000 年 6 月，QQ 注册用户数破千万，“移动 QQ”进入联通“移动新生活”。2002 年 3 月，QQ 注册用户数突破 1 亿大关。2010 年 3 月 5 日，19 时 52 分 58 秒，腾讯 QQ 最高同时在线用户数突破 1 亿，这是人类进入互联网时代以来，全世界首次单一应用同时在线人数突破 1 亿。2014 年 4 月 11 日晚间 21 时 11 分，腾讯 QQ 最高同时在线用户数突破 2 亿，实现 4 年增长 1 个亿。

2004 年 6 月 16 日，腾讯公司在香港联交所主板公开上市，是第一家在香港主板上市的中国互联网企业。2014 年全年，腾讯总营收 789.32 亿元，净利润 238.1 亿元。2011 年 5 月 9 日，腾讯投资 4.5 亿元入股华谊兄弟传媒股份有限公司，投资完成后，腾讯持有华谊兄弟 4.6%的股权，成为华谊兄弟第一大机构投资者。2011 年 7 月 7 日，腾讯以 8.92 亿港元购得金山软件 15.68%的股份，成为金山软件第一大股东。

2011 年 1 月 21 日，腾讯公司推出一个为手机智能终端提供即时通信服务的免费应用程序：微信（WeChat），支持跨通信运营商、跨操作系统平台。截至2015年第一季度，微信已经覆盖中国90%以上的智能手机，月活跃用户达到5.49亿，用户覆盖200多个国家。此外，各品牌的微信公众账号总数已经超过800万个，移动应用对接数量超过85 000个，微信支付用户则达到了4亿左右。

2012年5月18日，腾讯宣布进行公司组织架构调整，从原有的业务系统制升级为事业群制，划分为企业发展事业群、互动娱乐事业群、移动互联网事业群、网络媒体事业群、社交网络事业群和技术工程事业群，并成立腾讯电商控股公司专注运营电子商务业务。

2013年9月16日，搜狐公司及搜狗公司与腾讯共同宣布达成战略合作。腾讯向搜狗注资4.48亿美元，并将旗下的腾讯搜搜业务、QQ输入法业务和其他相关资产并入搜狗，交易完成后腾讯随即获得搜狗完全摊薄后36.5%的股份。同日，腾讯股价上涨，报418.2港元，市值约7 772亿港元，约合1 002亿美元，成为中国首家市值超1 000亿美元的互联网公司。2014年12月12日，腾讯公司旗下民营银行——深圳前海微众银行已正式获准开业，微众银行注册资本达30亿元人民币，由腾讯、百业源、立业为主发起人；其中，腾讯认购该行总股本30%的股份，为最大股东。

腾讯公司一直秉承一切以用户价值为依归的经营理念，始终处于稳健、高速发展的状态。腾讯多元化的服务包括：社交和通信服务QQ、微信、社交网络平台QQ空间、腾讯游戏旗下QQ游戏平台、门户网站腾讯网、腾讯新闻客户端和网络视频服务腾讯视频等，是目前中国最大的互联网综合服务提供商之一。2010年9月5日下午，时任中共中央总书记、国家主席胡锦涛一行到腾讯公司参观考察；2012年12月7日，中共中央总书记、国家主席习近平到腾讯公司参观考察。

◎ 典型案例

深圳市腾讯计算机系统有限公司通过确定公司和职位的关键绩效因素，以责任结果为导向，建立员工绩效管理体系，使公司实际经营管理行为与战略目标统一，员工绩效与组织绩效统一，通过员工绩效的持续提高带动公司绩效的不断改进，增强公司的核心竞争力。在绩效与公司战略、目标和价值观之间建立清晰的联系，公平合理地评价员工绩效，为浮动薪酬发放、年度综合评定、薪酬分配、晋升与调配等积累数据，为人事管理与开发提供准确的员工绩效信息。

腾讯公司制定的绩效考核办法，以公司年度经营计划及年度经营管理目标责任状为基础，包括销售收入、净利润、工期、质量、安全、成本、招商指标及其他节点指标。部门级绩效目标以公司级绩效目标进行分解落实，员工级绩效目标以部门级目标进行分解，结合本职位的职位说明书职责设定。公司要求职位目标分解要体现：基于职位职责的责任与贡献；基于职位对总目标的贡献；基于职位对流程的贡献。职位 KPI 必须符合 SMART 法则，即：具体的（Specific）、可衡量的（Measurable）、可以达到的（Attainable）、相关的（Relevant）、以时间为基础的（Time-based）。

办法规定，上级与下级应就绩效目标进行沟通并达成共识，共同探讨达成绩效目标的措施，根据工作的重要性和紧急程度确定工作安排的优先次序。每位员工根据上述要求，拟订本人月度目标计划和年/季度绩效目标，与上司沟通并经上司核准后执行。月度计划总结是指每月末，员工对比计划根据实际完成情况进行总结，上司做回顾沟通。季度目标评价是指每季度末，上级和下级根据目标计划完成情况进行综合评价，对结果进行沟通、指导、评价。填写《绩效考核表》，并将考评结果汇总至人事部门，交管理层进行评估、平衡以及反馈。

腾讯公司在执行绩效管理体系的过程中，注意把握原则，从五个角度有效推进公司的绩效考核制度。

第一，“三公”原则，即：“公正、公开、公平”。绩效管理各环节目标公正，过程公开，评价公平。为了体现“三公”原则，绩效管理体系中还设定了考核申诉程序：各类考核结束后，被考核者有权了解自己的考核结果，考核者有向被考核者通知和说明考核结果的义务；被考核者如对考核结果存有异议，有权在接到通知的 10 日之内，向集团人事部提出申诉（不接受口头申诉）；集团人事部通过调查和协调，在 10 日之内，对申诉提出处理建议，并将事实认定结果和申诉处理意见反馈给申诉双方当事人和所在部门负责人或分管高管，并监督落实；若当事人对结果仍持异议，可向考核委员会提请仲裁，考核委员会仲裁结果为最终结果。

第二，团队倾向性原则。团队的领导者与员工是不可分割的利益共同体，团队中所有人员都对部门的 KPI 和涉及的业务流程负责。领导者要通过绩效辅导帮助下属提高绩效，各个任职者有责任帮助流程相关周边人员提高绩效。

第三，客观性原则。主管在评价下属时以绩效为主，以日常管理中的观察、记录为基础，各部门要逐步规范对员工日常工作计划与总结的管理，以此作为考核的主要依据。

第四，绩效考核责任结果导向原则。突出业绩，以在正确的期间达成正确绩效结果为依据，同时兼顾能力或者关键行为以及个人态度对工作和团队的价值贡献。

第五，动态与发展原则。绩效管理保持动态性和灵活性，绩效标准、实施标准将随着公司和管理对象的成长以及战略的变化而变化。

腾讯公司考核操作流程包括五个部分的内容。

一、绩效计划与调整

1. 各部门管理领导计划。各部门分管领导在规定时间前（以集团总裁办所发通知为准）将各部门月度计划发至集团经营管理部；月度例会上讨论确定各部门的“月度工作计划表”，月度例会次日 17：30 前，经营管理部负责将各部门的“月度工作计划表”发至各分管领导处及人力资源部人事主管处。

2. 各部门经理/副经理计划。

3. 员工计划。月度例会后 2 日（最迟不得超过当月 2 日）17：30 前，各级员工需将个人的“月度工作计划表”发至上级主管处，各上级主管需及时与下属进行沟通、确认后，在限期内将下属的“月度工作计划表”发至下属本人及人事主管处。

在绩效考核的实际操作中，计划难免会有所调整。为此，腾讯公司规定对于计划的增加，可经双方确认后，在月末总结时列于总结表内。对于计划的删改，因客观不可抗情况造成原计划任务取消或重要指标变更，被考核人需于当月 20 日前填写计划删改申请，报各部门分管领导处，如系分管领导关键任务的调整，则需上报总裁批准，否则此项以未完成计。

二、绩效总结与沟通

1. 各部门分管领导总结。各分管领导在规定时间前（以集团总裁办所发通知为准）将月度总结发至集团经营管理部。

2. 经营管理部负责准备各分管领导“月度计划总结考核表”的复印件，供考核委员会考核人考核时使用，各考核人需将考核评分表于月度例会次日

17：30 前交至人事部人事主管处。

3. 部门经理与员工总结。需在次月 5 日 17：30 前将个人的“月度计划总结考核表”（以月初上交的计划表为基础）自评后发至上级主管处，上级主管需及时与下属进行沟通、考评，并在次月 7 日 17：30 前将沟通确认的总结考核表发至下属本人及人事主管处。

为了有效推进公司的绩效考核制度，腾讯公司还对绩效沟通提出了规范要求：

第一，绩效沟通要对照“月度计划表”和“岗位说明书”进行，主要为肯定成绩、指出不足、提出改进意见，帮助员工制定改进措施并反馈下月度的“计划表”等；沟通方式以面谈为主，如无条件，也可视情况采取电话沟通等方式。

第二，人事部对绩效沟通的执行情况不定期进行抽样检查，对没有按规定执行绩效沟通的管理人员，视情况给予通报批评和考核成绩降级的处理。

第三，如下属（被考核人）对上级主管（考核人）所定的计划、评价结果、沟通过程存有异议，可在次月 7 日前向人事部提交书面说明并按申诉程序执行。

第四，对考核结果含 D 级以下的员工，必须在绩效面谈时如实通知其考核结果，说明原因及处理意见，对上述内容必须保留书面记录，并由员工本人签字确认。

三、绩效汇总与绩效工资计算

1. 次月 10 日 17：30 前，人事部负责对绩效考核数据进行汇总，编制“月度中心考核结果汇总表”并发至总裁、各分管领导处。

2. 次月 20 日 17：30 前，人事部负责计算出各员工的绩效工资总额，并制表交财务部发放。

外派人员所有的考核参照集团相关级别人员考核方式操作，季度考核的操作流程参照月度考核。腾讯公司的考核结果计算规定，考核结果与员工当月绩效工资挂钩，与年度绩效工资挂钩，与年度优秀员工等相关评比挂钩。

1. 一般情况取值方法为：

该项指标得分＝权重×（实际值/目标值）

2. 要求控制、降低的指标（如费用等类指标）：

该项指标得分＝权重×（1－实际值/目标值）

3. 部门（组织）或个人得分为综合考评得分：

总得分＝∑单项指标得分

注：任何一项指标的最低得分为≥0。

四、考核结果与参考标准

1. 考核结果包括综合评语和考核等级（A、B、C、D、E）。考核与评价相结合，绩效考核等级见表1，员工绩效比例见表2。

2. 建立规范的绩效沟通与反馈机制，向员工反馈绩效评价和对比信息，为员工改进绩效提供指导和帮助，同时激励员工不断学习，自我管理，创造职业生涯的辉煌。

表1　　绩效考核等级表

等级	定义	摘要	与基值/目标值的关系	参照分数	绩效考核因数
A	优秀	实际绩效明显超过预期计划/目标或岗位职责/分工要求（须提供事实证明）	明显超过经营目标值，达到内部管理目标值	≥90	120%
B	良好	实际绩效达到预期计划/目标或岗位职责/分工要求	达成经营、内部管理目标值	<90且≥80	100%
C	合格	实际绩效基本达到预期计划/目标或岗位职责/分工要求，在计划/目标或岗位职责/分工要求所涉及的大部分方面符合要求	基本达成经营、内部管理目标值	<80且≥70	80%
D	基本合格	实际绩效部分未达到预期计划/目标或岗位职责/分工要求，在一些方面存在不足或失误，但能与前期平均水平基本持平	实际完成值与目标值有一定差距	<70且≥60	50%
E	不合格	实际绩效有多项或主要部分未达到预期计划/目标或岗位职责/分工要求，在很多方面或主要方面存在严重不足或失误	达不到基值，即达不到基于公司目标和该职位职责的基本要求	<60	0

表2　　员工绩效比例

部门绩效	优	良	合格	基本合格	不合格
部门考核为优	20%～25%	65%～70%	5%～10%	0～5%	0～5%
部门考核为良	10%～15%	60%～65%	5%～15%	0～5%	0～5%
部门考核为合格	5%～10%	40%～50%	25%～30%	10%～15%	5%～10%
部门考核为不合格	0～5%	30%～40%	30%～40%	15%～20%	15%～20%

五、考核结果应用

对于在考核中获得的绩效成绩，腾讯公司要求在多方面加入应用。

1. 月度考核结果。月度考核结果与员工月度奖金挂钩。

月度奖金＝奖金基数×个人绩效考核因数

2. 季度考核结果。季度考核结果与员工季度奖金挂钩。

季度奖金＝奖金基数×个人绩效考核因数

3. 年度考核结果。年度考核结果与年终效益奖挂钩，并作为次年工资调整和岗位调整的重要基础。

年终效益奖＝效益奖基数×个人绩效考核因数×公司绩效考核因数

4. 原则上年度绩效考核结果为A级的员工予以加薪，由考核委员会根据业绩将员工工资上调。年度绩效考核结果为A级的员工有资格参加优秀员工的评选。

5. 年度绩效考核结果为D级的员工予以降薪，由考核委员会根据业绩将员工技能工资下调一级至数级。

6. 年度绩效考核结果为E级的员工予以调整岗位，下降职级处理，严重不合格者予以解除劳动关系处理。

7. 公司绩效考核因数由公司考核委员会根据公司经营业绩指标达成情况综合评估后确定。达到绩效指标则为100％，未达标则相应降低。如超额完成，则相应提高因数。

8. 月度及季度奖金基数调整参照集团薪酬福利体系。

◎ 分析参考

细致入微的设计，有章可依的应对

互联网推崇自由和创新，而人力资源管理中的绩效考核带给人的感觉是束缚和僵化了人的创新力。在一般人看来，互联网企业应该是不需要绩效考核的，至少没有严格意义上的绩效考核。事实表明，这是一种错觉。的确，在不少互联网企业中，并没有真正意义上的绩效考核，有些人认为互联网企业的员工的工作任务本身就已经相当繁重，根本就抽不出时间进行绩效评估。这种轻视绩效考核的倾向，对企业的发展并没有益处，当公司成长到一定阶段后，需要引入必要的绩效考核，至于如何把绩效管理体系与制度建设得更为完善，则是在确立必须引入绩效考核制度之后，需要认真思考的问题。腾讯公司管理着数万名员工，如果没有一套行之有效的绩效考核制度，很容易出现人浮于事的大企业病，这对互联网企业来说才是面临的最大威胁。

因为互联网发展历史还不够长，互联网企业绩效考核的特征还未被充分认清。就目前而言，所看到的特点主要集中在三个方面。一是目标小，对互联网企业和员工来说，在一段时间内的工作任务和目标都比较单一，没有太多的变量因素需要考虑复杂的措施。正因为目标任务相对较小，争议也就较少，不需要从上到下的再次拆分，许多岗位的任务只需布置便可立即行动和执行。二是变化多，互联网企业面对的是全新市场，瞬息万变的技术与需求，需要公司和员工及时做出反应，因此工作内容和要求有时需要频繁变化。引入绩效考核制度之后，不能为迎合考核的需要而忽略甚至抑制任务的改变。当目标出现更新时，应该由绩效考核来适应目标的变化，而不是相反。因此，绩效考核的指标和评估体系也需要不断地及时更新。三是奖惩轻，在有些互联网企业中，考核结果并不直接对应着员工的奖惩。在这些企业眼中，考核的目的是为了企业的整体绩效，太重奖惩、和利益紧密关联，考核本身就更容易变形走样。显然，腾讯公司已经意识到了这些问题所在，在设计绩效考核方案时，充分考虑到了应对措施。例如，针对工作任务多变的情况，腾讯公司规定因客观不可抗情况造成原计划任务取消或重要指标变更，被考核人需于当月 20 日前填写计划删改申请，报各部门分管领导处，如系分管领导关键任务的调整，则需上报总裁批准，否则此项以未完成计入，这样就给任务更新后调整考核指标留出了重新商议的空间。

腾讯公司的绩效考核体系在一定程度上借鉴了美国谷歌公司的 OKR 绩效考核思想。OKR（Objectives and Key Results），是指目标和关键成果，1999 年由投资人把 OKR 引入到谷歌后，一直沿用至今，是互联网企业应用绩效考核体系的成功范例。谷歌的 OKR，分季度和年度考核两种，包括 CEO 在内的所有员工都要参加。每个员工有 4～6 个考核目标，考核结果为 0～1.0。OKR 考核的最高分为 1.0，得到这个最高分并不是好事，而是说明当初设定的考核目标过于简单。得分低于 0.4，则表明员工需要反省在什么地方还做得不够，需要尽快改进。得分在 0.6～0.7，则表明比较正常，说明目标设定适当，员工也达成了主要的预期目标。在谷歌公司，OKR 虽不是职务晋升和奖惩的主要依据，但却是一个员工能否留在原有岗位的关键指标。如果某位谷歌员工的 OKR 得分，连续几次都不太正常，其在谷歌的职位也就很难稳定。腾讯公司在借鉴谷歌公司的 OKR 绩效考核思想时，根据中国员工的特点和习惯，做出修正，如考核结果不是用 0～1.0 来表示，而是用优秀、良好、合格、基本合格与不合格来区分，这是中国人习惯使用的评估方式，更容易被员工理解与接受。

对企业而言，在经营过程中，内部发生的一切费用与投入都是成本，只有对外部、对用户发生的费用与投入，才可能产生企业所期望的经营业绩。对于一家公司而言，成本是必须想方设法去缩减的部分。对一般员工而言，工作本身并不一定能够带来绩效，只有对其他员工、其他部门、用户和产品产生促进意义的工作，才可能产生绩效，否则都只能成为成本，而一旦变成成本，往往就是管理者想要不断缩减的目标。对于互联网企业而言，网站的用户访问数量增加 30%、速度提升 20%、邮件用户点击次数减少 10%，这些都可以成为以绩效为导向的考核目标。只有目标清晰、具体、明确，员工才能明确知道要做些什么、可以做到什么程度，公司也有可以通过量化来评估每个员工的工作成果。腾讯公司的绩效管理中有一条客观性原则：主管在评价下属时以绩效为主，以日常管理中的观察、记录为基础，各部门要逐步规范对员工日常工作计划与总结的管理，以此作为考核的主要依据，目的就是要导向把员工的工作目标清晰化、具体化和可测量化，最终可以实现对每一位员工绩效的有效评估。

腾讯公司在绩效考核的制度框架下，不可避免时运用了 KPI 绩效管理方法，但在基层管理者缺乏掌握全局战略意图的情况下，容易出现一些短视行为，例如：KPI 绩效考核结果的应用，会导致大家都非常关注考核结果本身，而相对忽视了绩效考核的管理意义；管理者在考核时，不能完全按人员实际工作产出进行衡量，而往往要加入其他因素对考核结果进行均衡；在人员绩效考核中，人力资源部门往往会面临来自其他部门管理者的压力，例如要求扩大优秀员工比例、提高人员绩效考核等级等；在实际管理过程中，还会出现被考核者不认同考核结果，考核者困惑于考核的必要性等各种情况。为此，腾讯公司在设计管理思想时，都做了相应的应对，尤其强调了沟通在绩效管理中的作用，并专门设置了员工申诉渠道与流程，以便可以及时和正常地得到员工对绩效考核中出现问题的反馈意见。建立规范的绩效沟通与反馈机制，向员工及时报告绩效评价和对比信息，可以促进员工改进绩效，并为其提供指导和帮助，同时激励员工不断学习，自我管理，创造职业生涯的新辉煌。

在一些企业实施绩效管理中出现的诸多问题，其本质和根源是绩效考核在企业实践过程中，更多地被作为工具来使用，而忘记了其管理本质是为了促进企业战略目标的达成。在使用不当的企业中，绩效考核反而会成为一把双刃剑，失去其目标管理和激励管理的本质，把管理者和员工导向“一切向考核看齐，为考核而考核、为管理而管理、重结果，轻过程”的误区。同时，一些企业的管理理念并不稳定，反映在人力资源管理部门思路不清，尤其是管理者没有意识到人力资源的管理主体实际上是管理者本身，绩效考核的主体也是管理者自己，而非人力资源管理部门。如果企业管理者真正领会了绩效考核的实质，就会全力支持和推动绩效考核在企业中的运用，让人力资源管理人员得以大胆推进，高效完成。

解决这类问题的关键是必须重新梳理经营管理理念与绩效管理思路，让各级管理者明确自己在绩效管理中的责任，理解绩效管理主体的要求，从思想深度理解绩效管理不是填考核表、应付打分和分布统计这些过程中的事务，其本质是要通过目标管理、计划管理、过程管理、沟通管理、激励管理来达成组织绩效，全面提高员工的工作能力、促进企业发展战略的实现，同时深刻理解每个绩效管理工具背后的管理含义，以积极心态来运用和推进绩效管理制度。

20

宾客第一，员工也是第一

——希尔顿集团多方位绩效评估方法

◎ 企业背景

希尔顿国际酒店集团，为总部设于英国的希尔顿集团公司旗下分支，拥有除美国外全球范围内“希尔顿”商标的使用权。与希尔顿酒店管理公司组合的全球营销联盟，令世界范围内双方旗下酒店总数超过了 2 700 家，其中 550 多家酒店共同使用希尔顿的品牌。希尔顿国际酒店集团在全球 80 个国家内有着逾 71 000 名雇员。

创始人康拉德·希尔顿（Konrad N. Hilton，1887—1979）是美国旅馆业巨头，1887 年生于美国新墨西哥州，第一次世界大战期间曾服过兵役，并被派往欧洲战场，退伍之后经营旅馆业。希尔顿经营旅馆业的座右铭是：“你今天对客人微笑了吗?”这也是其所著的《宾至如归》一书的核心内容。

美国希尔顿饭店创立于 1919 年，希尔顿从德克萨斯州小镇的一家 40 间客房的酒店开始起家。希尔顿于 1925 年开设首家以希尔顿为名的酒店时，就已立志将其打造成德克萨斯州最好的酒店。在其坚定承诺、卓越领导以及创新精神的带领下，如今，希尔顿已成为全世界最受推崇的酒店品牌之一。在不到 100 年的时间里，从一家扩展到 550 多家，遍布世界五大洲的各大城市，成为全球最大规模的饭店之一。如今，希尔顿的“旅店帝国”已伸延到全世界，希尔顿的资产已从 5 000 美元发展到数百亿美元。

2005 年 12 月 29 日，酒店及博彩业公司希尔顿集团（Hilton Group）宣布以 36 亿英镑（合 62 亿美元）向美国希尔顿酒店公司（Hilton Hotels

Corporation）出售其酒店业务，该交易使这两家希尔顿公司在1964年分拆后重新走到一起，希尔顿酒店公司集中关注美国业务，而希尔顿集团则把主要精力放在其他国际市场上。

希尔顿酒店集团以“微笑服务”为理念，以打造“宾至如归”的奢华舒适体验为目标，包括希尔顿酒店、华尔道夫酒店、康莱德酒店、希尔顿逸林和希尔顿花园酒店等12个品牌。希尔顿荣誉客会是这些酒店品牌共同推出的一项宾客忠诚计划，拥有3 400万名会员。在十二大品牌中，作为业内最负盛名的希尔顿酒店及度假村，更是时尚现代的全球酒店业典范，其利用智能设计、创新餐厅理念、热情周到的服务以及对全球社区的承诺，让旅行变得更加轻松。

希尔顿在中国的酒店业务发展规模不断扩大，1988年，上海希尔顿饭店开业，标志着希尔顿集团开始进入中国市场。进入新世纪，随着中国饭店市场日渐庞大，美国的希尔顿饭店公司收购了英国的希尔顿国际，希尔顿品牌成为统一实体后，集团发展战略重点开始转向亚洲市场，尤其是中国市场，希尔顿加速了其在中国市场的扩张步伐。北京成为世界上第一个拥有全部三个希尔顿国际品牌的城市，包括豪华型饭店康拉德、高档饭店希尔顿和面向中端市场的经济型饭店斯堪的克。2014年年底，希尔顿公布了一项计划：未来3～5年，旗下三星级酒店品牌欢朋（Hampton）将在中国开设400家酒店。从数量上，欢朋将成为希尔顿在中国市场上开店速度最快的酒店品牌。截至2015年年底，中国大陆已有20家希尔顿国际酒店。

◎ 典型案例

在最新的美国顾客满意指数（ACSI）调查中，希尔顿位居酒店业的榜首。这项调查是随机选取顾客，调查顾客对产品和服务的满意度，以及对产品和服务价值的评估。在近几年的榜单中，希尔顿都是高居榜首。业内专家称，希尔顿登上顾客满意指数之巅一点也不出人意料。为了完善客户服务，希尔顿集团每年花费数百万美元来培训、奖励员工，不断对员工进行绩效评估并发现问题。

一、多方位绩效评估

希尔顿集团对员工从多方位进行绩效评估，人事主管和培训主管每隔一定时期就对员工进行专业技能的培训和评估、奖励员工。长期坚持，循环反复地做好这项工作，以保证员工保持高涨的工作情绪和高质量的服务。员工评估的基础是取决于对员工、管理人员和企业的信任程度，除非评估是严格量化的，否则很难实施。事实证明，这种评价方式的一大优点是在短期内可以有明显的业绩预期。

希尔顿集团要求所有服务工作都要有一个标准，以此检查评估员工的工作表现，对每个客房都有专人做检查报告，对有所疏漏的问题，首先进行处理，再考虑追究其责任。希尔顿集团的管理者认为，饭店的规章制度不仅约束了员工的行为，也影响和控制了饭店员工的群体行为，并由此形成了饭店内部的一种群体观念和力量，即所有员工必须认真对待每一位客人，向客人提供最佳的服务。

二、完善的评分系统

为了保证员工对顾客进行高质量的服务，希尔顿集团及其下属酒店的人力资源管理部门和高层制定了一系列的标准来开展对员工的绩效评估。在开发一种业绩评估体系时，希尔顿的人员必须首先明确打分行为的目的。评分系统主要有三种：性格评分、行为评分和结果评分。

1. 性格评分。性格评分主要用于评价员工的个性，评分依据因素包括：对企业忠诚度、交流沟通能力、对主管的态度、团体工作能力、决策能力。性格评分的业绩评估在法律上不能作为证据，因为评分基础是个性倾向，而不是工作业绩。

2. 行为评分。行为评分评价员工的行为而不是个性，如评估员工对客人的热情程度、是否乐于帮助客人、接受客人的小费是否会致谢等。酒店运营中一般很强调员工对客人的行为，以及对其他员工的行为，这与员工的工作职责同样重要，因此行为评分在酒店企业中会经常使用。行为评分结果较性格评分结果更经常地成为法律证据，因为行为评分与工作表现有直接关系。

3. 结果评分。有些员工可能在行为评分中得分较低，但在结果评分中的成绩却不错，如有些员工的行为虽然与公司标准不符，但由于其结果是得到了客人的褒奖，因此在结果评分中反而可能获得高分。有些经理可能会过分重视结果而忽视了行为和个性，如根据一定时间内的接待客人量对前台服务人员进行业绩评估时，评分的结果可能是接待人数多的员工得高分，接待人数少的员工得低分。但是，接待客人多的员工，可能因为在压力下工作，没能给客人留下良好的印象，不能对客人进行区别对待，使酒店丧失了未来的销售机会。餐厅经理在结果评分时也会面临同样的问题，在一个特定时间段内服务的客人越多，是不是就等于表现得越好呢？怎样对员工的工作业绩进行比较？如果结果评分只是对总销售量进行打分，则服务客人最多的员工就能获得最高分。经理决定使用哪一种评分方法是一个复杂的决策过程，有些情况下工作决定了评估系统的选择，如厨师考核适合于结果评分法，而有些情况下则应将上述三种方法结合起来运用才能获得良好的效果。

希尔顿酒店每年都会调查员工工作的满意程度，酒店关注的不是有多少员工对目前的工作感到满意，而是关注有多少员工对工作不满意，为什么不满意。酒店尊重员工对工作的态度，一方面为了留住人才，另一方面要照顾员工情绪，以保证员工对顾客的服务质量。在希尔顿的发展历程中，即使在经济危机的时候，酒店亏空，而员工脸上始终挂着微笑。因为希尔顿一贯坚持的用人之道和对员工的尊重，足以保证员工的笑容是发自内心的。就像希尔顿对员工的承诺：我们仰赖员工提供给顾客所期望的优质服务，相反我们也努力为员工谋取福利，我们的目标是最大限度地开发员工的技能，给其提供全方位发展的机会，达到最高满意度。

三、评估环节与方法

一些具体的评估环节与方法，即是对结果评分的细分，也是对考核过程公正性与客观性的控制与保证。

1. 自我评估。在结果评分时，待人宽、待己严的原则可能不适用。有研究表明：自我评分并不比别人评分更严格，也有研究结果说明只有员工具有很强的自尊时，评分才可能接近真实。但不管怎样，这种评价方法能为确立培训和发展目标提供依据。

2. 顾客评估。开始时，酒店经理认为顾客评分是最好的评价方法，因为顾客的满意是服务的最终目标，顾客评分也有助于明确培训需求。但是，收集准确的顾客评分是很困难的，很多客人根本不填顾客意见卡，除非其对服务特别不满或特别满意，造成的结果是顾客评分可能强调两极，而不是一般水平。另外，在资料处理时也很难将顾客评价结果和具体的工作要求关联起来，即这些评估是不能用于法庭举证的。不过如果顾客评分和其他评价系统结合起来使用，则可以取得较好的效果。

3. 360 度评估。360 度评估涉及多个评估方：主管、合作者、同事、其他部门员工，甚至顾客和供应商。360 度评估方法在企业界推广速度很快，部分原因是因为团队环境的重要性。这种方法让 4～10 个评估方对每一个评估对象进行评价，包括客观评分和意见叙述。通常评估对象也会进行自评，自评结果连同其他资料一起分发给每一个评估方代表。360 度评估反馈是不记名的，员工不知道是谁做的评价，只知道哪个评价是来自哪一个评估方，主管、同事或者某个合作者。这个方法很有用，虽然不能完全杜绝，但至少可以减少评分的主观偏见性。360 度评估进行前要进行细致策划，在实施时要考虑下列建议：反馈必须是不记名的、保密的，只有公司在一定级别以上的管理人员，才能有权限看到评估者信息。

四、平衡计分法的运用

希尔顿国际酒店是酒店业使用平衡计分卡的先驱及成功典范。1997 年，希尔顿集团率先引入平衡计分卡，平衡计分卡系统成为其实现全球服务一致性的策略性工具，且已成为希尔顿管理哲学相关的组成部分。以平衡计分卡为工具的酒店战略业绩评价，能够从内部和外部、现实和未来、财务和非财务、成果与动因、客观与主观、横向与纵向多个维度作用于酒店，提高酒店的竞争力。

1. 酒店与员工个人平衡计分卡。希尔顿酒店平衡计分卡体系涉及酒店的全体员工，包括管理层、一线员工和总部支持人员。下一层平衡计分卡是支持上一层及酒店整个目标实现的关键，也是使参与其中的每位成员都清晰地了解酒店的远景目标的主要途径。酒店为每位员工设计个人平衡计分卡，并提供具体的培训。酒店的财务目标以及竞争对手的对比指标是由酒店总经理和集团总部的高级经理在希尔顿的年度工作计划中制定，非财务目标则是按照上年度业绩的增长情况来制定。

2. 不同色彩的运用。为简化并提高沟通效率，希尔顿酒店建立了类似交通信号灯一样的视觉识别体系，每项经营业绩除了量化的数字表示之外，还按照达到、未达到、严重落后于既定目标，分别用绿色、黄色和红色表示。这些颜色标记被广泛运用于各种各样的管理图表，对此，管理人员可以一目了然地掌握各项指标所处的状态。

3. 关键业绩指标。关键业绩指标（KPI）是根据酒店的具体特点而设定的。希尔顿酒店设立了一些各成员酒店可以通用的关键业绩指标，包括：每间可用房收入、市场收入指数、宾客意见卡、宾客满意度跟踪调查、管理团队调查、服务暗访结果，以及标准执行情况，借此评估每个成员酒店之间服务的一致性。同时，还要将本酒店实际与本酒店基准、主要竞争对手水平、行业先进水平等进行分析比较。

4. 平衡计分卡系统的实施阶段。平衡计分卡系统的实施，包括衡量、分析、计划、管理四个阶段。衡量阶段需要确定业绩数据的来源和确立数据录入的方法，并确定衡量业绩目标的定义、汇总期间和注释等。分析阶段是在充分、可靠数据的基础上，运用各种直观图表从不同角度对业绩数据进行处理，识别出促进和制约战略目标实现的因素。计划阶段是指各项行动措施和资源分配的过程。需要了解目前的各个项目及其人财物投放是否与企业的经营战略一致，每项措施和计划应该与计分卡的业绩挂钩，应该成为推动业绩增长的动因。管理阶段是利用平衡计分卡系统严密的逻辑结构体系，基于组织整体状况，审视各项业绩指标的变化并寻求对策的过程。

◎ 分析参考

不仅要做得最好，还要做得最大

希尔顿集团的文化内核是：宾客第一，员工也是第一。在这种文化内核基础之上，构筑起了希尔顿集团的领导体制、组织机构、规章制度，并整合出希尔顿酒店的管理理念、员工的价值取向、行为准则等，创建了良好的制度及浓郁的文化氛围。希尔顿酒店注重员工利益，无论是在物质利益，还是在精神利益方面，都希望最终能把关怀转化为对企业与品牌的忠诚。通常，在酒店文化的三维逻辑中表现为：企业对顾客的承诺；企业对员工的承诺；员工对顾客的承诺。而最后的表现则为：企业为员工创造价值；员工为顾客创造价值；顾客为企业创造价值这样循环的价值链。希尔顿酒店深谙此理，在制度制定中注意调和这三者的利益与矛盾，让管理文化氛围显得十分和谐。

在多数企业中，都制定有系统和严密的规章制度，硬性的规章制度通过企业的种种方法与途径，让员工自觉或者不自觉地接受软性的对顾客的服务理念。习惯后，员工就会将精确的服务视为责任并为之自豪，从而产生十分巨大的潜力。希尔顿集团实行的一套严格的服务质量监控制度，以及连锁经营服务质量评审制度，把不符合希尔顿酒店服务质量标准的员工淘汰，从而保证了希尔顿品牌始终如一地保持在高水平上。

作为促进希尔顿员工培养和使用、竞争和流动、激励和约束的重要手段，在设计绩效考核制度时，希尔顿注重突出重点，以促进所有员工都能够接受酒店的管理理论：任何酒店里没有不受约束的员工；每一位员工作为酒店的一员，必须接受动态的、经过横向平衡的考核；考核的内容是全方位、多角度的，是对既定目标和履行职能的全过程检查，使员工确信其结果将成为正式绩效评估的依据，并且是记录在案、有据可查和长期产生影响的。借助评估、培训以及奖励计划，希尔顿一直都在尽力使自己的客户服务更加完美。希尔顿的努力没有白费，在美国酒店业顾客满意指数榜上，希尔顿处在首位，每间可用房间都创造了不菲的收入。在客户服务方面，希尔顿集团都是如今全球酒店业的龙头，成为其他酒店效仿和学习的榜样。

在推行严格的绩效考核过程中，希尔顿集团注意控制考核本身存在的不完善之处，并不断加以改进，力争把考核中出现的缺陷降到最少。在行为评分中可能存在有这样的缺陷：行为评分能接受很多完全不同的行为，而行为评分对行为的规定却缺乏灵活性。例如，酒店评估系统把某些行为定义为可接受范围，即为了企业的利益，员工必须展示定义范围内的行为。当管理人员在对餐饮服务员进行评分时，却时常遇到难题，因为有些行为不在评分的范围内而客人常要求这种行为，尽管服务员的行为与公司标准不符，但客人很喜欢这名服务员的服务。如果经理严格按照公司标准，这名员工可能得分很低。因此，在实际的绩效考核中，当餐饮服务员的行为评分不太如意，但恰恰遇到这名服务员又是顾客喜欢和满意的服务员时，就要进行个案分析，或者调整行为评分的定义，或者加大顾客意见的权重。

尽管360度评估在企业管理中非常流行，但其同样存在有局限性。例如，评估方意见出现明显分歧时应该如何处理与整合；评估处理时间较长、管理相对较复杂；当要求管理人员和员工学习一种新系统时，就意味着增加了培训费用。使用任何一种新系统都可能带来“霍桑效应”，即短期的改进可能是由于系统变化的原因，要使用一段时间以后才能证明系统的真实效果。不过大多数使用这个评估系统的企业都认为这个系统不错，并因此根据其评估结果决定奖励、提升和辞退员工等操作。在对360度评估的不足进行有效控制之后，希尔顿集团在各家酒店中普遍使用这一评估方法，并取得了良好的效果。

希尔顿品牌的创始人希尔顿先生认为：酒店就是一个服务和接待的行业，为了更好满足顾客的要求，除了到处充满微笑外，在组织结构上，尽力创造一个尽可能完整的系统，成为一个综合性的服务机构。因此，希尔顿集团在各大酒店里，除了提供完善的食宿外，还设有咖啡室、会议室、宴会厅、游泳池、购物中心、银行、邮电、花店、服装店、航空公司代理处、旅行社、出租汽车站等一套完整的服务机构和设施。客房又分为单人房、双人房、套房和为国家首脑级官员提供的豪华套房。餐厅也有高级餐厅和便捷的快餐厅。所有的房间都有完善的室内设备，如酒柜、电话、彩色电视机、收音机、电冰箱等，使旅客有一种“宾至如归”的感觉。希尔顿酒店能够想到的服务，都在一些具体的酒店设施中一一落实，因此希尔顿酒店成为美国高星级酒店配置的细化标准，令其他宾馆酒店纷纷模仿与学习。

为了突出强调服务的重要性，希尔顿集团在自己拥有的成员酒店以及特许经营酒店中，形成定期奖励员工的制度，让员工到其他城市希尔顿酒店去体验当宾客的感受，亲身体会在怎样的服务环境中才能得到满意，反省自身管理与服务中的不足。希尔顿借助评估、培训和奖励制度来培育优秀员工，员工以在这样的酒店工作而自豪，这种自豪感都会直接体现在员工快乐的心情上。员工在工作时充满喜悦，就能感染到宾客，让宾客除了有被尊重的感受以外，更感受到酒店给其带来的快乐。

在绩效评估之后，希尔顿集团还设计了一些让员工表彰同事的活动。有一项计划称为“骄傲之心”，由员工选出所认为提供了最佳服务的同事。荣誉获得者除了获得一张350美元的支票，还可以享受荣耀：祝贺的标语、音乐、卡片，还有公司总部打来的祝贺电话。如果这个荣誉的获得者出现在特许酒店中，这个奖励计划的成本是与特许经营商分摊的。在这一计划上，希尔顿集团每年的支出为50万美元，将来这个计划的支出可能会超过100万美元。

希尔顿集团把绩效估计视为持续改进服务质量的手段，正如酒店经营中需要细致入微的服务一样，管理者把酒店实际使用的评估过程与方法不断细化，让员工切身体会到其用心良苦与服务导向。在酒店的关键业绩指标（KPI）设计中，涉及每间可用房收入、市场收入指数、宾客意见卡、宾客满意度跟踪调查、管理团队调查、服务暗访结果，以及标准执行情况，借此评估每个成员酒店之间服务的一致性。同时，还要将一家酒店实际运行情况与本酒店原有的基准数据，以及主要竞争对手水平、行业先进水平等进行分析比较。在这样的评估结果与分析中，能更容易让一家酒店的管理者、部门经理、各主管和服务员看到自己的差距，以及与最高评分和平均分值之间的差别。或许，在看到结果的第一时间，相关人员就已经知道应该从何处着手进行改进，而这正是绩效考核所要追求的效果。

一家好的企业，总有许多成功的经验，当在市场、营销、服务、管理、财务、人力资源等方面都表现出色时，自然就会成为这个行业的标杆企业。在连锁经营的企业中，管理制度与服务标准的统一性，更是考验管理者掌握全局的经营能力。希尔顿集团希望自己不仅要做得最好，还想在同行业中做得最大，但愿多方位绩效评估体系可以帮助其实现这一愿景。

21

绩效管理不是万能的

——索尼集团创新之路受阻的警示

◎ 企业背景

创建于 1946 年的日本索尼公司，曾经创造了无数辉煌。1945 年，日本东京成为一片废墟，井深大在东京日本桥地区的百货公司仓库成立“东京通信研究所”。盛田昭夫在井深大的邀请之下加入共同经营，研究所获得盛田酒业 19 万日元资金，于 1946 年正式成立“东京通信工业株式会社”。井深大在其公司成立意旨书中期望：“要充分发挥勤勉认真的技术人员的技能，建立一个自由豁达、轻松愉快的理想工厂”，期待成为“工程师的乐园”。

索尼集团目前是一家全球知名的大型综合性跨国企业集团，世界最大的电子产品制造商之一、世界电子游戏业三大巨头之一、美国好莱坞六大电影公司之一。进入 21 世纪，尽管索尼公司的品牌因电子业务上的弱势呈现出了明显的贬值，但在 2010 年的权威机构的调查中，索尼公司的品牌在亚洲品牌 500 强中仍然位列第一；2015 年 9 月 21 日，在香港揭晓的 2015 年《亚洲品牌 500 强》排行榜，索尼名列第二。可见，索尼曾经的辉煌在消费者的心中已经留下了难以消除的烙印。20 世纪 90 年代中期，索尼引入美国式的绩效主义，也就是中国企业所熟悉的“绩效薪酬制度”，不料这一制度扼杀了索尼的创新精神，最终成为导致索尼在数字时代失败的众多因素之一。

2003 年春天，索尼公司一个季度出现约 1 000 亿日元的亏损，市场上出现了“索尼冲击”，公司股票连续两天大跌。2005 年索尼提供的 CCD 摄像元件质量缺陷导致七大日系数码相机厂商出现质量问题；2006 年的笔记型电脑锂电池全球召回事件，问题电池事件直接导致索尼 2006—2007 财年的利润预期下调 62%，更换电池的费用将达 510 亿日元。2007 年 3 月进行年度结算时，游戏机部门的经营亏损将达 2 000 亿日元。2008 年索尼 FZ35 款笔记本电脑的主板被爆存在设计缺陷、CR 系列笔记本被指出现短命现象。2009 年质量问题涉及产品线扩大。进入 2010 年，市场针对索尼产品的投诉又进入高发期，索尼公司陷入了前所未有的困境中。2014 年 9 月 17 日，由于移动通信领域业务持续不景气，日本索尼公司 2014 财年净亏损额扩大至 2 300 亿日元（合 21 亿美元）。这也意味着在过去七个财年中，索尼有六个财年未能实现盈利。为了配合业务大重组，索尼变卖了一些非核心资产和地产，2014 年 3 月 7 日，索尼集团以 161 亿日元的价格将其位于东京的旧总部以及附近的一座大楼出售给住友不动产公司。

索尼（中国）有限公司于 1996 年 10 月在北京成立，作为在中国的地区总部，从事电子信息行业的投资、产品市场推广、顾客售后服务联络，并针对索尼在中国的各所属企业进行宏观管理及业务支持。索尼在华的电子业务规模到达到 50 亿美元，总投资额已超过 8 亿美元，包括六家工厂在内，索尼在华共有约一万名员工。2015 年 1 月 28 日，索尼集团宣布计划对智能手机业务再裁员 1 000 人，此次裁员主要波及欧洲和中国。

◎ 典型案例

索尼集团导入美国式绩效主义的起点是 1994 年，其标志则是重新制定“公司制度”。索尼集团将原来的事业部制改革为公司制，即把业务单元改造成独立公司，提出其负责人要对资产负债表和损益表负责，并拥有权力投资新业务。这时的索尼，总部就像一家控股公司，负责新业务投资和整体协调；在公司体制下，索尼把计划和产品开发人员从总公司分散到每个公司。与“责任、权力、资源下沉”相配套，索尼集团同时全面导入“绩效薪酬”制度。

在进行这项改革前，索尼集团考核业务单元负责人的是两个指标：“收入”和“利润”。改革后，除了这两个指标外，还有“ROE、ROA、Cash Flow”等类上市公司考核指标，并将这些指标完成情况与经营者收入挂钩。索尼集团总部给每一个公司规定10%的资金成本，任何一项投资，要求ROI必须超过10%这个底线。

1998年，索尼集团更进一步，考核重点变成了“股东价值”，以及EVA指标，将EVA与管理者的薪酬挂钩：业务单元管理者奖金，50%由公司业绩决定，25%取决于索尼整体业绩，剩下25%由个人目标管理来决定。在各公司内部的员工层面，则导入绩效考核机制，并将考核结果与个人奖金和晋级相联系。索尼集团当时采取“公司制度”的目的，就是为了激发业务单元的主动性、积极性，鼓励员工们承担完全的经营责任，抓住“从模拟到数码”技术大转型的机会，希望能够继续领先全球的消费电子行业。

在索尼集团制度和绩效薪酬的改革初始阶段（1995—1998年），确实达到了董事会期望的“刺激收入、增加利润”的目标，1997—1998年连续两年收入、利润大幅增长，这是历史上绩效最好的两年。但是，这些收入和利润仍然是“模拟技术产品”带来的。好景不长，1998年之后，随着数字技术快速取代模拟技术，索尼产品开始陷入了衰退和亏损。究其原因，与当年的管理模式改革导致的负面作用有直接关系。

索尼集团的各分子公司总经理要“对投资承担责任”，而且投资的ROI不得低于10%，这就使其不愿意投资风险大，但是对未来很重要的技术和产品，而更愿意做那些能够立竿见影又没有较大风险的事情。如VAIO电脑，其意图是通过把音响与视频功能整合，引发个人电脑革命——将其打造成划时代的、能够像当年Walkman一样有轰动效应的“娱乐电脑”。但是电脑业务部门有短期利润压力，集中资源就用在开发下一个季度挣钱的产品上，而不是更具创意、也更不确定的VAIO身上，结果VAIO变成了一款反应平平的“Me Too”产品。

每个业务单元都变成独立核算经营公司，当需要为其他业务单元提供协助而对自己短期并无好处的时候，在这种体制下员工便会没有积极性去提供协作。2001年，索尼集团希望推出一款融合产品“Cocoon”，是一款可以把电视节目录制到其所带的DVD的硬盘上。这个全新的产品的开发涉及电脑部门、电视部门、DVD部门还有Cocoon产品部门自己。结果DVD部门不支持，Cocoon只好在不带DVD功能的情况下上市，根本卖不出去。DVD部门之所以不支持，因为担心Cocoon上市后会挤占其传统DVD产品销售。

索尼集团公司体制的问题在于“分权过度”，索尼集团的子公司都有自己的董事会，有独立的投资权、财务权和人事权，其负责人要对资产负债表和损益表负责，并拥有权力投资新业务。在过度分权的影响下，各业务单元会热衷于对短期业绩有利、不确定性较低的业务进行投资，而对未来不确定性高、风险大的突破性创新业务没有积极性，以至于面对行业大变局的关键时刻，企业内部未能形成“有组织的努力”，未能在战略成败的关键点上形成合力。这种彻底的“分权”体制，使集团总部的战略职能“悬空”，监管和协调功能“失调”，导致索尼在行业转型时期，也就是创新成功更加依赖“协作”而不是“分工”的时期，丧失了创新的能力和转型的机遇。等到索尼集团最终明白这一点，并试图废除“公司制”的时候，由于组织习性已经养成，错失最好的变革时机。

让索尼集团陷入困境的因素有许多，但还是有不少人把矛头直接指向索尼集团推行的绩效管理体系。从索尼集团开始全面实行绩效考核之后，尽管集团的绩效在初短期内大幅度增长，但在绩效管理常常处于“吃力不讨好”的尴尬境地，员工失去了技术创新的动力和兴趣，企业由此失去了技术创新的活力，索尼是以电子产品为主的企业，面对如此激烈的市场竞争环境，失去良好的技术创新机制和氛围，其后果必定是致命的，甚至是无法挽回的。

当把绩效考核的结果作为支付薪酬的依据时，绩效管理与企业员工的技术创新动机之间就存在着必然的矛盾。将考核结果用于薪酬体系中，以获得“鼓励先进，督促后进”的效果是绩效管理的重要环节和目的。但是，由于考核目标的微观性、短期性，与技术创新的长期性、风险性存在着天然的矛盾，当技术人员被微观的、短期的绩效考核目标束缚住以后，为了获得短期的绩效和薪酬利益，没有人会愿意冒风险投入大量的精力去进行技术创新，这就是绩效管理中的目标考核与技术创新之间的矛盾。

绩效管理中的量化考核沿袭的是“以结果论英雄”的思路，这样的思路比较适用于工作成果比较单一、比较容易量化的岗位，特别适用所谓“计件”工作制的岗位，而对技术人员、管理人员，特别是高级管理人员，其适应性就比较差。因为工程技术人员、管理人员的工作成果往往在短期内无法从结果上进行量化考核，尤其是具有战略意义的技术创新行为、管理行为往往在短期内是“吃力不讨好”的，先期进行大量投入是技术创新、管理创新的常态。如果用已经分解的短期目标来评价技术岗位和管理岗位的员工，并且将结果与其薪酬挂钩，则势必没有人会愿意做眼前“吃力不讨好”而以后效果不确定的事情，哪怕那些事是与企业战略完全一致的必须要做的事，出于现实的考虑，技术人员和管理人员都不会去做。

在对无法衡量结果的岗位进行考核时，常用的考核工具是360度考核，其基本考核方法是：由被考核者上级、同事、下属和与被考核者相关的客户分别对被考核者进行评价，被考核者自己也可以进行自我评价，然后再由专业人士根据上述评价向被考核者进行反馈等。不过，这些评价均为主观性的，其客观性和公正性是非常值得怀疑的，对于无法在一定时间内衡量结果的岗位，考核往往无法量化，绩效管理与考核就会遇到难以逾越的障碍。

绩效管理运用于企业薪酬管理体系时，其主要的价值取向是一种等价交换，即：业绩和报酬直接挂钩。在西方，等价交换的理念已经深入人心，换句话说，等价交换已经成为西方人衡量公平性的一种文化。因此，西方在绩效管理中自然显得较为顺利。但是，东方人有着和西方人不一样的价值观，许多忠诚度高的员工恰恰不愿意与企业在薪酬方面锱铢必较，甚至有的员工以“工作的基本目的就是为了挣企业的钱”为耻。这类员工因深受“重义轻利”的东方文化的影响，往往忠诚度非常高，因而导致其对企业的管理环境要求也较高，从而愿意不计报酬地为企业的长远利益做出奉献。在某种意义上，这类员工是企业的宝贵财富。但是，在绩效管理中，将考核的结果用于薪酬、升迁却极大地伤害了这类员工的感情，如果在考核中出现这类员工认为不公平的现象，则极有可能导致企业与员工之间、员工与员工之间的不信任和抵触，从而影响企业的稳定，对企业的文化建设更是造成了挥之不去的阴影。

如今，索尼集团的员工已经没有了自发创新的动机。究其本因是因为实行了绩效主义。绩效主义就是：“业务成果和金钱报酬直接挂钩，职工是为了拿到更多报酬而努力工作。”如果外在的动机增强，那么自发的动机就会受到抑制。过去人们都把索尼称为“21世纪型企业”。具有讽刺意味的是，进入21世纪后，索尼反而退化成了“20世纪型企业”。美国式绩效主义在索尼集团的受挫，给了这家创新型企业以沉重打击，并以此警示其他企业。

◎ 分析参考

处理好战略发展关系，比绩效主义更重要

对于起源于英国官僚机构的考核，以及兴盛于20世纪70年代美国企业管

理中的绩效管理制度，其设计本身有着无法回避的天然缺陷。如果绩效管理用于企业管理时，没有注意到这些缺陷，所谓的绩效管理对企业来说就会成为一个不折不扣的陷阱。索尼集团在实现绩效管理体系时，在以下几个方面没有正确处理好关系：

一、绩效管理与企业战略并不吻合

绩效管理体系的运用，必须充分考虑到企业管理中的其他因素，绩效管理的落脚点是将具体的考核指标用于绩效考核，而考核指标的总源头是企业战略，是企业战略目标的层层分解，只有将战略分解为考核指标，才能将宏观的企业战略落实到每一个岗位、每一个员工。战略指标的分解有两个维度：一个维度是时间维度，即：将长期目标层层分解为年目标、季目标、月目标、周目标乃至日目标；另一个维度是定量目标维度，即：将战略目标分解为财务目标、客户目标、内部管理目标、学习创新目标等。

这些具体的目标是否与企业战略相一致，取决于企业中的所有人员，特别是各级管理人员对企业战略的理解，对企业战略与具体的指标之间关系的理解，在管理技术层面上依赖于对战略理解的深度和水平，从更高的层面上说，依赖于企业文化的建设，如果只有具体的考核指标，没有深入人心的与企业战略高度一致的企业文化的指导，而想让具体的考核指标和考核行为与企业战略保持一致十分困难。

二、激情集团与团队精神并没有得到加强

在索尼集团蓬勃发展时期，公司内流行这样的说法："如果你真的有了新点子，那就背着上司把它搞出来。"也就是说，与其口头上说，不如拿出真东西更为直接。在实现绩效管理体系后，曾经创造了索尼辉煌业绩的"激情集团"与团队精神都受到了削弱。所谓"激情集团"，是指公司中那些不知疲倦、全身心投入开发的集体。在创业初期，这样的"激情集团"接连不断地开发出了具有独创性的产品，最让人佩服的是，"激情集团"能点燃技术开发人员心中之火，让其成为技术献身的"狂人"。

"建设理想的工厂，在这个工厂里，应该有自由、豁达、愉快的气氛，让每个认真工作的技术人员最大限度地发挥技能。"这正是索尼创立的宗旨。从这个意义上说，索尼集团失去活力，就是因为实行了绩效主义。绩效主义企图把人的能力量化，以此做出客观、公正的评价，但事实上却相反，其最大弊端则是破坏了公司内部的气氛。上司不把部下当有感情的人看待，而是一切都看指标、用“评价的目光”审视部下。对企业员工来说，需要的是温情和信任。在一些日本企业，即便部下做事情较为出格，上司也并不会过于苛求，并且敢于为部下承担责任。在强化绩效管理之后，大家都极力逃避责任，如此一来就不可能有团队精神。

三、在总体控制与细节处理上发生了偏差

索尼集团在绩效考核中存在的弊端主要表现在过于注重绩效考核结果与薪酬的关系，“业务成果和金钱报酬直接挂钩，职工是为了拿到更多报酬而努力工作”，而不再具有过去的奉献精神。为衡量业绩，首先必须把各种工作要素量化，但是许多工作是无法简单量化的。公司为统计业绩，花费了大量的精力和时间，而在真正的工作上却敷衍了事，出现了本末倒置的倾向。由于要考核业绩，几乎所有人都提出容易实现的低目标。同样“因实行绩效主义，子公司内追求眼前利益的风气蔓延。这样一来，短期内难见效益的工作，如产品质量检验以及‘老化处理’工序都受到轻视。”索尼集团不仅对每个人进行考核，还对每个业务部门进行经济考核，由此决定业务部门的报酬。最后导致的结果是，业务部门相互拆台，都想方设法从公司的整体利益中为本部门多谋取好处。

绩效管理之所以被众多企业扭曲为“量化管理”，主要原因是不能全面理解“绩效管理”，“绩效管理”分为“绩的管理”和“效的管理”，“绩”是可量化的（如工作量或利润提高了10%），“效”是不可量化的（如“员工态度非常积极”）。过分强调量化管理，必然重绩不重效，相关的政策自然会引导员工追求短期私利，而逐渐散失了创业之初的激情、团队精神和主人翁精神。要想避免索尼集团面临的绩效管理“困局”，在推行绩效管理时，就应该注意体系的总体设计与操作的细化方法。具体来说：

1. 改变重绩不重效的管理。在设计绩效管理模式的时候，分出“绩”的指标和“效”的指标。绩效管理不能只有绩的指标，必须也要有效的权重。例如，销售额是完全属于绩的指标；而员工经常自动做对公司有益的事情，看上去似乎和企业利润或者控制成本没有关系，但往往很多企业管理者忽略了引导这种氛围的重要性。

2. 管理的范畴既是人，也是事。绩的指标主要针对“事”的范畴界定，而且是针对“人”界定效的政策。例如，A员工今年为企业贡献了50万元的利润，而B员工只做了25万元，但是B员工却培养了某个区域市场，只是效益还未体现，或者在某些能力上有了进一步提升。虽然B现在销售能力不如A优秀，但在综合能力上，却略胜一筹，是企业数年后更加需要的员工。如果只是用绩的标准重奖A员工，那么，就会鼓励员工只追求短期利益。许多企业在发展过程中，流失了大量像B这样的潜力员工，但如果没有设置“效”的政策，就同时重奖B员工，则A员工会认为工作的多与少其并没有过多的联系，就会严重挫伤员工积极性。因此，绩和效两者不可偏废。

3. 发挥企业文化的积极作用。任何管理工具和模式的导入，都必须首先适应企业的文化，然后再在融合中改进企业的文化。如果有些企业的文化原本就非常强调历史问题及和谐员工关系，急于导入绩效管理，就容易产生消化状况，也容易受到员工的抵触，最后的失败就会被归咎于绩效管理。避免绩效管理和企业文化的割裂，可以从三个方面进行改进：一是用企业文化的非量化因素淡化量化因素。多为员工创造舒适氛围，营造家庭气氛，并尽力解决员工的后顾之忧。二是非量化因素是客观存在的。为处理好这些因素，就必须设置自上而下的统一价值观和原则，防止因为没有量化的考核标准，而产生跨越原则的个人标准，给员工以“工作好与坏，上司来判断”的感觉。三是管理者必须时刻强调价值观和不带绩效考核因素的荣誉感、使命感，并寻求亮点，设置奖励标杆。例如，设置非量化激励的原则，并给予各级管理人员一定的评价空间。A员工比B员工更加有成效，但是B员工总是会将别人下班忘记关闭的电脑关闭，因此获得了敬业奖，以此鼓励员工的主动负责精神，引导形成良好的员工行为文化。成功的企业应该更注重绩效管理和企业文化的和谐统一。

4. 相信绩效管理并不是万能的。优秀团队的基本要素是成员之间的信任，而不是团队中个别成员的突出程度，也不是绩效管理机制的完善程度。建立信任所要面对的最大挑战，是如何防止无法避免的个人目标变得具有破坏性。团队内部成员的个人目标或者计划冲突，是破坏团队成员相互信任的主要原因。要建立一个成功的团队，不一定需要聘用一批天才，而是要找到一群可以合作的人，共同分享愿景和利益，设立共同目标，互相信任和共同分担责任。

电子产品行业的竞争，呈现出越来越激烈的状况，当苹果公司的系列产品上市以来，电子行业的竞争已经白热化，索尼集团出现的困境给已经实行全面绩效管理的企业和将要实行全面绩效管理的企业提供了进一步思考的线索——绩效管理对于企业来说，到底是福音还是陷阱？特别是对技术创新要求比较高的企业来说，管理者们应当如何看待曾经被许多管理学家视为“管理宝典”的绩效管理体系，即便是在日本这样拥有极其严谨认真的高素质员工的企业，如果选择了一个并不完全适合自己的管理方式，或者在管理中没有意识到管理问题的复杂性和多面性，同样会面临困境。因此，和所有的企业管理问题一样，绩效管理对企业来说到底意味着什么，这需要企业在实践中认真总结和探索。

22

绩效管理提升员工忠诚度

——安利在中国的绩效管理实践

◎ 企业背景

1959年，两位荷兰移民的后裔在美国密执安州亚达城创立安利公司，安利Amway，原意为American way（美国之路），当时只有5名员工，办公面积仅223平方米，产品也仅有乐新多用途浓缩清洁剂一种。安利公司以直销方式开展经营，第一财年便创下了50万美元营业额的骄人业绩。

1962年，安利在美国之外的首家分公司——加拿大分公司诞生；1971年5月，安利在北美以外的首家分公司在澳大利亚正式开业，这标志着安利已开始跻身国际跨国公司的行列。经过50年的发展，安利已成为蜚声世界的大型日用消费品生产及销售商。公司总部占地10万平方米，集中了安利主要生产设施与产品研发部门。在几十年持续发展过程中，安利一直维持“无贷款经营”的纪录，未曾向银行借贷过资金，足以证明其财务健全及稳健的经营。

2000年，公司将安利（Amway）、捷星（Quixtar）和捷通（Access Business Group）合并成为安达高公司（Alticor Inc.）。目前，安达高公司生产和销售五大系列450多种产品，涵盖了纽崔莱营养保健食品、雅姿美容化妆品、个人护理用品、家居护理用品和家居耐用品等系列。此外，通过邮购目录销售世界6 500种品牌的优质产品。

1992年，安利（中国）日用品有限公司成立，成为国家工商行政管理局批准的全国首批直销公司之一。当时，安利（中国）的办事处面积仅40平方米，只有4名员工。公司用了3年时间进行工厂建设，1995年安利

（中国）开业，在广东及福建两省的七个城市营运，拉开了在中国耕耘发展的序幕，首批推出 5 款产品，深受市场欢迎。2004 年，安利全球第一个营销人员专属培训机构——安利（中国）培训中心启用。

2013 年，安利（中国）年销售额达到 293 亿人民币。2014 年，上海安利体验馆开幕。史提夫·温安洛在出任美国商会主席和美国商会执委会主席等职期间，多次率美商界代表团出访中国。2009—2014 年，德·狄维士总裁已经连续六年出席“中国发展高层论坛”。

截至 2013 年年底，安利（中国）累计获得各类嘉奖超过 6 500 项，其中国家级奖项 388 项。在人力资源管理方式，安利（中国）近年来获得的部分重大奖项包括：中国杰出雇主 2014（杰出雇主调研机构）、中国年度非常雇主 30 强（2014 年，大街网、新浪财经、唯众传媒）、最受大学生关注企业（2014 年，中华英才网）、快速消费品行业十佳心动雇主（2014 年，怡安翰威特人力资源咨询公司）等。

◎ 典型案例

安利公司推行“吸纳人才、培育人才、善用人才、善待人才”的人力资源策略。在安利中国的员工中，绝大部分都是本地员工，外派员工不到 1%，且全部是海外华人。公司不但定期为员工提供培训与发展的机会，还特别注重在培训过程中把安利文化中勇于承担、开拓创新的精神和中国人踏实勤奋、肯于吃苦的传统美德相结合。安利优秀的企业文化和人力资源策略赢得了各界认可。

在经营管理活动中，安利公司要求各业务部门做到“五个明确”并彻底执行：第一，明确每一位员工在公司中的角色与职责，编写一份清晰有效的“岗位职责描述”；第二，明确每一个员工履行职责程度的优劣标准，制订各个岗位的“绩效考核标准”；第三，明确员工的实际业绩与薪酬待遇及职务晋升的对应关系，并让所有员工都知道这种对应关系；第四，明确每一个员工的实际业绩与绩效标准之间的差距，并寻求具体可行的改善方案；第五，明确公司的信息沟通渠道，避免道听途说。值得关注的是，安利有着先进的绩效考评制度，由此产生的人才忠诚度使安利的全球化市场战略的目标得以实现，成为财富 500 强排行榜里最长盛不衰的公司之一。安利的管理人员认为，如果企业文化和组织动力是一家企业前进最重要因素的话，完善的绩效考评就是杠杆。

安利绩效考评机制是建立在突出员工间的伙伴关系的企业文化和明晰的才能要素之上的。安利文化的独特之处在于强调诚信、个人价值、成就和个人责任的同时，突出员工间的伙伴关系。真诚的伙伴关系是安利公司最重要的企业文化。在安利，创始人家族与员工、企业管理层与员工、公司与营业代表之间都体现着这种伙伴关系。

基于企业文化的要求，安利员工除了要有适应其岗位工作的知识技能要求外，还需要具备和企业文化相匹配的七项才能要素：即负责的行动、创新的精神、坦诚的沟通、周详的决策、团队精神、持续学习的态度和有效的程序管理。这是安利公司对全球员工的总体要求，但不同地区又根据当地文化对这些才能要素有具体定义。

安利的绩效考评就是围绕“创新精神”“程序管理”等七项能力和行为要求进行考核评分。当然，这七项才能针对不同职位、不同级别的员工又有不同的具体衡量标准，例如，“坦诚的沟通”对普通员工只要求“做一个好听众，敞开心扉，提供反馈意见时具有客观性”等，对主任级员工的要求是“主动征求他人的意见和评价，并能积极倾听”“能用积极态度解决工作上的冲突”等，对经理级的要求则更高、更具体，分成“鼓励开放的沟通”“影响他人”等，越是高层，要求越高。安利公司把这七项要求做成标准化的表格，考量每一项能力的时候还设定了细致的问题，每一个问题又分成五个等级进行评估。在经理级员工的绩效考评表里，共设计了 16 大类 48 个问题。这样细致的目的，是为了让员工的内在素质吻合公司企业文化，人才能够脱颖而出，并得到最好的激励。

绩效评估表特别强调突出考核“团队精神”和“持续学习的态度”的重要性。在经理级员工的绩效考评表里，这两类问题就有五大方面共 16 个问题。安利的绩效考评不会鼓励“个人英雄”，因为即使有员工的个人能力强、效率高，但如果不善于与人合作，在公司令周围 10 个人甚至更多的人效率下降，这就说明该员工对公司的价值也是有限的。

更为独特的是，绩效考核表的第三部分要求所有主任级以上的员工，在上一年度都要对下一年度工作制定 3～5 个目标，对一年中达成目标的情况考核评分，而这些评估表现的量化得分将决定加薪幅度、升职机会、浮动奖金的数额等。所有这些评估客观、公平、公开，而不是像某些企业通过老板、上司的“主观取向”来决定奖金和机会的分配，从而达到用奖励有效推动业绩的目标。

安利依靠这一套客观标准对每个员工进行考核，在内部保持较为公平的机制，让同等学力、经验、职位和贡献的员工收入水平相当。据业内人士分析，安利的薪酬在行业内并不是最高的，大约在中等略偏上的水平，但公司这一有效的机制保证了薪酬水平对外的竞争性及对内的公平性。安利公司核心的人力资源策略是依靠自己优秀的企业文化，良好的工作氛围，公平、合理的绩效考评制度，从而成为吸引并留住人才的秘密武器。

安利的绩效考评制度，是对优秀员工激励制度的诠释。有研究销售人员绩效考评制度的专家认为，安利针对销售人员设计的绩效考评制度帮助销售人员相信自我、挑战自我和成就自我，使安利的顾客满意度和忠诚度都相当高。所以，安利公司针对销售人员设计的绩效考评制度作为教学案例，曾被美国哈佛商学院收入教材。

绩效考评结果也是安排培训的最好依据，在安利的考评表里，任何一名员工的强项和弱项都一清二楚。依据上年的考评情况，新年中每月份的培训已全部制定安排妥当，以公司所要求的七项才能要素为核心，针对不同职级员工的弱项，安排相关才能要素的培训课程，培训内容包括管理技巧、团队建设、业务技巧、服务技巧等，培训范围覆盖到每一位员工。职位级别越高的员工，公司对其投入的培训时间及资源就越大。

安利公司的员工培训中有“体验安利”课程，内容为：安利的文化价值观、产品和品牌、合作伙伴和业务计划、如何做一名合格员工。通过导师授课、看高层讲话录像和参与讨论，让员工深入理解公司作为，并培养自身诚信、互助团队、追求成就的行为。安利公司认为，优秀的公司品牌如果能从员工的言行中得以体现，那么这些员工自然就会成为安利的代言人，从而产生积极推广企业形象的效果，这与营销代表在一线做产品推广是相辅相成的。

安利（中国）曾委托市场监测机构对安利营销人员进行了一次全国范围的抽样调查。结果显示，在加入安利公司前，有35%的人对生活缺乏信心、被别人瞧不起或自尊心受到伤害；从事安利事业后，有26%的人增强了对生活的信心，改变了生活态度，33%的人认为丰富了自己的知识，提高了个人能力和自身素质，而这一切都应该归功于安利完善的绩效考评系统和培训体系。

从结果来看，安利的绩效考评无疑是成功的，但并不是没有争议。有专家提出，每个人对绩效的理解不一样，安利的绩效考评没有统一的标准，而且问题分散，容易造成偏差。安利也已经认识到了这些问题，同时已经采取了一些补足措施：首先是针对不同的业务部门有不同的侧重。例如，财务部门注重分析能力的考评，而对业务部门的营销人员则注重对其团队合作和人际沟通能力的考评；其次是人力资源部门对各个部门给出了考评指引，要求每个部门能把60%的员工划分在3分，20%～30%的员工处在4～5分，10%～20%的员工则在1～2分，从而对评分结果进行了有效的平衡。对于最终结果依然失衡的部门，人力资源部会进行内部平衡和部门间的再沟通。

安利（中国）员工队伍的和谐稳定和保持活力，是许多企业少有的，近年来员工的流动率只有10%左右，经理人员在8%，低于12%～14%的市场平均值。在“最佳雇主”评选的几项主要调查指标中，员工对工作环境的满意度、了解组织及组织的期望、公司的使命感及方向感、自豪感等考量指标都达到了国内公司的最高水平。特别是对于工作氛围和内部沟通的满意度，公司领导层自评的结果和对员工们调查得出的结果更是一致。

◎ 分析参考

改进绩效考核管理，提升公司发展能力

在公司内部推行和实施绩效考核制度，不是为了考核而考核，而应该是基于公司发展战略，通过对员工的绩效考核，达到发现问题和解决问题，促进公司提升经营业绩，保证可持续发展的最终目的。因此，企业中的绩效管理必须得到足够的重视和应用。安利（中国）正是通过绩效考核这一杠杆，促使企业文化和组织能力成为公司可持续发展的动力。安利公司推行“吸纳人才、培育人才、善用人才、善待人才”的人力资源策略，其优秀的企业文化和人力资源策略赢得了各界认可，多次被评为“最佳雇主”“员工信得过企业”“最青睐的雇主”等奖项。

对于中国的大多数企业而言，引进绩效管理概念和方法的时间并不久远，因此就更需要根据业绩管理规划，结合公司当前的“业务目标和管理重点”，进一步优化和深化全面绩效考核制度的管理，以业绩结果为导向，提高公司的组织效率和执行力，提升企业发展所需要的核心竞争力，通过绩效考核体系的建立，确保企业的可持续发展。

企业的绩效考核制度，应该根据不同群体的工作特性，设计相应的考核指

标、权重、方式和时段。针对不同的人员，采用不同的考核周期与方式，具体可以分为：企业一线员工实行二级考核办法，月度考核加年度评估；对企业职能部门中的一般管理人员实行年度考核；对中层管理人员实行季度汇报小结、年度考核；对于见习转录用、试用转正式、轮岗晋升的员工则可以根据不同群体的特性，设计相应的能力评估内容、评估人范围、人数等，考核可以采用面谈与书面考核相结合的方式，适时进行。

在每年的年初，企业人力资源部门应该对绩效考核办法做适度调整和改进，以便更切合本企业的实际需要。有过初步绩效考核经验的企业，在以往的改进措施上主要表现在：季度考核改为月度考核，修正不合理考核指标，成立考核领导小组等措施，这些措施在实施过程中，对员工激励的及时性、公平性等方面均取得了一定的效果。借鉴安利公司的有效经验，可以考虑在以下五个方面进行突破和改进，使绩效管理工作变得更为有效。

一、考核指标与权重的改进设计

从许多企业的绩效考核结果来看，考核指标与权重的设计往往不尽合理，无法取得与当初设定时预期所达到的效果。例如，有些考核指标可能全年都没有人失分过，对这类指标可以考虑适度提高考核要求与难度；有些考核指标的主责原本在管理层，对全体员工进行考核则有失公允；有些指标则太容易掌控和达到，激励性不强。同时应该意识到“量化”并不是设定绩效考核指标的目标，达到良好的效果才是真正的目标。

【改进方案】

考核部门员工要多收集各业务部门的反馈意见，重新设计各级人员的考核指标。指标体系可以分成业绩指标和修正指标两部分：业绩指标量化可分为基准指标（下限）、冲刺指标（上限）；修正指标指能力指标、态度指标、安全指标、最终效果等。员工考核要与公司整体运营业绩、利润情况做适度挂钩，但不能成为唯一指标。根据不同岗位和职级，绩效考核必须设置不同的权重。在考核方法上要以关键业绩指标为主，修正指标则可以通过360度评估方法获得更多的评估意见。在考核指标选择时也可以采用平衡记分卡设计理念，从财务面、客户面、内部业务流程、学习和成长四个方面进行，同时评估员工个人、部门业绩和公司业绩。

二、加强对考核结果的反馈沟通

在大多数企业中，绩效考核的反馈面谈往往深度不够，被评估人知道考核结果后，却不知其所以然，对自己今后究竟如何提高业绩，以及对改进时效和标准都模糊不清。如果考核反馈的面谈者只是简单说明结果，缺乏解释说明，那么听者就只能简单回复“知道了”。即使对考核结果有想法的人，碍于情面或有所顾虑，就只能在今后的工作过程中慢慢自己琢磨体会，始终缺少来自公司管理层面的辅导。

【改进方案】

企业通过加强与员工的沟通，提高全体员工参与绩效考核的意识，才能使员工对考核内容更加明确。通过企业内部的各类沟通渠道，对各级管理人员进行宣传，强调阶段性的绩效回顾和沟通的必要性与重要性；同时相关人员能够及时对面谈反馈流程及相关记录表作调整，从形式上把面谈必要的内容、反馈项目等固定在有关项目表内，同时做好辅助引导工作。安利公司在推行绩效考核制度前，就已经明确公司的信息沟通渠道，避免员工的道听途说，为帮助员工了解管理意图和考核侧重面起到了很好的作用。

三、年度考核周期的重新设定

企业的绩效考核一般以年度为周期，时间相对较长，而指标设计却通常是在年初设定。如果企业要在全年度来执行年初设计的计划与指标，就无法完全做到对运行过程的多变性、不可预见性，以及对员工的工作侧重点的引导等方面的调整要求。另外，绩效考核对员工提出了较高的平时积累和记录的要求，如果没有详细的记录则很容易造成以偏概全、过宽偏误、过严偏误、趋中倾向、印象偏误、对比效果等考核管理中常见的偏差现象，考核结果将无法真实地反映实际情况，对结果的应用就无法达到预期目的要求。因此，企业需要对考核周期作重新的设定。

【改进方案】

企业对考核周期作缩短调整。向公司决策层建议缩短考核周期，中层管理人员改为每半年一考核，职能部门一般管理人员采用季度考核，一线生产员工仍按月度考核。年终奖根据公司全年盈利情况按不同职级分红发放。对非业绩考核指标的内容，要求各级管理人员及员工做好日常记录，为年度总考核累积素材和提供依据。在年中，企业可根据业绩执行情况，重新考虑修正一次考核指标，以便更切实际，让各级管理人员和员工看到经过努力可以达到的目标，而不是因为目标太高而对达到目标失去信心，或者因为目标太低而对考核漫不经心。

四、扩大对考核结果的应用范围

在过去，考核结果的应用偏重在薪酬奖金、职务调整、是否继续聘用等传统行政管理方面，而在改进工作、培训与开发、员工职业生涯规划指导等方面应用相对较少。当一个绩效管理系统忽视了员工的职业生涯规划时，这个绩效管理体系就不能算是一个完善的绩效管理系统。即使员工绩效很好，但其也需要知道自己未来的发展方向。

【改进方案】

企业针对不同群体编制绩效改进培训方案并实施。企业要根据绩效考核结果及面谈反馈内容来编制绩效改进培训方案。对于共性内容，相关人员要将其纳入公司年度培训计划，由人力资源部负责组织实施；而对个性内容，一般在部门内组织实施，以内训形式为主，必要时由部门提出申请后，由人力资源部组织安排。绩效改进培训评估除现场的问卷评估、培训后测试、培训小结外，部门负责人还要对学员在工作中的应用和对业绩帮助程度做出行为转换评估。

五、提高绩效考核管理的领导

企业内推行绩效考核制度，仅仅依靠人力资源部门的力量去推动整个过程，通常情况下是很难达到预期效果，即使是通过主管行政与人力资源工作的副总经理来领导与推动，有时也会困难重重。在追求经营业绩为主的企业中，不管是人力资源总监，还是分管行政与人力资源工作的副总经理，在企业中的地位并不突出，经常处于服务与服从的角色，在推行一项有关人力资源制度建设的内容时往往会感到力不从心。

【改进方案】

企业要提高绩效考核小组的监管力度，充分发挥其对绩效考核过程的管理作用。当企业决定要推行绩效考核制度时，最高管理层必须达成共识，总经理应该带头支持与推行，因为这只是由人力资源管理部门执行操作的公司经常性工作，其实质是为了促进公司的经营业绩和管理成效，因此这项工作应该是全公司员工共同的工作内容，必须得到全体管理者，包括中层管理者和一线主管的理解与支持。加强绩效考评力度，可以建立以总经理为首的公司绩效考核领导小组，并明确绩效考绩小组成员的分工，必要时可以外聘专家开展现场“啄木鸟”行动，以提高对绩效改进方案效果评估的透明度和客观性。

绩效管理是一个循环的、动态的系统，正确进行绩效管理，关键不在于考核本身，而在于发现企业经营管理中的薄弱环节，鼓励员工实事求是、出谋划策，将员工的个人发展目标和企业的发展目标紧密地联系在一起，改变员工对绩效考核与薪酬系统是等同的观念，从根本上促进员工的自身改进，以主人翁的态度积极参与企业的发展，在企业发展中实现个人的职业生涯规划目标，像安利公司一样，把提高员工的满意度和忠诚度作为企业可持续发展的基本保障。

23

发现并激发企业员工的潜能

——花旗银行用绩效考核激发员工潜能

◎ 企业背景

花旗银行（Citibank）是花旗集团（Citigroup）属下的一家零售银行，总部设在美国纽约，其主要前身是1812年6月16日成立的“纽约城市银行”。19世纪末，花旗银行开始在美国的其他州和海外开设分行，到1894年已成为美国最大的银行。1998年4月6日，花旗与旅行者集团宣布合并，成为美国第一家集商业银行、投资银行、保险、共同基金、证券交易等诸多金融服务业务于一身的金融集团。合并后的集团总资产达7 000亿美元，净收入为500亿美元，拥有6 000万张信用卡的消费客户，从而成为世界上规模最大的全能金融集团，花旗集团由1997年财富杂志世界500强排名第58位一跃升至1998年的第16位。

现在，花旗银行在世界各地共有4 000多个分支机构，在全球160多个国家和市场拥有两亿客户账户，全球雇员近30多万人。在金融危机爆发前10年里，花旗集团的股票价格、盈利能力和收入复合年增长均达到两位数字，而且盈利增长高于收入增长。但在金融危机中，花旗银行同样受到了严重冲击，在2006年下半年，花旗集团的股价达到每股55.70美元，市值高达2 772亿美元；而2009年年初，其股价自1986年上市以来首次跌破每股1美元，一度沦为垃圾股，公司市值只剩下55.96亿美元，缩水幅度达到98%。花旗集团在2008年11月17日宣布，计划在全球范围内裁员大约5.2万人。根据数据统计，2009年花旗集团在全球银行业的市值排名已降至第184名。不过，在美国政府不惜代价的救助下，花旗银行最终得以死而复生。

花旗银行在中国的业务可以追溯到20世纪初，1901年成立的美国万国宝通银行次年便在上海成立了在华的首个分行，不久又相继在远东其他地区设立海外分行32家，这家银行后来被花旗银行拥有。花旗银行作为首家在中国升起红、白、蓝三色星条旗的美国银行，“花旗银行”因此而得名。1983年，花旗银行重新进入中国市场，连续三年陆续开出深圳代表处、北京代表处和上海代表处；1988年花旗银行深圳代表处升级为深圳分行；1991年花旗银行上海代表处升级为上海分行；1993年花旗银行成为首家将中国区总部从香港迁至内地的国际性银行。

20世纪90年代重回中国内地的花旗银行，将中国区总部设在上海。2007年4月1日，花旗银行中国内地分行全部归属到新注册成立的花旗银行（中国）有限公司。2012年花旗中国旗舰网点暨首个花旗私人客户业务中心在上海南京路开业，东方花旗证券有限公司正式开业。2013年，花旗获准在华开展基金销售业务；花旗推出多项业界首创的人民币跨境财资管理方案，包括第一个全自动跨境人民币双向资金池，以及全球首创的人民币跨境集中收付和轧差净额结算等。

截至2015年年底，花旗在中国13所城市（北京、长沙、成都、重庆、大连、广州、贵阳、杭州、南京、上海、深圳、天津和无锡）拥有55家分支行。花旗银行在中国获得了诸多荣誉，相继获得过“银行优质服务奖”“最佳企业家专业服务私人银行奖”“中国五佳财富管理品牌奖”“最佳雇主奖”，以及“中国最佳外资银行”等。

◎ 典型案例

作为国际著名商业银行，花旗努力呈现自己的价值观：让员工体验到广阔的职业选择和众多的发展机会，并让其感受到创新力和自由度。为了有效地实施公司战略，达到公司理想的未来，花旗银行推行了一种独特的人力资源管理模式，其重要实施内容是人才库盘点：根据每个员工的绩效考核和潜能考核成绩，运用科学的人力资源管理工具，制定合理的人力资源管理体系。

花旗银行的人力资源部根据员工三年内的九个关键要素，即对整体结果的贡献、对客户的效率、个人业务和技术熟练程度、执行程度、领导力、对内外关系、全球效力和社会责任对员工做出综合绩效评估。评估结果分为三个等级：优秀的绩效、完全达标的绩效和起贡献作用的绩效。优秀的绩效，表示工作的所有方面都已完全达标，甚至还有一些超标；完全达标的绩效，表示工作的所有方面都已完全达标；起贡献作用的绩效，表示部分工作达标。每一个绩效等级在操作、技术、专业、领导力、工作关系等方面都有不同的界定，不同绩效等级的员工在这些方面会有不同的表现。

结合绩效考核结果，花旗银行运用“十字路口”模型来确定员工的职业发展。员工或经理人刚进入银行时是管理自己，从管理自己到管理他人是其职业发展中的第一个“十字路口”；获得一定经验后，其可能会成为一个职能经理，管理一个部门，之后这将不断遇到新的“十字路口”；从职能经理到业务经理，再到区域经理、大区经理、企业经理。每个“十字路口”对应着不同的绩效标准，对员工有不同的要求，花旗银行针对不同的“十字路口”，为员工设计了内容各异的培训，安排不同的锻炼机会。“十字路口”模型实际上是花旗银行的职业发展模型，经常被用来判断基于以往的绩效表现出来的潜能。在考核绩效的同时，花旗银行也考核潜能。潜能考核结果也有三个级别。

第一，转变的潜能，即具有调动到十字路口模型中，另外一个不同层级的工作岗位上工作的能力和意愿，如从部门经理到分行行长。具备转变潜能的员工通常具有广泛而深入的操作和专业技能，具有在下一个高级别工作所需要的执行能力和领导技能，能活学活用新的技能和知识，渴望获得较高的挑战和更多的机会，具有超前的商业眼光，朝着整体业务目标努力，而不是只关心自己管理范围内的业务是否成功。

第二，成长的潜能，即具有调动到十字路口模型中，同一层级更具复杂性的工作岗位上工作的能力和意愿，如从培训经理到人力资源经理。具备成长潜能的员工在操作、技术以及专业上的技能方面都要高于现在的级别所需，执行和领导技能也要超出现在的级别所需，具有学习和运用新技能和知识的能力，并具有渴望在同一级别上有更大的挑战，具有承担更多工作的愿望和超前的商业眼光，在关注整体业务目标的前提下，关注自己业务的成功。

第三，熟练的潜能，即能够符合不断变化的工作要求，又能够不断深化经验和专业知识，但是不会沿着该十字路口模型移动或者到一个更高的层次，也就是说，永远在这个岗位上做下去。具备熟练潜能的员工具有现在级别所需的技能，具有现在级别所需的执行和领导技能，常常学习和运用新的技能，对目前工作中的成长感到满意，希望能够在目前的工作岗位做得更出色，具有目前的工作岗位所需的商业眼光，在关注整体业务目标的前提下关注自己业务的成功。总之，潜能被视为以下几点的结合：以往三年中表现出来的能力，具有成功达到新的“十字路口”所要求的绩效的驱动力，乐于追求其所期望的职业发展方向。

花旗银行对九格方图的使用是人才库盘点中最精华的内容。九格方图将绩效与潜能的理念结合在一起，根据绩效和潜能两种考核结果，将员工分别放在九格方图不同的格子中。格子上方是绩效的三个等级，左侧为潜能的三个等级，绩效的三个等级和潜能的三个等级相互对照，将具有不同绩效和潜能等级的员工分为九类，所有员工都可被放在九格方图相应的格子中：

绩效优秀，潜能属于转变型的员工放在 1 格，表示该员工当前具备转变到更高层次的能力，放在第 1 格的人通常会在 6 个月内被提升到更高一级的职位。

绩效优秀，潜能属于成长型的员工被放在第 2 格，表示有能力在目前的层级承担更大的工作职责。

绩效完全达标，具备转变潜能的员工被放在第 3 格，表示该员工将来有能力进行转变，应该在目前的工作岗位上做得更加出色，这类员工有可能往第 1 格转移。

绩效优秀，潜能属熟练型的员工被放在第 4 格，表示有能力在同一层级的相似工作岗位上高效地工作，工作老练，同时具有掌握新技能的能力，有可能会被安排到别处担任其他方面的工作。

绩效完全达标的成长型潜能的员工被放在第 5 格，有可能在目前的层级承担更多的职责，但是应该努力达到优秀的绩效，在上一年度轮流到新的工作岗位，并且在以前被评在第 1 格和第 2 格内的员工通常也会被放入此格。

绩效属于贡献，潜能属于转变型的员工被放在第 6 格。上年度轮流到新的工作岗位，并且在以前被放在第 1 和第 2 格的员工也被暂时放在此格，因其在新的岗位上还未表现出其应该表现的绩效，具备转变的职能。

绩效完全达标的熟练型潜能的员工被放在第 7 格，表示需要往更优秀的绩效努力。

贡献绩效的成长型员工被放在第 8 格，这类员工可能在某些工作方面表现良好，其他方面表现不佳或很差，应该努力在当前的层级达到完全达标的级别。

员工一旦被放入第 9 格，也就是说这类员工属于贡献的绩效等级低，熟练型的潜能等级低。一般情况下，在未来的 3～6 个月内将会被迫换一个地方工作或被淘汰。

花旗银行运用的九格方图方法，是对九型人格理论的一种具体应用与实践。九型人格是远古时代古巴比伦口耳相传的一种智慧，这种方法是通过分析人们行为背后的出发点，即基本欲望和基本恐惧，将所有的人划分为九种类型。如今，九型人格理论被广泛运用到制造业、服务业、金融业等多个领域。1993 年，美国斯坦福大学商学院率先开设“人格自我认知与领导”课程，把九型人格应用于企业管理领域。

人才库盘点是花旗人力资源管理的重要工具。当新业务出现时，可以由此确定业务发展所需的技能，找出管理中的问题；同时，这又是一个管理过程，直属部门经理和人力资源部经理共同探讨评估要点，运用统一的标准来考察团队的工作表现和潜质，同时也顾及员工个人的发展需求和愿望。人才库盘点不仅对银行有益，对管理者和员工个人都益处多多：对银行而言，人才库盘点可以更有效地促进人才流动，并找出今后的领导人，使人才管理成为花旗银行的重点战略之一。对管理者而言，人才库盘点可以帮助其找到理想的人才，在人才招聘方面做出正确决策，管理并发展其优秀员工。对员工而言，可从中得到更有效的反馈，并在此基础上主动规划职业未来。

花旗银行努力营造一种高绩效导向的文化。为此，花旗还专门设计了弹性激励项目，将报酬与个人对公司、部门绩效的贡献清晰地对应起来。花旗希望员工能够像花旗的拥有者一样“思考”和“行动”。为了达到这一目标，花旗对符合要求的员工允许参与一个或多个公司的股权项目，花旗的股权项目每年都会有所变化，以适应不同发展阶段市场变化要求和员工的期望目标。通过良好的绩效导向和薪酬指向，花旗希望可以呈现其自身的薪酬理念：在充满竞争的市场上保持竞争力，争取业务和吸引人才；在维护内部公平的同时，基于个人现有的技能、经验和绩效达成情况，提供富有竞争力的薪酬。花旗的薪酬战略目标，是为了最终能够达到以下的使命：吸引、保留和激励人才，公平地奖励个人绩效及其对公司业务的整体贡献，通过鼓励员工成为花旗的所有者和客户，为员工创造财富和参与管理的机会。

◎ 分析参考

考核并激发潜能，推动员工与企业的共同发展

企业招聘的员工，从进入企业第一天开始，就已经成为企业发展中的重要“资本”之一，如何更好发挥员工的作用，将资本作为可以为企业创造利润的要素，并不断增加回报的可能性，是许多企业在不断探索的课题。总部设在美国纽约的花旗银行，是一家善于通过绩效考核，发现和激发员工潜能的“最佳银行”。花旗银行运用人才库盘点中最精华的内容，将绩效与潜能的理念结合在一起，将员工分别放在九格方图不同的格子里进行分析与指导，以最大限度激发员工的潜能，在帮助员工取得更大的工作业绩的同时，也促进企业经营业绩的持续提高。

一、依靠人力资源管理手段，实现企业的最优化管理

为了提升企业竞争力，形成自有的核心发展能力，改变公司现有的经营状况，每个企业都应该有长远的发展规划，即不断变革现有的组织结构及人员结构，通过运用正确的绩效考核方法，提升管理能力，发现并激发人员潜能，逐渐形成和突出企业的核心竞争力，使企业不论走专业化道路，还是主张多元化发展，都能够保证公司拥有独特的竞争优势。

作为企业发展规划的一部分，人力资源管理体系也要从战略意图上主动配合企业战略目标的实现，依靠必要的管理手段，例如完善的绩效考核制度与方法，深入的培训开发及组织结构的设计等来完成组织形式的不断变革，实现企业的最优化管理。企业人力资源管理以促进企业战略目标的实施作为根本目的，绩效考核的目的则是不断评估员工在各自岗位运用知识和技能，创造价值的水平。在企业中推行绩效管理制度，一方面要发现每个员工的潜能，激发潜能变为实际的能力，帮助员工加快提高能力；另一方面也可以发现员工的不足，通过培训与辅导暂时弥补，并不断改善工作业绩，在企业中获得更大的认可。企业的最优化管理，就是员工的最优化组合和每个员工能力的最优表现。

二、运用人力资源绩效考核方法，发现员工和企业发展的潜能

人力资源管理部门必须了解企业发展的过程，积极参与企业发展计划的制订和执行，密切配合领导企业发展的管理者。人力资源管理者应当是具有改革

新思维的积极倡导者，善于运用各种管理技术和方法，特别是人力资源绩效考核方法，通过有效评估、预测和合理配置，尽可能让每个员工与企业的发展保持同步。为此，企业的人力资源管理应该做好以下几方面的工作：

1. 人力资源评估与需求分析。具体调查企业目前拥有的人力资源状况，从数量到素质，从现有能力到发展潜能，并要长期积累个人和团队的变化数据。

2. 整体人力资源需求预测。主要是对各业务部门骨干人员、核心部门管理人员、客户代表的预测，以及对行政、财务、保障部门人员的预测等。

3. 单个组织预测。把组织内的功能进行有效细分，根据市场需要做好及时调整的准备，进行新增与裁减人力资源时都能提供解决方案。

4. 人力资源供给预测。企业通过对骨干人员的跟踪评估，发现潜能和加强培训，以内部晋升为主，外部招聘为辅，加速企业的发展。

员工的潜能集合在一起就是企业的潜能，只有通过对员工绩效考核发现每个员工的潜能，才能发现企业可以爆发出的潜在能量。

三、明确企业和个人发展目标，突出重点推动共同进步

企业发展需要一大批骨干员工，而骨干员工也需要企业提供更多的发展机会，以达到个人与企业目标的高度一致，推动双方的共同进步。企业所需要的骨干或核心员工，一部分是在现有岗位上做出杰出贡献的优秀员工，另外一部分则是具有成为骨干员工潜质的人。人力资源管理部门通过与业务部门的配合，运用人力资源工具和手段，适时发现具有发展潜质的人，保留住并成就这类人，以帮助企业获得难以复制的核心竞争力，提高员工的凝聚力和忠诚度，这就是企业在人力资源管理上的目标要求，也是员工个人在职业发展上所期望的目标。结合花旗银行的成功实践，可以为其他企业提供以下思路，突出重点，建立起企业的人力资源管理模式。

1. 建立评估员工绩效的关键因素。企业要开展绩效考核，首先就要建立起有效的考核指标体系，绩效考核的指标应该与企业追求的人力资源管理目标要求高度一致，或者说是企业战略目标具体到每个职位、每个岗位、每个员工的要求，只有要求明确，绩效考核才有针对性和导向性。花旗银行就每个员工对整体结果的贡献、对客户的效率、个人业务和技术熟练程度、执行程度、领导力、对内对外关系、全球效力和社会责任等进行的综合绩效评估，这些考核指标是结合银行业务经过不断修改完善确定下来的因素，对发现员工和企业的潜能，推动个人和企业的共同发展提供了全面的基础。

2. 有效开展绩效考核并适当分级。当企业确定了考核的指标体系后，就要开展有效的绩效考核。既然已经把绩效考核的重要性与企业的战略目标联系在一起，不管是人力资源部门，还是实际用人的各业务部门，都不能把绩效考核看作是一种形式，抱着无所谓的态度走过场。有效开展绩效考核的最重要方法，就是要让每个员工、考核者与被考核者，清楚看到绩效考核及其结果的重要性，并把结果运用到人力资源管理的各个环节。花旗银行将绩效考核的结果分为三个等级：优秀的绩效、完全达标的绩效和起贡献作用的绩效。每一个绩效等级在操作、技术、专业、领导力、工作关系等方面都有不同的界定，为进一步发现员工的发展潜能提供了切实的依据，并根据这些依据来跟进下一步的行动，让每个员工都能看到绩效考核的价值所在。

3. 发现有潜力的员工并促进其职业发展。当绩效考核的结果呈现在管理者面前时，就需要管理者针对不同员工的潜能，及时调配行动计划，即促进员工职业发展的具体措施，包括培训与辅导，奖励与晋升。培训与辅导是针对员工目前或将担当的职责尚缺乏的知识和能力，补上不足或储备技能，为下一步的发展做好准备。奖励和晋升则是对过去业绩的奖赏和对未来的期望，希望有潜能的员工在更重要的岗位上发挥更大的作用，做出更多的贡献。花旗银行运用十字路口模型来确定员工的职业发展，针对不同的“十字路口”为员工设计内容各异的培训，安排不同的锻炼机会。通过对潜能考核结果分级（转变的潜能、成长的潜能、熟练的潜能），为具有不同潜能的员工指出并设计了不同的发展方向。

4. 建立潜能开发模型并修正招聘和培训要求。随着市场竞争环境的变化和企业发展要求的提高，每一次的绩效考核应该都有不一样的收获，考核指标和结果也应该反映出动态的要求，通过对历史数据的积累和比较，建立起一个适合本企业的潜能开发模型，并让模型发挥最大的作用。花旗银行把九格方图作为人才库盘点中的精华，将绩效与潜能的理念结合在一起，根据绩效和潜能两种考核结果，将员工分别放在九格方图不同的格子中，将具有不同绩效和潜能等级的员工分为九类，从绩效优秀到熟练型的潜能等级，都给予了不同的安排。潜能开发模型的建立和运用，为不断修正针对企业特定发展阶段的招聘和培训要求都提供了宝贵的依据。当某一格能力类型的员工不足时，或需要具有某一格潜能的员工时，人力资源管理部门就可以据此来实施招聘和培训的计划，促进人力资源管理工作更有实效。

花旗银行运用的九格方图，是众多跨国公司对九型人格理论的实践案例之一。当九型人格理论进入西方商学院的MBA课程内容后，更多人意识到了九型人格的巧妙之处，除了花旗银行，美国通用汽车、惠普电脑、可口可乐、尼康、苹果、诺基亚、宝洁等公司都在广泛研习这一理论，并以此培训员工，帮助建立团队，促进沟通与增强执行力等综合能力的提高。花旗银行把九型人格理论用于员工绩效管理之中，是一种创新之举。在人力资源管理体系中，绩效考核是一项承上启下的工作，对招聘、培训、薪酬、员工职业发展、企业文化制度，以及人力资源规划等方面都有重要影响。因此，重视并建立有效的绩效考核体系，是企业人力资源管理的一项长远任务。

24

绩效管理方式随市场要求而变

——施耐德电气绩效考核的适应性

◎ 企业背景

1836 年，施耐德兄弟接管当时正处于困境中的一家铸造厂，两年后他们成立了 Schneider& Cie。在工厂成立的 170 多年里，施耐德电气遇到过无数次挑战，也做过数次重大战略选择。19 世纪，施耐德电气从事钢铁工业、重型机械工业、轮船建造业；20 世纪，开始从事电力与自动化管理业，集团已经成为行业领导者。施耐德电气的总部位于法国吕埃。

1981 年后，施耐德电气抛开一些非战略活动，继续将重点放在电力工业上。为了贯彻落实这项战略，施耐德进行了几次战略并购：TE 电器、实快电力和梅兰日兰相继成为施耐德电气集团的成员。1999 年，通过并购欧洲配电业第二大巨头 Lexel，施耐德在超终端领域取得了巨大发展。1999 年 5 月，集团改名为施耐德电气，更加明确地强调了公司专业致力于电气领域。改名之后的施耐德电气采取加速发展、提高市场竞争力的战略。2000 年后，随着自身结构的发展和公司合并政策的贯彻，施耐德电气在新的市场细分中进行了自身定位，这些市场细分包括：人机对话、不间断电源（UPS）、运动控制、声音数据图像系统、传感技术、建筑自动化和安全等。

施耐德电气集团在 2013 年的销售额为 250 亿欧元，在全球拥有超过 16 万名员工。施耐德电气在 100 多个国家提供能源及基础设施、工业、数据中心及网络、楼宇和住宅市场的整体解决方案，通过销售合作伙伴和分销商，行销到 190 个国家。施耐德电气公司主要有三大牌：梅兰日兰、美商实快电力和TE电器，为全世界的客户提供解决方案、全系列的产品和元器件及其他服务，开发了四大市场：能源与基础设施、工业、建筑和民用住宅。

施耐德电气于1987年在中国设立第一个合资企业，之后的施耐德电气一直深深扎根中国、服务中国，并时刻铭记企业社会责任。1995年，施耐德电气集团将原设香港的东北亚总部迁至北京，提升中国在亚洲市场的战略地位。施耐德电气（中国）投资有限公司成立后，在中国进行了第一轮大规模投资，同年成立了上海施耐德工业控制有限公司、上海施耐德配电电器有限公司、上海施耐德低压终端电器有限公司、施耐德（广州）母线有限公司。2009年9月1日，朱海被任命为施耐德电气中国区总裁，成为施耐德电气首位中国本土籍总裁。

2000年至今，施耐德电气已向中国社会机构捐赠现金及物资价值近1亿元人民币，其中员工个人捐款近1 000万人民币。施耐德电气精心策划了Luli项目、碧波计划、紧急救助项目和大学项目等一系列社会责任项目持续地回报中国社会。自2009年起，碧波计划在中国先后实施了农民工子弟职校资助项目、大学生公益奖学金项目、无电村新能源援助项目和乡村电工培训项目。至2013年，碧波计划已资助全国8所职业技术学校建立了电工实验室；通过设立公益奖学金资助了10所大学的800余名贫困大学生完成学业；通过先进的太阳能解决方案使新疆喀什叶城县柯克亚乡无电地区的600多户家庭及3所小学用上了安全、清洁的电能，惠及村民近5 000人。

◎ 典型案例

施耐德电气集团正在经历从产品到解决方案的转型战略，其人力资源管理策略也与公司正在经历的产业领域大变革同步发生着变化。与同行业中的其他竞争对手ABB、西门子类似，施耐德电气所在的时代是一个解决方案的时代。购买者不再仅仅需要购买产品，而需要一整套与产品相联系的服务。基于这种产业发展上的变化，施耐德电气所希望的人才也必须要有更多的行业经验和产品认知。现在的施耐德电气，是将之前收购的100多个品牌融合为同一个品牌的集大成者。因此，如今的施耐德电气客户可能不是来自同一个行业，客户经常会需要了解施耐德电气到底在做什么。这就要求施耐德电气的员工更善于沟通和解决问题，即使是做研发工作的技术人员，也需要有沟通能力，因为研发工作也需要与人合作，与客户进行有效的交流。

作为百年老店，施耐德电气引以为豪的是拥有一大批忠诚度极高的员工。如何让自己的员工持续保持忠诚呢？施耐德电气中国区人力资源高管认为：公司要给员工一种归属感。施耐德电气一直强调“人和为本”的理念，公司最初做“Connect people”计划时，当时提出过“人才为本”，后来觉得“人和为本”更为恰当，因为前者是讲人才，后者是一种讲求融合、共存的文化。“人和为本”几乎涵盖了施耐德电气管理者、员工和工作场所等所有要素。为了强化效率的提升，2012 年，施耐德电气推出新的三年计划——“Connect”计划，在这项计划所涉及的“四个转型”中，有两个都和高绩效相关——高效为先与人和为本。

这两个转型口号的提出，对施耐德电气来说是一种很大的挑战和机遇。以往施耐德电气讲求的绩效管理与现在有所不同，在其 DNA 里可以有人性化，也可以有平均主义，但几乎不会提及高绩效。现在，要求施耐德电气的人力资源管理者站在人和为本的基础上讲求高效，真正地把高绩效作为公司的 DNA 去培养。施耐德电气中国公司有 15 000 名职员，不是每个人都会非常满意现状，有些人可能在一个地方工作得并不开心。因此，人力资源部就会充分从对方的角度考虑，实行主动调岗制度。

对于绩效评估工作，施耐德电气给予了足够的重视，企业以年度作为一个绩效管理周期，之前至少会用 4 个月的时间来准备并调整目标设定。目标设定会从两个方面同时着手——由上至下和由下至上。很多公司只是由上至下地制定一个经营和绩效目标，然后让员工去完成。而对施耐德电气来说，高绩效的理念是在人和为本的基础上实现高效，因此施耐德电气希望目标设定的过程中也能够调动员工的工作积极性。施耐德电气觉得任何的高绩效，抛开人和为本都是无法持续发展的，因为只有当所有的体系都能激发出员工内在的驱动力，才可能长期地持续下去。单纯对员工施加压力，通过简单的绩效目标去让员工努力完成，总有一天员工还是会选择离开。

作为企业而言，对员工的认同是要通过年度的表现来衡量，施耐德电气也不例外。施耐德电气主要采取了以下两种方式对员工进行绩效评估：季度绩效评估和年度绩效总结。公司鼓励员工和直接上级进行绩效沟通，其评估中使用5分至1分的绩效评分级别，每一个分值代表了不同的绩效程度。

5分：持续地超出要求；

4分：超出要求；

3分：达到要求；

2分：部分达到要求；

1分：低于要求。

考评结果为3分（不含）以下的员工为不能胜任工作。在每次的绩效评估之后，员工和直接上级会对绩效评估的结果进行确认签字，并提交部门人力资源经理处记录保存。年度绩效总结最终需提交至人力资源部服务中心处进行存档并保管结果。

对于岗位表现突出的员工，公司一定会在第一时间对其表示肯定，如提拔或者委以更重大的责任等。施耐德电气希望员工能够拥有热情、敬业的工作态度，企业则会尽力为员工提供一个良好发展平台。基于这样的认识，施耐德电气有一项被称作“3＋3”的机制，即员工在某一岗位工作满三年后，在绩效考核评估良好的情况下，如果希望调换岗位，管理者必须给予支持。不过，施耐德电气要求高绩效一定要与公司文化、价值观相融合。如果员工的个人行为同公司的价值观不符或冲突，即使达成很好的业绩，公司也不会接受这样的行为，对公司来说，必须实现文化和绩效的高度统一。

针对某个岗位不能达到考核标准的员工，公司会和员工进行面对面的沟通，并进行岗位能力匹配，分析是员工能力问题还是员工工作态度问题；能力不达标的员工，将会安排相应的培训，并通过上级经理进行在岗辅导来帮助员工进行提升；员工工作态度出现问题时，公司要求尽量去改变其态度，毫无改观的员工将被调岗处理。在施耐德电气看来，末位淘汰只是传统意义的绩效管理措施。施耐德电气的高绩效不完全以结果为导向，而是在整个绩效流程中设立“PIP流程”（Proformance Improvement Plan），这是员工个人绩效改进计划，以帮助员工不断改善业绩、提高能力。这是施耐德电气在以人和为本文化的基础上开展绩效的主要体现之一。

当然，在实际考核中，也会出现上级为下属网开一面的情况。不过，这样的上级通常很难确立自己的威信和公正，施耐德电气最终将不会继续聘用这样的上级。在施耐德电气内部，有一个申诉渠道，有问题随时可以提交意见。不过，公司员工都明白，考核严厉并不代表公司对员工苛刻。一直以来，施耐德电气讲求以人为本、人和为本，也正因为此，施耐德电气在绩效方面与高绩效方面做了区别对待。施耐德电气更强调人性化管理，注重通过员工的行为来提升组织的行为和表现，而不是强行为员工实行任务摊派，这可能与法国企业的文化传承有关。因此，在施耐德电气的中国高层看来，高绩效必须建立在人和为本的文化基础上，这应该成为施耐德电气推行高绩效的基本理念之一。

对于绩效评估出色的员工，施耐德电气会将其纳入相应的奖惩体系中，将公司的价值观、新的公司计划与奖励体系相结合，业绩达成只是一方面，同时考量除业绩以外，员工是否有一些与公司价值观相吻合的杰出的行为，所谓的“杰出行为”不一定是做一件非常伟大的事情，即使很小的行为，如果能体现公司的价值观，公司都会及时认可。在这样一套奖惩体系下，施耐德电气还会更加鼓励团队项目。例如在对销售冠军的评选中，会有多项评分标准，并不单纯考量员工给公司带来多少利润或业绩，更多的是判断在员工完成目标的过程中如何体现公司价值观，如何将企业文化和高绩效相结合。

这些年来，施耐德电气的平均员工流失率低于10%，属于行业内较为稳定的跨国公司。在施耐德电气的低压电气部门，很多销售经理已经在公司服务10年以上，施耐德电气愿意给员工一些时间去调整，这也就是员工愿意留在施耐德电气的原因之一。公司人力资源高管认为：公司留人的方法其实有很多，如轮换岗位、薪酬福利、提升领导力、提升雇主价值、增强归属感等，但根据公司的实际情况和行业特点以及员工本身的需求，对不同的员工会有不同的侧重。

在招聘员工和选拔人才时，施耐德电气会把价值观放在第一位，强调应聘者与公司价值观与文化的匹配度，然后才考察其工作经验、个人能力等方面。这样的招聘标准已经写入施耐德电气HR的评估体系中，作为考核HR业绩的其中一项重要内容。同时，在越来越注重整体解决方案的市场中，施耐德电气需要的人才不仅要求懂得产品本身的特性，还要求能够对某个、甚至某些行业和领域的所有生产和运行方式都非常了解，如果说之前市场需要的人才是行业的服务者，现在需要的人才则希望是市场的导向者。

施耐德电气，这个中国改革开放总设计师邓小平曾经在留法期间工作过的企业，在中国发展的30年里一直保持着两位数增长率的好成绩。施耐德电气的人员流动率在进入中国市场以来却一直低于行业平均水平，这不是一个简单的原因可以完全解释清楚的，要获知其中深层缘由，还需要对施耐德电气这个

“百年老店”作进一步的研究。近年来，施耐德电气在中国市场获得了一系列的重要奖项和称号，其中包括：优秀企业标杆奖、中国最佳商业领袖奖、客户关爱先锋、客户关怀标杆企业奖、最佳客户管理团队、最佳雇主模范、中国最佳人力资源典范企业、年度最佳雇主奖、50家最佳工作场所等，成为众多中国青年才俊希望就职的理想企业之一。

◎ 分析参考

顺应市场，及时变革企业绩效管理方式

企业的人力资源战略要服从企业的发展战略，企业战略的变化决定着企业人力资源管理理念的变化。100多年来，施耐德电气集团的人力资源管理模式是成功的，施耐德电气培养了一大批忠诚度极高的员工，兼并了世界上众多的企业，成为行业内国际知名公司和龙头企业。施耐德电气在经历产品到解决方案转型战略过程中，对应采用的绩效评估方式，迫使员工不断努力，时时跟上时代和企业发展的步伐，应该说这一绩效评估的管理方式达到了企业所期望的目标，促进了施耐德电气在不断变革中持续发展。

分析施耐德电气的整个成长历程，不难发现这是一家因并购而迅速发展起来的公司。针对众多被收购和并购的企业，如何使收购或并购企业的各种文化并存，并具有多元化与包容性，是一个很大的挑战。很多公司在收购的同时，会直接将其变成与自己同质化的公司，但施耐德电气会尊重这些企业原有的文化背景，保留各自的特质，而需要保留下来的某些特质是通过整个并购或者合作的策略来决定的。分析施耐德电气实行的绩效管理模式，得出以下几个方面做得非常出色，值得企业学习和借鉴。

第一，绩效考核的周期设计较为合理，即实施了季度考核与年度考核相结合的制度。季度考核是一种及时考核，便于公司掌握动态情况，年度考核则与公司的经营目标相联系，可以在更大范围内和更高层面上分析员工执行力和业务能力的情况。

第二，考核过程中注重进行绩效沟通，管理上强调上下级实行面对面的沟通；注重对结果的反馈，公司要求每次绩效考核结果都要与当事人进行沟通，并签字存档，作为个人发展过程的依据，便于与之前和之后业绩的纵向比较，

也可以与其他同层次员工的横向比较。这些结果还可以应用在诸多方面：一是作为员工晋升提级的重要依据；二是用于员工绩效诊断和持续改进的基础；三是作为培训需求分析的出发点，为员工设计的需要补充培训的方面。

第三，根据每次员工绩效考核的结果，对部分绩效不能达标的员工，公司会与员工直接沟通，寻找出其能力的不足之处，通过安排培训课程促进提高，并在下一次的绩效考核期内进行重点绩效辅导，尽最大可能让员工达到考核要求。

第四，重视员工忠诚度培养，即综合利用员工申诉系统，利用轮换岗位、薪酬福利、提升培训、增强归属感等方法，有效地提高员工的忠诚度，努力降低员工的流动率，保证员工与企业在共同发展的过程中双双实现自身最大的价值。

随着市场的变化，施耐德电气正经历着从提供产品向提供解决方案的战略转型，原来成功的人力资源管理模式，需要进行调整与变革，其中原来相对完善的绩效管理模式也需要变革与创新。施耐德电气在绩效管理方式上的改进和完善，应该包括以下几个方面：

一、完善绩效管理中的事先计划、事中管理、事后评估三阶段

做好绩效考评准备工作是企业成功实施绩效管理的第一步，绩效考评要求直接上级和员工就考核标准达成共识。在高层管理者的直接参与和指导下，人力资源部门应该及时根据行业变化的新要求和员工素质变化的新情况，及时调整绩效考核的指标体系。在实施绩效考核的过程前，人力资源部要积极开展对各业务部门经理的绩效管理培训，以保证考核顺利进行。在实施绩效管理的过程中，人力资源部要主动了解员工的思想动态和业务经理们管理的具体操作方式，发现不正常情况则要及时采取措施，控制完善绩效考核的全过程。绩效反馈在绩效管理中同样非常关键，通过面谈可以让员工了解自己的绩效、主管的期望以及需要改进的目标等。在每次绩效考核结束后，人力资源部都应该进行一次全面的评估，从组织、方式、过程、结果等多方面进行观察和改进，以便下一次的绩效考核管理工作可以做得更加到位。

二、促进绩效考核体系的量化管理

企业对员工绩效的考核应该建立在有效量化的基础上，而不能以模糊的主观评价作为评判业绩的依据。企业要制定适合企业发展需要、切实可行的绩效考核体系。绩效管理不仅针对员工，还要考虑不同的组织、组织发展中的不同阶段、同一组织的不同部门、同一部门的不同岗位的绩效标准的个性化和多样化。根据新的竞争要求，及时调整企业绩效考核指标体系相关标准和权重，例如顾客满意度指标应当成为重要绩效考核指标，按客户需求提供客户个性化的解决方案和个性服务是新战略的要求。由于这些新要求经常处于变化之中，就要求作为绩效考核的主要推动者的人力资源部人员更要具备专业精神，主动了解和分析这些新的要求，并把来自于市场和客户的新要求转化为可以量化的业绩考核新指标。只有这样，对员工的考核才有效，考核结果才会更有说服力。

三、要保证每次绩效考核的公开性和公正性

鉴于公司对业绩考核结果的重视程度，企业员工的考核分数不仅可能影响晋升提级和薪酬福利，也关系到培训的要求方向和员工个人在同事心目中的位置，对个别员工还可能直接关系到是留用还是劝退的问题。因此绩效考核的公平、公正和公开显得尤为重要，否则就有可能在一般员工中引起紧张情绪。对这种紧张情绪利用恰当，会是一种促进提升的力量；处理得不妥，则可能是削弱员工忠诚度的开始。因此，在制定绩效考核指标和实施绩效考核的过程中，要考虑到可能出现的各种偏差，尽量减少或避免诸如印象偏误、对比效果、趋中倾向等多种偏差，做到公平、公正和公开。在绩效考核的实施过程中，如果出现偏差，人力资源部应及时调整指标和控制过程，并协调考核者与被考核者之间的关系，以保证绩效考核的公正性。

四、重视更加全面地运用绩效考核的结果

公司绩效管理中通常使用季度绩效评估和年度绩效总结，虽然公司鼓励员工在考核过程中和结果出来后直接与上级沟通，但由于两个考核的时间至少也要相隔三个月，如果平时交流不多，仅仅在考核中沟通，难免会积压问题，不利于及时解决问题和上级对下级的适时辅导。因此，在双向沟通和持续沟通方面还可以加以改善，争取做得更好。施耐德电气推行“PIP”计划来改进对绩效考核结果的应用，取得了良好的效果，通过为低绩效员工制定有针对性的绩效提升行动方案，再辅以培训，帮助员工提高岗位能力。PIP 是一个流程，通过沟通交流，寻找出绩效不高的主要原因，针对每个问题做出计划，帮助其进行改善。最终的改善计划是通过 PIP 流程来制订，这个改善计划包括一些必要的培训，同时也有员工申请的学习课程。

对于绩效管理系统和绩效考核结果，还可以在如下方面进行最大程度的运用。

第一，定义和沟通对员工的期望，明确优秀员工的标准和要求，提供对优秀绩效表现的认可准则，及时给予物质和精神层面相结合的奖励。

第二，提供给员工有关其绩效考核正式书面反馈，将企业目标与个人目标有机联系，让员工主动发现差距，主动争取提高。

第三，采取改进员工绩效的具体措施，指导解决绩效不断提高的方法，有效识别培训的需求。

第四，不仅使员工现有的工作能力得到提高，更要让员工可以在未来的职位上得到发展，并为其发展储备好能力。

第五，将员工个人职业生涯发展规划与组织整体的人才梯队计划联系起来，让每一个员工清楚自己的过去、现在和未来所处的位置。

依靠包容文化、高效为先以及人和为本的理念，支撑着施耐德电气在中国走过了光辉历程。伴随着并购的繁复过程和融合的创新过程，施耐德电气在自身强壮的同时，还始终保持着灵活敏捷。未来中国市场变化多端，对人才方面充满着挑战，施耐德电气一定还会做出必要的革新。

第五篇

薪 酬 福 利

25

实现人人是老板的理想

——华为公司的薪酬与福利保障

◎ 企业背景

华为技术有限公司于1987年成立于中国深圳，初始资本只有21 000元人民币，从一家代理销售用户交换机的民营企业，稳健成长为世界500强公司。2014年，公司年销售规模达到近2 882亿人民币。2008年时，被《商业周刊》评为全球十大最有影响力的公司。2009年，获英国《金融时报》颁发的“业务新锐奖”，并入选美国《Fast Company》杂志评选的最具创新力公司前五强。2011年，获英国《经济学人》杂志年度公司创新大奖。

华为在1995年销售额达15亿人民币，主要来自中国农村市场；1997年推出无线GSM解决方案，并将市场拓展到中国主要城市；1999年在印度班加罗尔设立研发中心；2000年在瑞典首都斯德哥尔摩设立研发中心；2001年在美国设立四个研发中心，并加入国际电信联盟（ITU）；2002年华为的海外市场销售额达到5.52亿美元。2005年与沃达丰签署《全球框架协议》，正式成为沃达丰优选通信设备供应商；成为英国电信首选的21世纪网络供应商，为BT21世纪网络提供多业务网络接入（MSAN）部件和传输设备；海外合同销售额首次超过国内合同销售额。

经过30年的发展，华为以开放的姿态参与到全球化的经济竞争中，逐步发展成一家业务遍及全球170多个国家和地区的全球化公司。华为坚持以客户为中心，以奋斗者为本，基于客户需求持续创新，赢得了客户的尊重和信赖。2010年，华为生产的智能手机销售量达到2 000万部；2013年，智能手机业务获得历史性突破，进入全球 TOP 3，华为手机品牌知名度全球同比增长 110%；同年，持续领跑全球 LTE 商用部署，已经进入了全球 100 多个首都城市，覆盖九大金融中心；作为欧盟 5 G 项目主要推动者、英国 5 G 创新中心的发起者，发布 5 G 白皮书，积极构建 5 G 全球生态圈，并与全球 20 多所大学开展紧密的联合研究；华为对构建无线未来技术发展、行业标准和产业链积极贡献力量。

华为将每年销售收入的 10%以上投入研发，2013 年，华为研发费用支出为人民币 30 672 百万元，占收入的 12.8%；近十年投入的研发费用超过人民币 151 000 百万元。在近 17 万华为人中，超过 45%的员工从事创新、研究与开发。华为在 170 多个标准组织和开源组织中担任核心职位，已累计获得专利授权 38 825 件。2008 年时，全年共递交 1 737 件 PCT 专利申请，据世界知识产权组织统计，在 2008 年专利申请公司（人）排名榜上华为排名第一，LTE 专利数占全球 10%以上。华为在德国、瑞典、美国、印度、俄罗斯、日本、加拿大、土耳其、中国等地设立了 16 个研究所，进行产品与解决方案的研究开发人员约 70 000 名。

华为创始人、总裁任正非，1944 年 10 月 25 日出生于贵州省镇宁县，1963 年就读于重庆建筑工程学院（现重庆大学），毕业后就业于建筑工程单位，1974 年应征入伍，担任基建工程兵，历任技术员、工程师、副所长。1978 年，因工程建设中的贡献，任正非出席了当年的全国科学大会。1987 年，任正非创立华为公司，1988 年任华为公司总裁。2005 年，任正非入选美国《时代》杂志全球一百位最具影响力人物。任正非在 2015 年福布斯华人富豪榜中，排名 350 位，在全球富豪榜中，排名 1 741 位。

◎ 典型案例

华为技术有限公司从深圳一个注册资金为两万多元的小企业发展成为年营业收入两千亿元的世界 500 强企业，其高速成长的成功因素很多，但华为的“狼”性文化起到了极大作用，其中包括华为薪酬体系在内的各种管理制度的合理制定与有效实施，对华为的成长起到了积极的促进作用。思科公司 CEO 钱伯斯曾说道，“在今后几年里，思科将只有一个竞争对手，就是华为。”华为的成功也引来了企业家、学者从不同的角度和切入点，采用不同的研究方法将其作为案例研究和探索的对象。

一、不同发展时期的薪酬策略

华为的薪酬管理在企业的不同发展时期具有不同的特点。华为在早期时的企业薪酬的激励效用主要是靠支付员工非资本性薪酬，此时企业的薪酬水平和福利水平都低于市场平均水平，但创业的冲动和对成功的憧憬却吸引了一批优秀的人才。只要干出绩效，毕业两年的学生可以管理一个五六十人的部门，最年轻的高级工程师19岁，提升最快的高级工程师是在工作后的第7天。与此同时，企业对雇员采用的是股权激励的方式，以减少奖金激励给企业带来的现金流压力。在1990年前后，华为就已经在企业内部建立全体职工内部持股制度。在2002年以前，员工年终奖金的发放不是现金而是股权，股权奖励的方式沿袭至今。

1998年，华为建立了以岗位价值为向导的薪酬体系。这种薪酬体系的最大特点是坚持“人与职位分开”原则，也就是三要素评估法，即按照知识能力（投入）、解决问题（做事）、应负责任（产出）三个要素进行评估。到1999年，华为的人力资源管理架构基本成型，绩效管理体系、薪酬分配体系和任职资格评价体系互通互联，三位一体形成动态的结构。在这种价值评价体系下，工资的分配依据不再是年龄、工龄和学历等个人自然因素和历史因素，而是依据个人的职务执行能力和实际贡献。对员工工资支出不再表现为简单的人工成本，而成为人力资本投资。

2001年前的华为处在高速上升期，华为原薪酬结构中，股票发挥了极其有效的激励作用，这段时间的华为有种“1＋1＋1”的说法，即员工的收入中，工资、奖金、股票分红的收入是相当的。其中股票是当员工进入公司一年以后，依据员工的职位、季度绩效、任职资格状况等因素按每股1元的价格派发，一般是用员工的年度奖金来购买。如果新员工的年度奖金还不够派发的股票额，公司会贷款给员工，而员工也是很乐意于这种贷款。员工凭借知识和能力获得收入，在华为，“知本”能够转化为“资本”。在华为看来，知识能产生巨大的增值价值，让员工通过知识获取资本，可以极大地激励和凝聚员工，这就是“知本主义”的含义。

2005年年底至今，华为处于成熟发展期，企业需要配备国际化人才，薪酬战略更加丰富化。华为在企业的快速发展阶段实施“竞争性薪酬”，从2010年的数据来看，华为用人，本科生进入华为的起薪标准约为 6 000 元/月，研究生约为 8 000 元/月，这个标准比同行业高出约 20%，这种薪酬方法为企业招揽人才提供了保证。

直到现在，华为仍然采用“有竞争性的薪酬”来吸引企业所需要的各种人才，采用市场领先型薪酬策略。薪酬体系中的各个部分基本上都处于行业领先水平，高薪酬作为重要推动力促使公司成长。华为的高薪来源于总裁任正非的企业家精神，《华为基本法》第六十九条规定：“华为公司保证在经济景气时期和事业发展良好的阶段，员工的人均年收入高于区域行业相应的最高水平。”华为已经掌握了知识经济时代的一个根本的东西，那就是价值分享，敢于与他人分享财富和事业的价值。

二、公平合理地处理内外因素

华为始终关注报酬的三个公平性：一是对外公平，根据业界最佳与市场调研，与同类人员比，必须具有社会竞争力；二是对内公平，不同工作的员工，要根据工作分析与职位评估来确定薪酬结构与政策；三是员工公平，同性质员工，依据绩效考核与资格认证确定合理差别。在薪酬体系构建上的内部公平性和外部竞争性的辩证统一符合华为的战略观念。

根据《华为基本法》第四章基本人力资源政策，华为在工资分配上实行基于能力的职能工资制：奖金的分配与部门和个人的绩效改进挂钩；安全退休金等福利的分配，则要依据工作态度的考评结果；医疗保险按贡献大小，对高级管理和资深专业人员与一般员工实行差别化待遇。公司薪酬战略与经营战略相匹配，效率优先，兼顾公平。华为的福利不以身份和资历来论，而是以贡献大小作为利益分配依据。这种体系有效克服了一切惰性，同时华为除了设计一些普通福利发放形式，如培训、分红、职工小区之外，还有自己的特色，例如，员工福利采用货币化，即打到职工的工卡里，这笔钱可以用于购买车票、在公司食堂就餐、在公司小卖部购物等，同时还拥有基本工资 15%的退休基金。

华为的薪酬结构大体为：员工薪酬＝基本工资＋加班费＋股票＋福利。不同部门、不同级别、不同员工的薪酬奖励具有相对独特性。基本薪酬，通常是包括基础薪酬、岗位薪酬、学历薪酬、职务薪酬、技能薪酬等。这其中，基本工资主要和员工的级别相联系。华为的员工薪水级别分为 10 级，各个级别的基本工资有相应的标准。员工的加班费用和加班时间相对应，多劳多得；而员工的股票和福利等奖励和企业的盈利状况有关。华为的这种模式考虑了企业发展的内外因素，显得公平合理。对于华为的人力资源管理，人们普遍认为，高效的薪酬激励制度和高度激发员工斗志的精神教育，是华为进行员工激励的两大法宝。

三、具有独特性的股权与福利激励

华为在职工持股的激励方面具有独特性，随着企业的发展，华为从最初的人人配股的固定股票分红逐渐转变为“虚拟受限股”。虚拟股票是指公司授予激励对象一种虚拟的股票，激励对象可以据此享受一定数量的分红权和股价升值权，但是没有所有权，没有表决权，不能转让和出售，在离开企业时自动失效。华为员工入职满一年后，拥有内部职工股。以每股1元的价格向公司购买股票，不得转让，离职时必须卖给公司。

“人人是老板”的员工持股机制充分体现了知识的价值和价格，又兼顾了各方的利益，结成了员工与公司利益和命运的共同体。在华为担任中层经理级别以上的人员，年收入过百万的有一千多人，他们收入的很大一部分就是来自于长期的股权激励，这些长期的激励措施为华为留住了大量的人才。华为将奖金发放视为一种艺术，在华为的薪酬体系里，奖金的数量占到所有报酬的25%。与此同时，各种补助、加班费都体现了“人本管理”的思想。

奖金的分配完全与部门的关键绩效目标和个人的绩效挂钩；安全退休金等福利的分配，依赖工作态度的考评结果；医疗保险按级别和贡献拉开差距。华为建立有一套面向所有员工的社会保障和福利机制，这一机制高于当地政策的要求，同时还包括了强制性的社会保险和额外福利等。

四、推行优劣分明与持续改进的绩效考核

华为坚决推行定岗、定员、定责、定酬的待遇系统，以绩效作为竞争工具。1996年，华为从英国引进任职评价体系，又请美国HAY公司作薪酬顾问，从此建立了华为任职资格评价体系，并在此基础上进行了合理的薪酬设计，从而解决了内部公平性问题。华为的战略观点是在薪酬体系构建时，要实现内部公平性和外部竞争性的辩证统一。

高薪和股权使华为的薪酬对外具有极大优势，但要保证内部公平性，绩效考核不可或缺，它是重要的薪酬与福利决定因素之一。在薪酬考核部，绩效考核与报酬管理二位一体，他们的一个信念是“决不让雷锋吃亏”。华为对学雷锋的文化假设是：雷锋精神的核心本质就是奉献，做好本职工作就是奉献，踏踏实实地做好了本职工作的精神，就是雷锋精神，而绩效考核与报酬分配系统要保证使这种奉献得到合理的回报。

另一个信念则是“通过5%的落后分子促进全体员工努力前进”。跑得慢的会被吃掉，华为人并不是生来就是一条条狼，但他们相信，要把一群食草动物转变为一个狼性组织，必须有狼的出现，也就必须有被狼“吃掉”的个体！华为的绩效考核以绩效的改进为目标，主管要对下属进行辅导、检查，再做出评价。

◎ 分析参考

决不让雷锋吃亏

企业的薪酬管理与员工的工作满意度息息相关，薪酬水平的高低能够在很大程度上影响到员工对于企业的忠诚度，对于企业凝聚力方面有着极大的影响。薪酬管理模式的好坏，企业员工对于薪酬的满意度会直接影响人才的去留。如何发挥薪酬在企业激励机制中的重要作用，设计合理的适合公司发展的薪酬体系，越来越得到企业高层管理者的重视！华为公司的信念是“决不让雷锋吃亏”。在华为看来，雷锋精神的核心本质就是奉献，做好本职工作就是奉献，而绩效考核与报酬分配系统要保证使这种奉献得到合理的回报。

人们常常用“技术华为”来概括华为的成功。其实，用“技术华为”+“管理华为”+“开放华为”概括更为全面。华为通过全面构建、打造富有活力的人力资源管理体系，使华为的管理更富有效率。在这个过程中，借用“他山之石”的策略让华为加速了成长和进步的步伐。华为在不同阶段、不同领域引进了先进的思想和管理办法，通过外部的专家促进了华为的变革。在薪酬方面，华为通过与咨询公司的合作，建立了以岗位价值评价为导向的薪酬体系与员工能力素质模型等，从而使公司在市场竞争中立于不败之地。华为公司的人力资源部与世界著名咨询公司长期合作，定期开展薪酬调查，根据调查结果和公司业绩对员工薪酬进行相应调整。一个好的薪酬结构体系将有效保证企业在发展中的动态合理性，并促进企业的竞争力与提升员工的成就感，能否在士气及员工的归属感上创造价值，是一个好的薪酬体系的评价标准，而这个体系也将随着企业的发展而体现出内在价值。

一、华为的薪酬模式与企业发展阶段相匹配

企业在初创、成长、成熟、衰退等不同的发展阶段呈现出不同的特点，具

有很大的差异，因此企业需要采用不同的薪酬模式与之相匹配。华为在早期的企业薪酬激励中，主要是靠支付员工非资本性支出的薪酬设计方案，这样能够最大限度地为企业的经营活动减少现金支出，有利于降低发展过程中的经营成本。在企业快速发展和成长的时期，华为则提供有竞争性的薪酬，以吸引更多人才的加盟，为企业大量聚集人才提供了保证。

一直到现在，华为公司的薪酬水平也是高于同行业的。华为公司通常会在上半年整体上调工资水平，并且在下半年还会有工资的微调措施。在华为公司，一般的技术人员都可以获得30万以上的年薪，更有一千多人可以获得百万年薪以上，虽然公司中并不是所有人都能够达到百万年薪的标准，但是华为的薪酬高于同行业这一点，还是为企业的竞争提供切实的支撑力量。时代在变，技术在变，需求也在变，因此如果人的思想不跟着变，就只能换人，好在华为度过了一个又一个需要变的时期，不断开创新的辉煌。今后的华为，还将面对更多的变量，在中国企业走向世界的过程中，必须从单一市场的变化里学会应对复杂市场变化的能力，从对中国自己员工的管理中学会应对各国员工的多样的管理方式，在遵守各国法律的基础上，制定出可以适应不同市场和地区的薪酬体系与制度，以取得在全球市场竞争中的主动权。

二、华为的薪酬管理体现了企业发展的整体策略

《华为基本法》中规定："华为公司保证在经济景气时期和事业发展良好的阶段，员工的人均年收入高于区域行业相应的最高水平。"全面实施这一策略，为华为提供了合理的薪酬与福利的解决方案，即高职位、高技术的领先型方案，事实表明这为华为赢得了较多的高端人才。华为坚持多年的薪酬政策，都充分考虑到了企业的整体发展策略性，形成了薪酬设计的统一思想和原则，明确了华为的整体薪酬水平。为了保证薪酬的最高水平，就必须淘汰最差的员工。

华为员工按生产、研发、市场销售和客户服务划分四个体系。其中，研发和市场销售体系的薪金水平明显高过生产和客户服务体系。刚毕业的本科生进入华为的起薪标准约为6 000元/月，研究生约为8 000元/月，这种区别随着工作年限加长而越来越小，达到一定工作年限之后，主要看的是工作业绩和能力。华为的员工薪水级别分为10级，不同级别的员工工资不同。华为依据贡献定级别，依据级别定薪水，并且员工可以持有企业股权，这种模式能为企业最大限度地留住人才。华为规定，员工持有股票可以分享企业业绩增长所带来的盈利。以华为在2010年的薪酬支出来看，全年的薪酬支出是306亿元（不包括员工分

红），而员工所分享的红利则高达118亿。

三、华为薪酬管理存在着进一步改进的空间

华为已经进入企业的成熟发展期，企业成长速度减缓。因此，华为在薪酬管理方面会更多关注绩效奖金及可变薪酬在薪酬结构中的构成，适当改善薪酬结构，以降低薪酬成本的压力。就像在创立初期，因为珍惜现金流而设计出许多非现金支出的奖励方式一样，在华为的成熟发展期，由于企业经营规模的庞大、支出的巨大，同样要为了珍惜现金流而创新出更好的薪酬福利制度。

以往，华为主要注重外在的货币激励，而对培训机会、工作满意度、工作环境改善等内在激励不足，措施不明显。对此，华为应尽量减少核心员工流失，加强人力资源风险防范意识，对于各类风险都要有理性的预测和解决方案，更多注重薪酬的长期激励及福利增加。企业规模扩大之后，很容易患上“大企业病”，管理绩效很容易降低，出现人浮于事、有人无事干、有事无人干的现象，而这都会增加企业经营成本，并影响到忠诚于企业的员工的工作积极性。华为还很年轻，才刚刚步入“而立之年”，千万不能让“未老先衰”的现象出现。问题是，当老一辈的创业者因个人年龄与身体原因相继退出核心管理岗位之后，新一代的职业经理人能否保持创业者所具有的“狼性特质”，这将通过经受更多的考验才能知道。创业难，守业更难，会在华为新一代的管理层身上体现，因为他们接手的是一个大体量的企业，一个竞争更为激烈的市场。

薪酬制度随着企业内部条件和外部环境的变化而发展，以工作为导向、注重企业短期利益和内部资源开发利用、将薪酬视为成本中心的传统薪酬方案已经越来越无法满足现代企业竞争与发展的需要。企业在进行战略薪酬设计时应根据自身发展的内部环境因素，如企业发展战略、经营战略、企业发展阶段、企业文化等，设计与之匹配的薪酬模式，选取最有利于企业发展的薪酬管理模式，只有这样，才能让薪酬制度对企业的发展起促进作用，企业的竞争才能立于不败之地。

组织只有实施与企业战略密切相关的战略薪酬，才能取得人才竞争优势，为企业源源不断地提供具有竞争性、高绩效的人力资源，为企业远景、使命、目标的实现提供强大的保证。同时，每个企业都有自己的特色，切莫在模仿中迷失了自己。不选最优秀，只选最合适，只有这样，才能让薪酬制度处于有利的竞争地位，进而创造出巨大的价值。

26

建立完整的薪酬福利体系

——宜家公司在薪酬管理中的价值趋同

◎ 企业背景

宜家家居（IKEA）于 1943 年创建于瑞典，目前已成为全球最大的家具家居用品商家，截至 2014 年年底，在全球 27 个国家和地区拥有 315 个商场。宜家家居在全球的 16 个采购贸易区设立了 46 个贸易代表处，在全球 53 个国家有大约 1 300 个供应商。2005 年 9 月，在《商业周刊》和 Interbrand 公司联合推出的全球最佳品牌榜上，宜家排名 42 位，品牌价值为 78.17 亿美元，而在此之前连续 3 年，宜家一直位居全球最佳品牌的前 50 名。令人难以置信的是，宜家公司极少投资广告，在没有广告宣传大投入的情况下可以获得如此高的品牌影响力，实属不易。

宜家的创始人英格瓦·坎普拉德（Ingvar Kamprad），1926 年出生在瑞典南部的斯马兰，坎普拉德年少时就立志开办自己的公司。起初，他骑着自行车向邻居销售火柴，发现从斯德哥尔摩批量购买火柴，可以拿到很便宜的价格，然后再以较低的价格进行零售，从中仍能赚得不小的利润。后来，他的生意范围不断扩大，又开始卖鱼、圣诞树装饰物、种子、圆珠笔和铅笔等。1943 年，坎普拉德 17 岁时，父亲送给他一份毕业礼物——帮助他创建自己的公司。宜家（IKEA）这一名字就是创始人名字的首写字母（IK）和他所在的农场艾尔姆塔里德（Elmtaryd）以及农场附近的村庄阿根纳瑞德（Agunnaryd）的首字母组合而成的。

为了给员工强调与顾客结盟的民主理念，1976 年，坎普拉德写下了《一个家具商的信仰》，由此成为宜家“圣经”。他一再重申：为大多数人创造美好生活的一部分，包含着打破地位和传统的局限而成为更自由的人。要做到这一点，我们不得不与众不同。即使在20世纪90年代，宜家加快向全球发展的步伐时，也力求保持自己原汁原味的企业文化。在宜家集团工作，意味着可以成为激励人心、轻松有趣、快节奏环境中的一部分。宜家集团拥有139 000名员工，主张非官僚化的工作方式。在宜家，员工尊重彼此，尊重差异，对所有贡献者虚怀以待。因此，无论在哪个国家工作，都能接触到一个多元化的群体。

长年以来，宜家赖以传播品牌的主力就是宜家目录册，不少人把它比喻为印刷数比《圣经》还多的册子。这份诞生于1951年的小册子，带有明显的邮购特色。但坎普拉德逐渐把它改造成了新生活的布道手册，手册目录上不仅仅列出产品的照片和价格，而且经过设计师的精心设计，从功能性、美观性等方面综合表现宜家产品的特点，顾客可以从中发现家居布置的灵感和实用的解决方案。每年，宜家目录册共发行上亿册，使用25种语言，有52个版本。

宜家家居目前在中国大陆有17家商场，分别在北京（2家）、天津、上海（3家）、广州、成都、深圳、南京、无锡、大连、沈阳、宁波、重庆、武汉、杭州等地，其中，重庆宜家为亚洲地区最大宜家标准店。宜家的采购模式是全球化的采购模式，其中有3个在中国大陆，分别为：华南区，华中区和华北区。宜家在中国的采购量占到集团总量的18%，在宜家采购国家中排名第一。中国已成为宜家最大的采购市场和最重要的业务增长空间之一，在宜家的全球战略中具有举足轻重的地位。

◎ 典型案例

在宜家集团，所有员工的福利基础都是一样的，从搬运工到销售总监，甚至到CEO，宜家为每个员工提供最平等的工作环境。在宜家集团的管理层看来，这是最有效的激励员工的措施之一，也是宜家薪酬福利体系的一个重要表现。当宜家集团总裁兼CEO安德斯·代尔维格抵达上海时，没有人去迎接他，与所有宜家海外出差的员工一样，自己打车到上海公司，然后住进公司附近的全球员工统一规格的三星级宾馆里，开始其在中国的考察之旅。

全面的薪酬福利体系，除了反映在财务上的工资、奖金和补贴外，还包括公司为员工提供的培训学习等发展机会、工作与生活的平衡条件以及公司的整体运行环境等。宜家集团相信，员工发展的主要动力在于：每个人都需要学习更多的东西。从中国的发展情况来看，中国人都希望有更多的学习机会，有更多累积经验的机会，这和工资收入并不直接相关。为此，宜家集团在设计全面的薪酬体系时，特别强化了员工发展方面的“福利”措施。

一、在薪酬福利方面，实施全面的福利概念

宜家集团实施的是全面的薪酬福利概念，所以反映在财务上的工资和奖金等固定指标就没有必要满足全部员工的期望值，因为公司能够在其他方面予以弥补。但同时，宜家也关注与了解市场薪酬情况。一个企业的薪酬福利体系虽然是企业内部的事情，但绝不是关起门来就可以制定的。在市场上，同行业、同职位员工的薪资水平和发展空间，都是在制定薪酬福利体系时必须了解的。宜家的人力资源部门除了了解外部的情况外，还要清楚员工的出发点和信息，力争让员工最在意的薪酬福利体系中的环节与市场同步。虽然在设计薪酬福利体系的时候要综合考虑多种因素，但根本上讲，一个公司的薪酬福利体系如何设置还是由该公司根据自己在市场上的定位决定。在工资方面，宜家在市场上的定位是中点，员工的工资水平基本保持在市场的平均水平范围内。在制定薪酬福利体系时，宜家努力做到四个方面的平衡。

1. 要做好长期激励和短期激励的平衡工作。很多公司在设计薪酬福利体系的时候都充分考虑了短期激励的因素，如工资和奖金等，当然，工资和奖金是基础，但如学习、发展等长期激励措施也是很多员工追求的。

2. 固定因素和非固定因素的平衡。固定因素是企业应该为员工支付的工资、奖金等，而非固定因素则是公司非常希望发展的方向，如何通过薪酬福利体系让员工也认同公司的发展方向，是人力资源管理部门必须完成的工作。

3. 处理好共同需要与特别需要之间的关系。所谓共同需要就是指公司的政策，特殊需要指的是个别员工的需求，处理好这两者之间的关系就是在政策允许的范围内，对不同的员工要有不同的福利措施。

4. 努力做到内部与外部的平衡。薪酬福利是很容易拿到市场上进行比较的，在公司内部，保证相同职位的人拥有统一的薪酬福利待遇是十分容易的，但与外部市场环境或者竞争对手保持平衡的关系却并不简单。宜家采取的策略是根据定位平衡两者关系。

二、在重视多样性方面，给予员工自主和决策空间

宜家集团将多样性视为企业文化的一部分，主要包含两个方面，一方面是先天因素，包括肤色、性别等；另一方面是后天因素，包括教育背景、思维与表达方法、语言等。不同文化背景的人有不同的思维习惯、处事态度和生活方式，要协调好差异性就必须做到良好的沟通。作为管理者，必须善于发现异中之同，找联系，找共同点，消除沟通障碍。而且，对于处于不同阶段的员工，宜家对他们的要求和管理方式也有所不同。

对一名管理新手，或者一名刚刚参加工作的员工，宜家集团会给予他们多一些指导意见，告诉他们该做些什么和不该做些什么，与他们分享知识，帮助他们建立知识结构。但随着他们的进步和成熟，宜家会赋予他们更多的责任与任务，给予他们更多的自主和决策空间，尽量授权他们独立完成职责任务。宜家的人力资源管理部门每年都要统计、调整管理层的性别比例，各分公司员工的国籍、种族等情况也要定期向总部汇报。总之，宜家的大门是向那些性格外向的、具有献身精神的、愿意为客户服务的，并有兴趣成为团队成员之一的人开放的。

三、在工作环境方面，提供弹性和舒适的空间

在工作环境方面，宜家首先考虑的是为员工提供一个弹性和舒适的物理工作环境。对于宜家办公室的员工来说，他们可以自由安排自己的工作时间。而对于宜家门店的员工来说，宜家也不鼓励他们加班，因为他们认为员工工作与生活的平衡对公司很重要。宜家认为，员工的工作强度如果过大，加上家庭的压力，那他的状态极有可能受到影响，物理上的舒适可能比心理上的平衡更直接。宜家还为员工提供良好而人性化的工作环境，在中国的门店和办公楼都是宜家自己设计建造的，这样可以按照公司自己的风格装饰工作环境，使工作环境的色彩非常明快。宜家还有一间大而明亮、精心设计的员工餐厅，员工可以免费享用所有饮料，每天用餐时间也不固定。宜家还有专门的员工休息室和吸烟室。公司鼓励员工在工作上提出挑战，即便偶然失误也不会因此受到处罚。在这样一个文化氛围里，员工们快乐地工作，并享受着工作的成果。

四、在学习能力方面，开展多种方式的实践

宜家集团向全体员工公开职位空缺信息，促进员工思考和衡量自己的能力与需要学习的地方，学会管理与规划自己的职业发展。宜家认为，员工应该在实践中学习，如果有主管申请经理的职位，尽管他的知识结构和储备可能没有

达到理想状态，但如果他的发展潜力很大，宜家还是愿意给予机会。在宜家，普通员工和经理之间非常平等，这些环境、关系方面的设计与营造，都是为了缓解员工工作压力，增进员工关系，扩大互相学习机会。宜家通过传播企业文化来培养自己的精兵强将，一直把员工培训放在战略的高度来对待，通过培训来维护、宣传企业文化，培养合格的员工。

五、在与员工沟通方面，主动让员工了解公司的制度设计思想

薪酬福利体系的设置并不是最麻烦的环节，决定薪酬福利体系是否能够为员工所接受，并成为公司激励员工的最有效方式之一，才是该体系能否顺利运行的关键。在薪酬福利体系公布前，宜家人力资源管理人员必须与员工沟通，告诉员工其薪酬福利组成及设计理由等，力争使员工对公司的薪酬福利体系有一个起码的了解，要向员工介绍宜家把工资水平定位在中点的原因。最终要让员工明白，宜家有很好的学习机会、发展机会，而且针对不同的员工有不同的管理方式，加上各种各样的福利措施，宜家实际的待遇并不低。宜家在中国经营的时间并不长，目前只是一个快速发展时期的中小企业，这个定位也是根据企业所处的位置选择的，而个人的待遇和其在公司的表现密切相关。通过职位评估确定每个职位的等级，将该等级匹配的薪点作为薪资水平的依据。公司会对每位员工设定一个目标，有一整套完善的评估体系评估员工的表现，如果工作出色，就会得到各种各样的发展机会，当然，待遇也会跟着水涨船高。

六、在保险福利方面，公司给予全面的考虑

宜家集团对于员工，在社保方面，除提供《劳动合同法》规定的社会保障项目外，还提供了各项社会保险及公积金、补充医疗保险、意外伤害保险，为所有员工及其子女购买了全额度的商业医疗保险。在休假方面，除法定节假日外，每个员工每年可以享受 15 天的带薪休假，并且随着员工从业时间的增加，每五年还可增加两天的带薪休假。在工作期间，公司为员工提供全天无限量自助工作餐，这是其他企业难以做到的。在奖金制度方面，宜家家居不实行绩效奖金制度，公司实行的是“十年员工奖励”，即公司会对工作满 10 年、20 年、30 年的员工实行奖金鼓励。

◎ 分析参考

用价值观汇聚好的员工与好的顾客

宜家集团全面薪酬福利体系的成功，给现代企业一个很好的启示，随着科技信息时代的飞速发展，越来越多的员工看重的并不是单一的高工资回报，而是更侧重自身的长远发展，在工作中取得成就。追求更高层次的满足以获得自我实现，是大部分人渴望达到的目标。全面薪酬福利体系有效实施的关键在于沟通，薪酬福利体系的设置并不是该体系运行过程中最复杂的环节，关键是薪酬福利体系是否能够为绝大多数的员工所接受，并成为公司激励员工的最有效方式之一。为此，宜家集团做了许多努力。

一、坚持让员工变成最好的人的理念

宜家集团坦承自己在中国市场上只是一家创业型公司，有可能无法给予市场上高定位的薪酬，但保证员工的发展机会均等，给每一个人留出成长的空间和晋升的可能。这种循序渐进的思想，源自宜家创始人英格瓦·坎普拉德一贯的愿景，他的观点很奇特：不仅要改善大多数人的生活水平，而且要改善这些人的本身。宜家公司提倡顾客“自给自足”——自己在店里选购商品，自己把选好的商品带到结账处，自己把商品运回家，然后自己把它们组装起来。宜家公司说，这样做的目的不只因为宜家要降低成本，还因为这样做对顾客好，顾客会因此而变成一个更好的人。

在薪酬福利体系的设计上，宜家公司实际上持续了同样的理念——“不是给你最好的待遇，但努力让你变成最好的人”。只有最好的人，最终才有资格获得最高的待遇。宜家集团保证给予员工更多在实践中学习的机会，当有人申请经理职位时，尽管可能他的知识结构和储备还没有达到理想状态，但只要发现他具备相应的发展潜力，宜家就愿意给他尝试的机会，让他在实践中成长。当员工在新的、更高的岗位上表现出自己有能力驾驭时，他的薪酬水平就可以得到相应的提升，这种薪酬与职责同步提升的做法，对员工和企业都十分有利，从而可以促进员工变成一个更好的人，而这正是宜家集团所提倡的管理理念。正如宜家的一位公关经理所言“宜家文化存在于我们每个人的内心深处。作为宜家的员工，我们每天都在创造、推动并发展我们的文化。只要你愿意学习、适应并与我们共同成长，那么就会有无穷的机会。”

二、欢迎与宜家核心价值观一致的人

宜家集团在招聘员工时，很看重沟通能力强的人，这样的员工通常更愿意与企业一起讨论未来的发展方向和改进措施，是抱着开放心态从事工作的人员。宜家希望建设一个踏实、坦率并对家居装饰行业充满热情的多元化员工群体。对宜家集团来说，员工来自世界各地，文化与信仰背景各不相同，但宜家希望所有员工可以拥有一致的志趣愿景——为大众创造更加美好的日常生活，并将其立足于以人为本的共同价值观之上，这被认为是宜家的包容、共通、开放、诚实之企业文化的基础。企业文化以团结、热情和乐趣为根本，员工在一起共事就像是与朋友共事，为此，宜家一直在寻求同样具有积极态度和价值观的人。公司希望的员工应该是直率、勤奋，乐于与周围的人打交道，同时也很重视应聘者是否具有领导才能、网络技能、谈判技能等。

宜家特别看重候选人的个人价值观是否与宜家的核心价值观一致，关心客户、勤奋、愿意不断学习进步的人才是宜家所需要的人选。宜家集团不太愿意招聘已经深受其他文化影响的人员，尤其是那些具有社会等级意识的人，因为这些员工通常都难以适应宜家的企业文化。只有与宜家核心价值观一致的人员，才能理解宜家的理念，也最终能够明白宜家薪酬福利体系的用心所在。宜家相信，员工发展的主要动力在于：每个人都需要学习更多东西。中国员工都希望有更多的学习机会，有更多累积经验的机会，这和工资收入并不直接相关。

三、强化与员工的沟通与交流

宜家集团希望通过建立人员之间良好的沟通与反馈机制，保持与员工的经常性交流，以根据员工最在意的部分，努力在全面薪酬福利设计中有所侧重，起到真正激励员工的效果。宜家管理者要求，员工应该享有充分的话语权，对于愿意提出业务改善意见和有创意的员工，必须倍加欣赏。宜家不回避对一些基层员工来说直接收入偏低的现象，但同时会向他们保证，公司提供许多额外的保险与保障，只要坚持在公司服务，其未来，包括家庭的生活，是可以得到安全保障的。通过事先的沟通，可以大大缓解在公布年度加薪结果后出现的利益纠纷与抵触情绪，对和谐企业与员工之间的关系，营造更好的团队都非常重要。

高层与基层员工的无距离沟通，可以大大缓解员工对公司政策的对立情绪，而且在许多方面的无差别待遇可让他们更加理解公司的用心。宜家的一位人力资源管理者认为：公司鼓励开诚布公的对话，因此在这里，每个人都能做回自己，并且拥有话语权。宜家希望寻找坦率、踏实并能主动学习，有助于构建企业文化的人才。

一家企业的成功，固然有市场机遇和企业家精神的作用力，但一家企业要做大做强，就必须建立起自己的企业文化，而且必须是向上与向善的价值导向，才能吸引到更多更好的人才加盟企业，也可以稳定员工队伍。企业的薪酬体系与结构，事实上可以包括三个层次的内容：一是以货币形式出现的工资、薪金、津贴、加班费、交通或车辆补贴等；二是以非货币形式出现的福利，包括基本社会保障、补充养老金、补充住房公积金、子女教育基金、带薪休假、免费用餐等；三是建立股权激励与员工分红的机制，让一部分员工持有企业的股份，享受到投资人的部分权益。企业应该通过宣传与沟通，让员工了解并理解企业的用心所在。为此，宜家集团做了许多这方面的安排，虽然没有实行股权激励机制，但通过与员工的交流与沟通，让员工接受了自己的企业文化与制度。

企业发展需要留住人才和发展人才，员工发展需要提升能力与承担重任。因此，员工培训与生涯规划被认为是一种发展性的福利，当企业给予员工这种福利的同时，就意味着员工的发展之门已经打开。获得更多更新能力的员工，就可以有竞争更高职位的机会，这意味着员工一旦进入新的角色，他们的薪酬标准也将随之发生变化，有时甚至是跨越式的增长，这才是员工最为看重的薪酬回报模式。只要不论资排辈、不封杀前程，员工就会看到发展机会，就能更加忠诚于企业，与企业同命运、共呼吸。宜家集团提倡，员工尊重彼此，企业尊重差异，对所有贡献者都虚怀以待，公平对待，真正践行着人人平等的发展理念。

27

借道资产管理的员工持股计划

——海澜之家的员工持股细则

◎ 企业背景

2002年年初，周建平赴日本进行市场考察，回国后成立了江阴海澜之家服饰有限公司。在经过市场调研和品牌策划后，2002年9月，“海澜之家”第一家门店——南京中山北路店正式开业，这种全新的、自选式购衣模式为中国服装营销史掀开了崭新的一页。创业初期，海澜之家面临许多困难，零品牌（品牌是新的，消费者所知甚少）、零市场（市场占有率为零）、零模式（全新的经营模式和消费理念，消费者接受还需要一个过程）、零经验（毫无经验可言，无从借鉴）等，这一切只有靠着自身的探索和积累，摸着石头过河，所以在品牌创立之初，海澜之家走过一段弯路。

起初，海澜之家以西服作为主打产品，当时的广告语也是“海澜之家，西服自选”。后来通过市场调研，根据市场状况、流行趋势，再结合品牌风格和目标消费群的文化品位，海澜之家增加了休闲类产品的比例，丰富了品类、款式，缩短了产品开发周期，新品不断上市，刺激了男装购买力量。现在，海澜之家股份有限公司旗下拥有多个服装品牌，以全国连锁、超大规模、男装自选的全新营销模式引发了中国服装市场的变革，塑造了“海澜之家——男人的衣柜”的鲜明品牌形象。2014年4月11日，海澜之家在上海证券交易所上市。

截至2014年年底，海澜之家门店共有3 328家，年预计净开店数量350～400家，同时预计营业面积增长高于门店数量增长；2014年之前单店营业面积在150平方米、2014年平均单店营业面积达到200平方米。从下游来看，加盟商仅承担财务投资者角色，投资者平均初始投资成本100万～200万元，新店的年均回报率在15%～20%，续约老店（5年以上）投资回报率在25%～30%；从上游来看，供应商毛利率在30%～40%，只要供应商产品售罄率在60%以上，费用就可以完全覆盖实际上供应商产品平均售罄率80%以上（2014年尾货占比仅18%）。

海澜之家股份有限公司潜在的平台型运营模式、全供应链整合的商业优势独具成长性。海澜之家在2015，年以200多亿零售体量在平价男装领域已绝对领先，公司未来在多渠道、多品类方面的布局也将进一步打开成长空间：一是互联网战略突破，继续发展电商平台、落实线上线下对接的O2O模式，货品统一＋后台系统完善＋类直营，是最适应O2O运营的稀缺标的，在互联网消费不可逆转的大趋势下潜力巨大；二是女装、皮鞋、配件饰品等多品类战略的相继突破，拓展高性价比、高毛利率的产品，大大提升公司收入及利润空间，未来不排除会通过兼并收购方式推出系列产品。

周建平在1988年12月时，用自己积蓄的3 600美元创业，带领18名工人创办镇属集体性质的新桥第三毛纺厂，1994年6月成立江苏三毛集团公司。1996年，三毛集团公司总资产55亿元，职工5 000人，产销10亿元。2002年9月，周建平正式创办“海澜之家”，现任江苏海澜集团公司董事长、海澜控股董事长，海澜之家董事长。此外，周建平还担任过第十届全国人大代表，第十一届、十二届全国政协委员，多次受到习近平等党和国家领导人的接见。2015年，周建平入围胡润全球富豪榜第330位。

◎ 典型案例

2001年，当周建平决定将三毛集团公司更名为海澜集团公司时，他的服装帝国已经形成雏形。从2002年9月，“海澜之家”第一家门店在南京正式开业，到2003年年底，海澜之家已经拥有50家专卖店，销售收入达到2亿元，这一过程仅仅用了一年多时间。随后，海澜之家以破竹之势迅速发展。到2013年，海澜之家实现营业收入71.5亿元，净利润14.7亿元，门店数量增加至3 210家。企业规模的日渐壮大激发了海澜对资本的渴望。2012年5月，海澜之家试图冲刺 IPO，但却以失败告终。然而这并未阻挡周建平的步伐，2014 年 4 月 3 日，凯诺科技发布变更证券简称公告，公司名称“凯诺科技股份有限公司”变更为“海澜之家股份有限公司”，自 4 月 11 日起，凯诺科技股票简称变更为“海澜之家”。至此，海澜之家借壳凯诺科技实现上市，市值超过 400 亿元，成为 A 股最大的服装企业。

2014 年 9 月 3 日，50 多位证券机构人士集体调研海澜之家，在投资者见面会上，周建平发表了海澜之家实现资产证券化后将直接叫板优衣库、进军全球化的激情演讲。“我要和优衣库拼了！”周建平说，“只有储备人力资源、优化人才结构，才能实现企业‘基因’转型、获得持久的创新活力。光有思路而没人落地实施，一切都只是空谈。在人才的投入上绝不能斤斤计较，要闭着眼睛舍得投钱。”周建平期待，高层次人才将会在下一个 10 年助推企业在更高层次上进行转型升级，成为一个令人瞩目的世界性企业。一年后，周建平正式推出了海澜之家股份有限公司员工持股计划。

在现阶段，中国大陆上市公司所推行的员工持股计划方式，大致分为四类：员工单独出资认购公司股票、大股东为员工持股出资加杠杆、借道资产管理计划加杠杆以及利用股票收益权互换创新工具等。就目前来看，员工单独出资认购公司股票的员工持股方案渐渐“过时”，通过大股东个人借款、资产管理计划以及其他金融创新工具加杠杆的方式逐渐流行。在已推出的各类员工持股计划中，以股票收益权互换为代表的创新型员工持股计划也不时出现，海澜之家股份有限公司推行的员工持股办法则是一项借道各类资产管理的计划。

2015 年 8 月 8 日，依据《中华人民共和国公司法》《中华人民共和国证券法》和《关于上市公司实施员工持股计划试点的指导意见》等有关国家法律、行政法规、规章与规范性文件，结合海澜之家《公司章程》的规定，海澜之家股份有限公司发布第一期员工持股计划，计划的参与对象包括在上市公司或上市公司的下属子公司全职工作、领取薪酬并签订劳动合同，且符合下列标准之一：上市公司的董事、监事及高级管理人员；上市公司及其下属子公司的中层及以上管理人员。

根据方案，上市公司将滚动设立员工持股计划，在上一期员工持股计划实施后，根据情况可实施新一期员工持股计划。第一期员工持股计划资金来源为员工的合法薪酬和通过法律、行政法规允许的其他方式取得的自筹资金。员工持股计划获得股东大会批准后，将通过二级市场购买等法律法规许可的方式取得并持有海澜之家股票。

海澜之家集合资产管理计划资金总规模不超过 4.5 亿元，并按照 2∶1 的比例设立优先级份额和次级份额，其中，员工持股计划全额认购次级份额，公司控股股东海澜集团有限公司为持股计划优先级份额的权益提供担保。

当资产管理计划参与投资的金融资产全部变现，即现金类资产占资产管理计划净值比例为100％时，管理人有权提前结束资产管理计划。变更、延长或者终止员工持股计划应当经持有人会议及公司董事会根据股东大会的授权予以审议通过。员工持股计划的存续期届满后未有效延期的，员工持股计划自行终止。

第一期员工持股计划权益的处置办法规定：

1. 存续期内，持有人所持有的员工持股计划权益未经管委会同意不得转让，未经同意擅自转让的，该转让行为无效。

2. 存续期内，除另有规定外，持有人不得要求分配员工持股计划资产。

3. 在标的股票锁定期内，上市公司派发现金股利时，员工持股计划因持有公司股份而获得的现金股利可以进行收益分配，持有人按所持份额取得收益。

4. 持有人所持有的员工持股计划份额不得用于抵押、质押、担保、偿还债务。对于持有人发生职务变更、丧失劳动能力、退休、死亡等情况的处置办法则规定：(1) 职务变更。存续期内，持有人职务发生变更但仍符合参与条件的，其持有的员工持股计划份额及权益不受影响。(2) 丧失劳动能力。存续期内，持有人丧失劳动能力的，其持有的员工持股计划份额及权益不受影响。(3) 退休。存续期内，持有人达到国家规定的退休年龄而退休的，其持有的员工持股计划份额及权益不作变更。(4) 死亡。存续期内，持有人死亡的，其持有的员工持股计划份额及权益不作变更，由其合法继承人继承并继续享有，该继承人不受需具备参与本员工持股计划资格的限制。

5. 离职。(1) 因持有人与公司劳动合同到期而解除劳动关系或其他原因离职的（除持有人因丧失劳动能力、退休而正当离职的情形之外），取消该持有人的持股计划资格，并将其持有的员工持股计划权益按照其自有资金部分原始出资金额强制转让给管委会指定的具备参与本持股计划资格的受让人。(2) 如持有人违反法律、法规、劳动合同或公司规章制度、严重损害公司利益或声誉而从公司离职或被公司依法解除劳动合同的，或未与公司协商一致，单方面终止或解除与公司订立的劳动合同或聘用合同的，取消该持有人的持股计划资格，并将其持有的员工持股计划权益按照其自有资金部分原始出资金额强制转让给管委会指定的具备参与本持股计划资格的受让人。

6. 其他情形。除所规定的情形外，员工发生其他不再适合参加员工持股计划事由的，由员工持股计划管理委员会决定该情形的认定及处置。

海澜之家股份有限公司的员工持股计划，是对公司激励机制的进一步优化，彰显公司的信心。员工持股计划能够有效绑定员工、高管和股东的利益，优化激励机制，充分调动员工和高管的积极性。同时，计划的实施也彰显了高管对公司未来高增长的信心，共同分享成长收益，海澜之家股份有限公司强大的供应链整合能力及高效的零售管理能力已在业绩得到认可。

在中国服装协会公布的“2014 年中国服装行业百强企业”名单中，海澜集团在“产品销售收入”百强企业排名中名列第二，在“利润总额”百强企业排名中名列第一。在《财富》杂志（中文版）发布的“2015 年中国 500 强排行榜”中，海澜之家首度入围，列第 373 位。在净资产收益率排名中，海澜之家以 33.73％名列第三，超过格力、腾讯。

◎ 分析参考

凭什么与优衣库拼？

近年来，上市公司公布的员工持股计划数量呈现井喷态势，加杠杆成为上市公司推行员工持股计划的主流。推出加杠杆的员工持股计划，表明公司对未来发展抱有信心，杠杆越大，信心越足，但相应的风险也就越大。员工持股相当于企业的股东将企业利益和员工利益绑在一起。如果公司股价出现较大幅度上涨，员工持股计划能够让参与的员工得到较高的收益。

海澜之家股份有限公司的供应链＋零售管理能力，在同行业中的领先优势显著，业绩持续高于行业。上游供应链端，公司向战略供应商输出管理，优化供应商资源，进一步强化供应链；下游零售端，公司推行的“类直营”销售模式稳定加价倍数、保障了产品的高性价比，可以有效提升公司对终端市场变化的反应速度和管理效率。从长期来看，海澜之家通过打造国民品牌的战略、较难复制的产业链打通模式获得了抢占市场份额的较大优势。

但是，海澜之家显然不满足于在国内市场上取得的成就，它的目标已经盯上了近邻——日本的优衣库，优衣库才是周建平想要超越的对象。但是，凭什么超越这家已经在国际市场上获取良好品牌与成绩的日本公司呢？周建平想到了人才！只有拥有一支可靠的队伍，才可能实现他的梦想。为此，他决定“在人才的投入上绝不能斤斤计较，要闭着眼睛舍得投钱”。2015 年年中，海澜之家股份有限公司的员工持股计划正式推出。

海澜之家推行的办法则是借道各类资产管理计划，员工持股计划设立总资金规模不超过 4.5 亿元的资产管理计划；资产管理计划按照 2∶1 的比例设立优先级份额和次级份额；员工持股计划向员工筹集资金总额不超过 1.5 亿元，用于认购资产管理计划的次级份额；资产管理计划将用于在二级市场购买海澜之家股票。

一、员工持股计划的意义

过去，员工在公司里工作，即使贡献再大，职位再高，总有一种为人打工的感觉，对于绝大多数的员工来说，难以真正达到与企业同命运、共发展的境界。如果说一般员工以获得就业机会为荣的话，那么中高级人才则是市场上的“香饽饽”，他们不怕找不到就业机会，就怕不能人尽其才，才尽其用。对同行业的企业来说，是以招募到优秀的人才为荣的。对此，一些清醒认识到这一点的企业家，为了能够留住优秀员工、招募到优秀人才，不惜投入巨资，相继推出了更为诱人的留人方案，准备与员工一起分享企业的股份，共同拥有企业的所有权。

海澜之家股份有限公司管理层认为，设立员工持股计划的意义在于：一是可以进一步建立和完善劳动者与所有者的利益共享机制，实现股东、公司和个人利益的一致，改善公司治理水平；二是可以健全公司长期、有效的激励约束机制，提高员工的凝聚力和公司的竞争力，有效调动员工的积极性和创造性，从而促进公司长期、持续、健康发展；三是可以倡导公司与员工个人共同持续发展的理念，吸引和保留优秀管理人才和业务骨干。为此，海澜之家对员工持股计划进行了细化与优化。

二、不同利益方对持股计划的不同认识

员工持股计划是一种股权激励机制，虽然不是针对所有员工，但基本覆盖了企业中的核心员工。员工持股计划是企业对中高层管理人员和核心员工在基本薪酬之外的一种激励措施，运用得当，在明显起到激励作用的同时可以促进企业更快更好地发展；但如果运用不当，原有股东会担心管理层和持股员工在满足自身利益的情况下，影响到自己的利益。因此，员工持股计划在不同的人心目中会有不同的利益诉求。

1. 从企业角度看，企业所追求的目标是利润最大化和可待续发展，并对股东负责。为了达到这一目标，企业需要采取一系列科学合理的管理手段和措施，其中包括在人力资源管理方面加大招募和留人计划，针对中高层管理者和核心员工的股权激励计划，正是留人计划的一部分，而且被证明是一种有效的留人举措。在良好的激励措施之下，企业的中高层管理者和核心员工会更加明确自身的发展目标和企业的发展战略，从而激发出强劲的工作潜能。

2. 从企业的所有者角度看，企业股东的期望和企业追求的目标本质上是一致的，都希望企业的业绩可以持续增长，利润可以不断扩大，使企业所有者收益更多。实行员工持股计划，从短期来看，如果企业获得的利润不能出现明显增加，有可能会分享掉一部分原有股东的利益，有时候中小股东会反对或阻碍员工持股计划的实行。但是，员工持股计划的本意并不是要在现有蛋糕上增加分享的人员，而是要尽快把蛋糕做大，在不影响原有股东利益的基础上，让持股员工和原有股东一起获得增加财富的机会，而用员工持股计划来激励核心员工，是保证蛋糕不断做大的关键力量。

3. 从企业管理者角度看，不论是为了企业的明天，还是为了证明自己的才能，都希望企业可以不断做大做强。企业管理者，有可能是企业所有者或者是主要股东，也有可能只是职业经理人，原本并不持有企业股份，不管身份如何，他们都是股权激励机制的第一推动人，如果他们反对这一计划，员工持股计划就很难真正推行。从企业管理的实践来看，实行员工持股计划，有利于调动员工的积极性，也有利于企业的战略转型与管理措施的推行，更容易形成上下一条心，齐心协力完成增绩的各项任务。因此，员工持股计划受到了绝大多数企业管理者的赞同。

4. 从员工角度看，能够从一名完全的打工者变成一个可以持有企业股权的员工，从心理上会增加对企业的归属感与忠诚度，而这正是企业管理者希望看到的效果。在海澜之家员工持股计划中，第一期受益的员工仅为 404 人，还不能形成“人人是老板”的持股局面，但相信这 404 人会起到良好的示范作用，带动更多的员工积极向上，努力工作，争取成为第二期或第三期的持股员工。海澜之家要想成为“中国的优衣库”，需要依靠一大批优秀员工的努力与奉献，如果自己的员工都没有信心让自己的企业去超越优衣库，那么老板的梦想就只能是空想。

三、员工持股计划需要不断完善与改进

再好的员工激励机制都只能适应一时一地的情况，当企业内外部经济形势发生变化时，必须对方案进行调整与优化，以在更大时间段里增加这一机制的有效性。随着外部环境的变化，企业需要考虑更为周全的激励计划，如果遇到行业不景气时，就要考虑调整激励的“门槛”；相反，当企业高速发展时，企业利润足以支撑薪酬福利的快速增长时，就要考虑放宽受益面，让更多员工分享企业进步的成果。在制订企业的员工持股计划时，应该留有一些“端口”，方便在需要调整激励策略时，可以得到及时的改进。

在推出员工持股计划的同时，企业应该同时推出经营绩效目标与绩效考核措施，让持股员工看到投入与产出的对应关系与主次因果，只有企业经营业绩上去了，利润扩大了，员工持股计划才真正有意义和有价值。对于企业的中高层管理人员和核心人员，在进行股权激励和物质激励的同时，也需要推出一系列的非物质激励措施，在企业文化建设上动脑筋，可以通过增加培训、家庭福利、心灵关怀等措施，从感情上留住中高层管理人员和核心员工。

一个好的员工持股方案，一定是一个兼顾到各方利益的平稳体，过分突出或压低某一方的利益，都会把激励方案本身变成一个矛盾的冲突点。海澜之家的员工持股计划，就是一个非常细化的激励方案，照顾到了各方面的利益，并对各种可能遇到的情形都做了预先的安排，诸如对职务变更、丧失劳动能力、退休、死亡和离职人员的股权处理办法，都有事先的告知，避免了今后发生纠纷的可能性。

28

用年薪制体现贡献价值和绩效导向

——上海城投的薪酬激励方式

◎ 企业背景

上海城投（集团）有限公司（上海城投）的前身是成立于1992年的上海市城市建设投资开发总公司，2003年5月起隶属于上海市国资委，于2014年改制为有限责任公司。上海城投旗下持有3家专业集团公司、2家上市公司、若干核心企业，是经政府授权专业从事城市基础设施投资、建设、运营管理的国有特大型企业集团，注册资本500亿元，从业人员17 000多人。

上海城投成立以来，着力发挥投融资为主体、重大项目建设主体和城市安全运营主体作用，聚焦路桥、水务、环境、不动产四大业务板块。伴随着浦东开发开放，在上海“四个中心”建设进程中，上海城投先后在道路、桥隧、地铁、环境整治、供排水、燃气及动迁房和重大工程配套商品房等诸方面投资，完成了80多项市重大工程的投资建设任务，努力保障路桥、水务、环境等基础设施的安全运行，为改善城市环境、提升城市功能做出了重要贡献。

2004年1月，上海市成立上海世博土地控股有限公司，上海城投出资30亿元，占50%股权；同年12月28日正式启动由上海城投为主投资建设的上海长江隧桥（崇明越江通道）工程，并于2009年10月建成通车。上海城投还承担了亚洲最大污水处理厂白龙港项目、中国第一高楼“上海中心”、8条黄浦江越江隧道等重大项目，以及外滩通道、虹桥枢纽等多个世博会配套工程。

在新的历史发展阶段，上海城投以“城市基础设施和公共服务整体解决方案提供商”为战略定位，全面深入推进“集团化、市场化、专业化”改革，建立规范高效的母子集团管控体系，在路桥、水务、环境等领域，努力打造基础设施和公共服务的 CIMO（咨询、投融资、项目管理、项目运营）专业服务能力，立足上海、服务全国、面向世界，推动集团的持续健康发展。

2009 年 9 月 28 日新华社报道，作为专业从事城市基础设施投资、建设和运营的大型政府性投资公司，上海城投成立以来，累计投入建设资金近 3 000 亿元。这样一家管理着众多重大项目、手握千亿流动资金的公司，近年来却没有发生一起重大工程事故，迄今尚未发现一起重大经济案件，也没有发生一起重大信访事件。上海城投是一家公益性强、公权力大、公众关注度高的政府性“三公”企业，与百姓生活息息相关。建设运营的任务很重，工程管理、安全管理的任务也很重。因此，上海城投处处重视从制度上和管理上把好每一道关。

◎ 典型案例

上海城投控股股份有限公司根据市场需要以及公司的行业特点，于 2009 年 1 月 9 日推出了涉及公司总裁、副总裁、总监、董秘在内的《高级管理人员薪酬激励与绩效考核暂行办法》（以下简称《暂行办法》），其目的是为了适应重组后的资产经营特点和新的公司发展战略，更好地体现高级管理人员的管理贡献价值和绩效导向。基于上海城投控股重组后的经营业务变化，以及拓展竞争性新业务的战略要求，要对高管的薪酬激励实施新的策略，上海城投希望通过在高级管理人员中推行年薪制以达到绩效激励的效果。为此，在这个《暂行办法》中确定了薪酬激励与绩效考核相结合的基本原则：市场化薪酬标准参照原则、经营业绩导向原则、国企历史背景兼顾原则、当期与延期支付相结合原则。为了有效贯彻这些原则，上海城投对高级管理人员的年薪管理做出了专门的规定。

一、年薪结构

上海城投对高级管理人员的薪酬结构，属于薪酬激励中的年薪制加奖励制。薪酬由四个部分组成：

薪酬＝基本年薪＋绩效年薪＋年度奖励＋特别奖励

其中年薪包括基本年薪和绩效年薪。基本年薪即为底薪，占年薪的60%；绩效年薪与绩效考核挂钩，占年薪的40%；年度奖励是对年度绩效考核优秀者的奖励；特别奖励是对完成阶段性重大发展任务的奖励。

二、年薪标准

考虑到上海城投的战略追求、市场性薪酬行情、高管现有薪酬水平及企业历史沿革等多项因素，上海城投通过一个表格（见表1）确定了有自己特色的高级管理人员的3年年薪计划。

表1　　上海城投高层管理岗位年薪标准　　单位：万元

高层管理岗位	2008年			2009年			2010年		
	合计	基本年薪	绩效年薪	合计	基本年薪	绩效年薪	合计	基本年薪	绩效年薪
总裁	50	30	20	60	36	24	70	42	28
副总裁1	45	27	18	55	27	18	65	39	26
副总裁2	40	24	16	50	30	20	60	36	24
总监	28～35	16.8～21	11.2～14	32～40	19.2～24	12.8～16	35～45	21～27	14～18
董秘	25	15	10	30	18	12	35	21	14

其中副总裁1是指兼任下属子公司总经理的上海城投副总裁，副总裁2则指未兼任下属子公司总经理的上海城投副总裁。薪酬标准均设定为税前收入，并包括了法定需要个人缴纳的各类社会保险费和所得税，因此表中所列高级管理人员的实际净收入要小于表内数字。上海城投的总监岗位根据所承担的责任与专业能力要求的不同，再细分两到三类，他们的基本年薪和绩效年薪均实施3年逐年上调的计划，如果经营业绩下滑，净资产收益率明显下降，也可实施减薪计划。

三、奖励办法

年度奖励和特别奖励是上海城投对高级管理人员的一项额外奖励，对年度绩效考核良好和优秀者予以奖励，最高一次奖励额度可以达到10万元；对圆满完成公司阶段性重大战略任务或对公司经营业绩有重大贡献的，给予特别奖励，根据完成任务的战略重要性、任务执行难度、贡献大小确定奖励额度，最高奖励额为100万元，但特别奖励实施的对象和额度必须经由董事会讨论决定。

四、薪酬发放

对基本年薪，先折算成月平均数，然后按月在扣除法定个人缴纳的各类社会保险费用和应缴纳的个人所得税后以现金方式发放。

对绩效年薪，在扣除应缴纳的个人所得税后，分两次按现金发放，其中年中考核通过者发放绩效年薪的30%，年终考核通过者发放绩效年薪的另外70%。对年度奖励，在扣除应缴纳的个人所得税后按现金发放，分两年支付，如果次年发生绩效考核为基本合格或不合格，则取消另一半未支付的年度奖励。对特别奖励：额度较小的，在扣除应缴纳的个人所得税后一次性现金发放；额度较大时，40%部分在扣除应缴纳的个人所得税后一次性现金发放，60%通过购买商业保险、住房补贴等予以兑现。

五、业绩考核

业绩考核是年薪发放的基础，因此上海城投将其与薪酬激励相配套，建立起有效的绩效考核制度。公司建立考核制度的基本原则是：经营业绩导向原则、定量和定性考核相结合原则、简便易行原则。

上海城投建立的绩效考核指标体系包括了任务绩效指标体系和管理绩效指标体系两部分，在任务绩效指标体系中又包括3项指标：即主营业务收入、净利润和净资产收益率，以充分体现公司对经营业绩的导向；而在管理绩效指标体系中，包括了5项指标：即经营计划执行、成本与财务及内控执行、安全管理、团队合作、贯彻落实上级布置的公益性与党群工作任务，以体现国有企业和行业特点的要求。各项考核指标的任务目标，由公司计划与财务部门在年初制定出各项考核指标的年度目标任务，在报公司董事会审议批准后正式确定。

根据岗位职责设立各项考核指标的评分标准，高管岗位又分为总部高管岗位与兼任子公司集团总经理的副总裁岗位两类。对前者的任务绩效指标权重定为60%，管理绩效指标权重定为40%。对后者的任务绩效指标权重定为75%，管理绩效权重定为25%。对两类高管设立的考核指标的权重有所差别，任务绩效采用定量考核，管理绩效采用定性考核；但对于安全管理，如发生重大事故，整个管理绩效考核为0分，以加重高层管理人员对安全事故的责任和重要性的认识。高级管理人员年度绩效考核表见表2和表3。

六、考核方式

上海城投对高管人员的业绩考核由行政人事部门负责考核评分工作，对照任务目标分别进行打分，将各个指标的得分分别乘以权重，乘积之和即为考核对象的最后得分。其中对担任子公司集团总经理的副总裁岗位的考核，以子公司集团层面的绩效考核为主；其他高管岗位均以上市公司总部的整体考核为主。

表 2　　　　高级管理人员（总部高管）年度绩效考核表指标类别

指标类别		权重	考核指标					得分
			90～100 分	80～89 分	70～79 分	60～69 分	60 分以下	
任务业绩指标	主营业务收入	10%	超出预定经营收入指标10%以上	达到预定经营收入指标	完成预定经营收入指标90%～95%	完成预定经营收入指标80%～89%	完成预定经营收入指标80%以下	
	净利润	20%	超出预定利润指标10%以上	达到预定利润指标	完成预定利润指标90%～95%	完成预定利润指标80%～89%	完成预定利润指标80%以下	
	净资产收益率	30%	高于预定指标10%以上	达到预定指标	低于预定指标10%以内	低于预定指标11%～30%以内	低于预定指标30%以上	
管理绩效指标	经营与资本动作计划执行情况	10%	执行极好	执行良好	执行一般	执行较差	执行很差	
	成本、财务与内控执行情况	10%	执行极好	执行良好	执行一般	执行较差	执行很差	
	团队合作	5%	很好	较好	一般	较差	很差	
	贯彻落实上级布置的公益性和党群工作任务	15%	很好	较好	一般	较差	很差	

表 3　　　　高级管理人员（兼任子公司集团总经理的副总裁岗位）年度绩效考核表

指标类别		权重	考核指标					得分
			90～100 分	80～89 分	70～79 分	60～69 分	60 分以下	
任务业绩指标	主营业务收入	10%	超出预定经营收入指标10%以上	达到预定经营收入指标	完成预定经营收入指标90%～95%	完成预定经营收入指标80%～89%	完成预定经营收入指标80%以下	
	净利润	30%	超出预定利润指标10%以上	达到预定利润指标	完成预定利润指标90%～95%	完成预定利润指标80%～89%	完成预定利润指标80%以下	
	净资产收益率	35%	高于预定指标10%以上	达到预定指标	低于预定指标10%以内	低于预定指标11%～30%以内	低于预定指标30%以上	

续表

指标类别		权重	考核指标					得分
			90～100 分	80～89 分	70～79 分	60～69 分	60 分以下	
管理绩效指标	经营计划与投资项目执行情况	5%	执行很好	执行良好	执行一般	执行较差	执行很差	
	成本、财务与内控执行情况	5%	执行很好	执行良好	执行一般	执行较差	执行很差	
	安全管理	5%	无任何事故，管理有序	无任何事故	未发生原则性事故	发生原则性事故	发生重大事故	
	团队合作	5%	很好	较好	一般	较差	很差	
	贯彻落实上级布置的公益性和党群工作任务	5%	很好	较好	一般	较差	很差	

上海城投的绩效考核分为半年考核和年度考核，半年考核着重任务绩效考核，要求在每年的 7 月份完成，年度考核分任务绩效考核与管理绩效考核，于次年的 1 月份完成。

考核评分分为 90～100 分（优秀）、80～89 分（良好）、70～79 分（合格）、60～69 分（基本合格）、60 分以下（不合格）5 级。每项指标的 5 级评分标准各不相同，根据最后得分确定考核等级。通过绩效考核获得的等级结果，将直接作为上海城投对高级管理人员的年度薪酬激励的依据，公司确定的绩效考核结果与薪酬激励的关系为见表 4。

表 4　　绩效考核结果与薪酬激励的关系

年度考核结果	与薪酬的挂钩	备注
优秀	全部绩效年薪＋年度奖励	—
良好	全部绩效年薪＋年度奖励	—
合格	全部绩效年薪	如连续两年考核合格，绩效年薪减半
基本合格	绩效年薪减半	如连续两年考核基本合格，取消当年全部绩效年薪
不合格	取消当年全部绩效年薪	如连续两年考核不合格，基本年薪降级

◎ 分析参考

建立绩效与薪酬的最佳组合

年薪制是一种以一个财政年度为单位，依据企业当年的经营业绩，以及职业经理人和专业技术人员的贡献程度确定薪酬标准的分配方式。为了把职业经理人的利益与企业所有者的利益结合起来，使经理人的目标与所有者的目标一致，并形成对经理人的有效激励和约束，在西方国家率先推行企业年薪制，年薪制的主要针对对象是企业的经营管理人员。

近年来，我国的国有企业、上市公司，以及一些聘用职业经理人的民营企业也积极采用年薪制作为高级管理人员的薪酬制度。但是，我们对这一针对特殊人群的薪酬制度应该有一个全面的认识，以帮助更多企业运用好年薪制，来推动企业经理人治理制度的完善和促进企业的可持续发展。上海城投作为一家国有企业，从2009年起全面采用年薪制作为激励高级管理人员的方式，并设计了一个较为完善的管理办法，这对许多企业有借鉴意义，也为我们探讨年薪制提供了许多启发。

一、突出年薪制的优越性

年薪制的推广使用，有利于激发企业经营管理人员的积极性，把企业的整体利益与经营管理者的个人利益进行有效的结合，把对管理人员的绩效考核与薪酬水平联系在一起，从制度设计上来看，其主要出发点不是为了约束经营管理者，而是为了激发管理者的热情和能力，期望达到甚至超出预期的经营管理目标。因此，年薪制对企业和经营管理者都有利，这也是年薪制可以在这么多企业推广的重要原因之一。

实行年薪制，有一种明显的导向，超过经营管理目标越多，用于薪酬的奖励越多，目的就是为了不仅能够保证达到年度预期的经营管理目标，还要有所突破。由于通常在薪酬设计上有上不封顶的原则，在经营管理者完成和超过年度目标时，可以获得的奖励幅度自然也就“一切皆有可能”。这对激发企业经营管理者办好企业、争创业绩提供了无穷的动力。运用年薪制，就是要把这种优越性突显出来，起到其应有的作用。

二、注意年薪制的局限性

在看到年薪制存在优越性的同时，也不应忽视它的局限性，任何一种制度都是由人制定的，也只能在特定的条件下针对特定人群才能发挥出其特定的作用。年薪制的局限性主要在于业绩的可控性、指标的可变性和效果的短期性。

1. 业绩的可控性是因为经营者在接近奖励目标的区段，因为与个人利益直接相关，有可能会故意调高或调低经营业绩，他们的权力能帮助他们做到这一点，例如把一部分成本计入下一个年度或下一个任期，就有可能增加当年度的利润。对管理制度不健全、操作不规范的企业，就需要加强年度的财务审计和检查。

2. 指标的可变性往往是在年薪制执行到一半，或者一两年后，如果经营管理者觉得目标要求难以达到，就有可能去修正考核的指标，以降低达到目标的难度，这只需要稍稍修订业绩目标总量，或在完成指标的比例值、等级的重新划分中调整一下数值，就能完成修正的目的。在董事会或监事会不够强势的企业中，这种情况也时有发生，而结果总是往有利于经营管理者的方向修正。

3. 效果的短期性是针对企业中长期发展规划而言的，经营管理者往往只对自己任期之内的目标负责，但企业长远发展需要对未来战略等问题进行决策，诸如公司购并、企业重组、创新投入，以及重大投资等。这些行为对企业长远发展有利，但对按年薪制获得薪酬的经营管理者可能是不利的，因为他们更关心年度收益，而不重视长期收益。

三、重视年薪制的策略性

随着年薪制在企业中的普遍采用，我们应该客观和理性对待这一现象，尽可能往积极的方面去推动，将年薪制作为推动企业管理制度变革的一个重要起点，带动企业管理水平的全面提升，因此，我们应该重视运用年薪制的策略性意义。

1. 以年薪制创新管理机制。在采用年薪制的国有企业、上市公司和民营企业中，不管是国资委、董事会还是企业的老板，都可以通过年薪制把产权人利益与经营者利益联系到一起，通过这一新的薪酬制度推动企业管理制度的创新，促进企业治理结构的完善，率先在人力资源管理体系和制度上有所突破，推动中国企业管理水平的不断提高。

2. 用年薪制促进高薪养廉。实现年薪制后，在绝大多数情况下，企业经营管理者的收入会有明显的增加，年薪制也为他们合法合理取得高薪，拉开与企业其他员工的薪酬水平提供了法律与制度依据。在这种情况下，应该积极引导经营管理者的高薪养廉思想。高薪不仅要起到激励的作用，同时也要对“管理腐败”行为起到预防作用，让企业普通员工看到经营管理者“高薪”的有理和有利之处。对获得高薪的经营管理者而言，提高了“管理腐败”的机会成本，在一定程度上也削弱了通过管理腐败损害企业利益的行为。

3. 让年薪制成为一种监督机制。实行年薪制，可以把企业经营管理者的业绩和经营目标公开化，有利于企业员工的监督，也有利于通过对目标和绩效的细分，落实到每个部门、每个团队、每个员工，把针对企业经营管理者的一种奖励制度变成一种全员参与、全员关心、全员监督的事件，为防止企业出现重大危机事件和经营者出现严重决策错误多上了一道“保险”，也严禁了在没有实行年薪制时企业经营管理者可能存在的“贪得无厌”现象，让薪酬来源都有事实依据。

4. 把年薪制向期权制靠拢。年薪制以年为单位，对于一个企业来说，还是一个短暂的结算周期；对经营管理者来说，也感觉到激励的短期化。为了弥补这一不足，可以考虑将年薪制向期权制靠拢，以企业持续发展的增值代替以现金为奖励手段的年度激励方式，企业可以把年薪收入的一部分直接转化为股权激励形式，并可以组合多种股权激励方式，把经营者报酬与资产所有者利益和企业发展前景紧密结合起来。即使经营管理者离任，仍然可以继续分享企业发展的成果。

上海城投的年薪由基本年薪、绩效年薪、年度奖励和特别奖励四个方面组成，配合目标明确的绩效考核计划和方法，已经在推动年薪制的实践中有所突破，相信在经过实际操作后还会有更多的改善和创新。

29

薪酬管理中的策略基础

——阿尔卡特朗讯的薪酬管理

◎ 企业背景

朗讯科技公司总部位于美国新泽西州茉莉山，是全球领先的通信网络设备提供商，在面向服务提供商的互联网基础设施、光网络、无线网络和通信网络支持及服务领域在全球处于领先地位。贝尔实验室是朗讯麾下全球著名的研发机构，遍布全球16个国家，获得过3万多项专利，平均每个工作日超过4项，迄今已经产生13位诺贝尔奖获得者。1997年，时任中国国家主席江泽民访问朗讯科技公司贝尔实验室美国总部，并题词：开辟高科技合作的新天地。

2006年12月2日，法国阿尔卡特公司和美国朗讯公司在巴黎发表联合声明，宣布两家公司正式签署合并协议。阿尔卡特公司以换股方式收购朗讯公司股份，在合并后的新集团中，阿尔卡特和朗讯分别持有60%和40%的股份，交易金额高达111亿欧元，新集团总部设在巴黎。两家公司合并后成为仅次于美国思科公司的全球第二大电信设备制造企业。

1985年，AT&T（朗讯科技前身）在中国设立办事处；1993年朗讯科技建立合资企业：青岛朗讯科技通讯设备服务有限公司；1996年从原AT&T分离，朗讯科技正式成立；1997年在北京和上海建立贝尔实验室分支机构，揭开了朗讯与中国合作的新篇章。朗讯的综合解决方案目前已部署在中国所有电信运营商的网络中，并发挥着重要作用。朗讯目前在中国设有8个地区办事处、两个贝尔实验室分部、5个研发中心、多家合资企业和独资企业，员工总数近4 000名，本地员工超过了98%，成为朗讯全球科研力量的重要组成部分。2005 年 10 月，时任国家主席胡锦涛参观朗讯南京移动研发中心，鼓舞了朗讯中国员工的士气。2007 年 11 月 26 日，阿尔卡特朗讯与中国移动、中国联通正式签署了总额为 7.5 亿欧元的移动通信解决方案及服务框架协议，其中与中国移动的协议总额为 6 亿欧元，与中国联通的协议总额为 1.5 亿欧元，包括为中国联通在澳门的高速数据网络提供升级服务。

阿尔卡特朗讯在中国一直致力于为中国培养优秀的科技人才，自 2000 年起，在中国实施了“朗讯全球科学学子”项目，清华、北大、上海交大、浙江大学和香港科技大学等多名优秀大学生获奖，并先后赴美参观贝尔实验室，并与实验室的科学家共同探讨通信发展的未来。朗讯中国还积极投身中国的公益事业，迄今累计捐资已超过 1 000 万元人民币，包括长期资助中国青基会的“希望工程”及“希望网校”，受益学生超过 10 万人。

2012 年 7 月 26 日下午，阿尔卡特朗讯宣布，在此前公布的第二季度业绩出现亏损，计划在全球范围内裁员 5 000 人。2013 年 10 月 8 日，阿尔卡特朗讯全球裁员 1.5 万人，将影响约 15%的员工，德国业务首当其冲，法国业务也受到很大影响。2015 年 4 月 15 日，诺基亚宣布，已与法国电信设备制造商阿尔卡特朗讯签署谅解备忘录，以 156 亿欧元收购阿尔卡特朗讯。2016 年 1 月 4 日，诺基亚宣布，通过公开换股方式，已获得对法美合资公司阿尔卡特·朗讯的控股权，合并后首个运营日为 2016 年 1 月 14 日。

◎ 典型案例

现代企业管理已经从金字塔模式走向扁平化模式，新模式最大的一个特色就是矩阵管理结构的出现，矩阵管理的结果是大家会因为某一件事展开团队工作，一个团队从组织结构上来说可能不是一个部门，可能只是某个部门中的一部分。阿尔卡特朗讯的组织模式也呈矩阵结构，而其最有特色的一项制度，就是它对员工的评估矩阵，这是一个由 GROWS 行为和工作业绩构成的矩阵。每个员工一年来的业绩都要放到矩阵里评估，如同经过一片风暴矩阵。

自从 1996 年朗讯推出 GROWS 企业行为文化以来，朗讯中国公司就开始每年邀请国际调查公司做全体员工意见调查。GROWS 行为和工作业绩矩阵中每个字母都代表不同的含义。

G 代表全球增长，可能会问员工，你对朗讯的未来很乐观吗？

R 代表注重结果，这方面分成两类问题：一个是注重结果方面；另一个是对领导层的看法。

O 代表客户关心，朗讯的竞争地位，可能会问员工，你知道朗讯的目标和你所在组织的任务吗？

W 代表开放和支持的工作环境，这个问题被分成三个细节——一是沟通；二是工作关系；三是工作满意度。例如，他们会问，你相信在朗讯有个人成长和发展的机会吗？你在朗讯的培训和经历会增加未来在朗讯或公司外部受聘的机会吗？你的组织提供了一个安全和健康的工作环境吗？

S 代表速度，可能会问员工，在你的组织中，问题能够速效解决吗？我们能够快速利用新思想和新机会的优势吗？

员工回答的近 100 个问题，最后形成整个公司在 GROWS 方面的成绩，人力资源部通过和以前做过的 GROWS 调查问卷比较，从而了解在哪些方面公司做得不错，哪些方面分值在下降，指导人力资源部在公司员工方面的工作重点，最后列出 10 个最好的方面，也会列出 10 个需要提高的方面，另外还有许多其他的指标。每个部门针对这个报告还要进行会议讨论，提出改进方案。每个员工都可以看到公司在整体员工心目中的分值。

阿尔卡特朗讯努力在中国为员工提供具有竞争力的薪酬。阿尔卡特朗讯的薪酬结构由两部分构成，一部分是保障性薪酬，跟员工的具体业绩关系不大，只与岗位级别和要求有关；另一部分的薪酬则与业绩紧密挂钩。在阿尔卡特朗讯非常特别的一点是，所有员工的薪酬都与阿尔卡特朗讯全球的业绩有关，这是朗讯在全球执行 GROWS 行为文化的一种体现。朗讯专门有一奖项——Lucent Award，也称“全球业绩奖”。

在阿尔卡特朗讯所属的上海贝尔公司，员工所享有的薪酬福利和工作业绩密切相连。不同部门有不同的业绩评估体系，员工定期的绩效评估结果决定他所得奖金的多少。为了鼓励团队合作精神，员工个人的奖金还和其所在的团队业绩挂钩。在其他福利待遇方面，上海贝尔也是在兼顾公平的前提下，以员工所做出的业绩贡献为主要依据，尽力拉大档次差距，旨在激励员工力争上游，从体制上杜绝在中国为害甚烈的福利平均主义的弊端。阿尔卡特朗讯销售人员的待遇中有一部分专门属于销售业绩的奖金，业务部门根据个人的销售业绩，每季度发放一次。在同行业中，阿尔卡特朗讯薪酬中浮动部分比较大，这样做是为了将公司中每个员工的薪酬与公司的业绩挂钩。

阿尔卡特朗讯的薪酬政策有两方面考虑：一个方面是保持自己的薪酬在市场上有很大的竞争力，为此，每年委托一个专业的薪酬调查公司进行市场调查，以此来了解人才市场的宏观情形；另一方面考虑人力成本因素，综合这些因素之后，人力资源部会根据市场情况给公司提出一个薪酬的原则性建议，指导公司薪酬体系的调整工作。人力资源部将各种调查汇总后会告诉业务部门总体的市场情况，在这个市场调研基础上，每个部门制定一个预算，主管在预算允许的情况下会对员工的待遇做出是否调整的决定。

阿尔卡特朗讯在加薪时要求做到对员工尽可能透明，让每个人知道他加薪的原因。加薪时，员工的主管会找员工谈话，根据每个员工当年的业绩，确定加薪的额度。每年的 12 月 1 日是公司的加薪日，公司加薪的总体方案出台后，人力资源总监会和各地做薪酬管理的经理进行交流，告诉员工当年薪酬的总体情况、市场调查的结果、今年的变化、加薪的时间进度等。公司每年加薪的最主要目的是保证阿尔卡特朗讯在人才市场增加一些竞争力。

阿尔卡特朗讯的人力资源部必须对公司在 6 个月内的业务发展所需要的人力资源情况非常了解。阿尔卡特朗讯在招聘人才时比较重视学历，但也不唯学历。贝尔实验室招聘的人员大部分是研究生以上学历，对从事市场销售工作的人员，基本的学历是必要的，但是经验更为重要。员工的学位到了公司之后会在比较短的时间内就被淡化掉，无论做市场还是做研发，待遇、晋升和学历的关系慢慢消失。

阿尔卡特朗讯的薪酬结构中浮动的部分根据不同岗位会不一样，浮动部分的考核绝大部分和一些硬指标联系在一起，比如公司给股东的回报率。销售人员则看每个季度的销售任务完成情况。阿尔卡特朗讯每年在评估完成后给员工加薪一次，中途加薪的情况很少，除非有特殊贡献或升职。

也有因为薪酬要求达不到期望值而辞职的员工，对此，公司一定会派人找辞职的员工谈话，他的主管经理和人事部会参与谈话，阿尔卡特朗讯非常希望离职的员工能够真实地谈出自己的想法，给管理提出建议。

薪酬体系在任何公司都是非常基础的制度之一，一个企业需要具有竞争力的薪酬水平来吸引人才，还需要有一定保证力的薪酬来留住人才。如果和市场的差异过大，员工肯定会到其他地方找机会。薪酬会在中短期时间内调动员工的注意力，但是薪酬不是万能的，工作环境、管理风格、经理和下属的关系都对员工的去留有影响。员工一般会注重长期的打算，公司会以不同的方式告诉员工发展方向，让员工看到自己的发展前景。对平均年龄只有29岁的阿尔卡特朗讯公司员工来说，更多人希望能够看到自己的发展。

上海贝尔公司的福利政策总是想方设法去贴近员工的需求，上海贝尔公司员工的平均年龄仅为28岁，比阿尔卡特朗讯公司员工的平均年龄还要小一岁，大部分员工正值成家立业的年龄段，购房置业是他们生活中的首选事项。在上海房价高企的情况下，上海贝尔及时推出了无息购房贷款的福利项目，在员工购房时助一臂之力。而且在员工工作满规定期限后，此项贷款可以减半偿还。当公司了解到部分员工通过其他手段已经解决了住房，有意于消费升级，购置私家车时，上海贝尔又为这部分员工推出购车的无息专项贷款。

在上海贝尔，和员工的沟通是公司福利工作的一个重要组成部分，详尽的文字资料和各种活动使员工对公司的各项福利都能了解到位，同时公司也鼓励员工在亲朋好友间宣传上海贝尔良好的福利待遇。公司在各类场合也是尽力详尽地介绍公司的福利计划，使各界人士对上海贝尔优厚的福利待遇有一个充分的了解，以增强公司对外部人才的吸引力。上海贝尔还计划在员工福利的设立方面加以创新，改变以前员工无权决定自己福利的状况，给员工一定选择的余地，参与到自身福利的设计中来，如将购房和购车专项贷款额度累加合一，员工可以自由选择是用于购车还是购房。在交通方面，员工可以自由选择领取津贴，自己解决上下班交通问题；也可以不领津贴，搭乘公司安排的交通车辆。一旦员工在某种程度上拥有对自己福利的发言权，则工作满意度和对公司的忠诚度都会得到提升。

上海贝尔公司的薪酬福利状况，只是阿尔卡特朗讯在中国的企业中的一个缩影，但已经说明其对人才重要性的认识程度，通过给员工提供有竞争力的薪酬与福利，促进员工更加高效地工作，提升企业的绩效。

◎ 分析参考

战略性薪酬管理助推企业目标实现

战略性薪酬管理是以企业发展战略为依据，根据企业某一阶段发展状况，正确选择薪酬策略、系统设计薪酬体系，并实施动态管理，使之促进企业战略目标实现的管理方式。战略性薪酬管理包括薪酬策略、薪酬体系、薪酬结构、薪酬水平、薪酬关系及其相应的薪酬管理制度和动态管理机制。战略性薪酬管理是现代人力资源开发管理体系的重要组成部分，必须与其他人力资源工作紧密联系，形成一个有机体。从企业战略层面研究并实施薪酬管理，有利于正确把握建立健全人力资源开发管理体系的方向，充实体系的内容，提升体系的效能。结合对阿尔卡特朗讯薪酬管理制度的分析，可以看到在助推企业目标实现方面，战略性薪酬管理的重要性。

一、战略性薪酬管理要与企业和员工的发展阶段相适应

薪酬战略的选择必须考虑企业的发展阶段。一个企业一般要经历初创期、成长期、成熟期和衰退期。通常，在初创期，企业需要采用较高薪酬吸引优秀人员的加入，薪酬战略强调外部的竞争性，而员工职位职责尚不明确，薪酬的内部公平性不是太重要，由于现金流偏紧张，薪酬中基本工资和福利比重较小，而鼓励个人业绩的奖金比重较高。在成长期，为保证企业快速成长，薪酬战略仍要强调外部竞争性，但此时职位规范已经建立，开始重视内部公平性，资金状况也允许支持基本工资、福利及长期激励薪酬的增加。

在成熟期，企业处于最佳状态，管理更加规范，企业进一步发展要依靠组织效率与团队协作，薪酬战略更重视薪酬的内部公平性，而不再强调外部竞争性，基本薪酬与福利较高，个人绩效薪酬相对少一些，较重视团队绩效薪酬。在衰退期，企业发展处于低谷，财务状况较差，员工不稳定，此时，薪酬战略的选择应强调优秀员工薪酬的外部竞争性，因企业采取收缩战略，故强调个人的绩效薪酬和长期激励意义不大，刚性的基本薪酬应占主要部分。在金融危机爆发后，各国的经济一直处于低迷状况中，阿尔卡特朗讯在全球的业务增长情况也不尽如人意，裁员已经成为他们不得不执行的策略，减员的目的是为了卸下包袱，减少成本，为转型腾出空间，此时的薪酬策略与公司的战略目标也是一致的。因此，在过去几年中，阿尔卡特朗讯员工的工资只能缓慢增长。对企业来说，留住核心员工是关键；对员工来说，留住工作岗位是首要的，只有齐心协力，才能渡过难关。

不仅在企业的不同发展阶段要有相适应的薪酬战略，对员工进入企业的不同发展阶段，同样需要有不同的薪酬策略。朗讯公司对不同员工的薪酬策略重点也有所不同，对刚进入公司的员工，注重其学历背景，但是经过一段时间工作，学历到了公司后在较短的时间里就淡化了，待遇、晋升与学历的关系也淡化了，取而代之的是工作表现和工作业绩。薪酬和职业发展与学历、工龄的关系越来越淡化，基本上只与职位和业绩挂钩，以适合企业的薪酬管理特点。以业绩为导向的薪酬制度，其实质就是战略性薪酬管理思想的体现，只有企业得到可持续发展，员工的薪酬福利向更高标准推进才有真正的基础与可能。

二、通过战略性薪酬管理，提升企业的竞争力

企业的核心竞争力，以人才的竞争力为基础，以员工的创新力为前提。企业在制定薪酬策略时，一方面要了解和把握战略性薪酬管理系统与市场竞争力系统各自的构成要素；另一方面要了解这两个系统的某些方面是相互交叉、重叠的。在理清关系的基础上，必须将相关环节有机结合起来。薪酬策略的选择要充分考虑竞争力的环节因素、资源因素和执行力因素，并做出适当选择。要有针对性地调整和改进薪酬制度，促进企业竞争力的提升。

1. 要用战略性薪酬管理制度，推动企业建立有效的组织方式。企业的组织方式是根据企业的发展要求而建立的，但合理的薪酬体系对企业组织方式的建立起着重要的促进作用。目前很多外企都采用矩阵管理结构，薪酬设立趋于扁平化管理。这样的薪酬设计对企业的发展起到了很好的推动作用，同时建立了合理有效的组织方式。朗讯公司推出的GROWS企业行为文化，把员工行为和业绩都放到矩阵里去评估，这在当时是一个很好的创举，成为其他企业纷纷学习的对象，至今仍有积极意义。

2. 要确立管理、技术、知识、信息等生产要素的作用和价值。通过宣传与培训，要帮助员工不断确立新的观念，为贯彻落实各种生产要素按贡献参与分配的原则，在思想上打好基础；要研究并提出考核认定管理、技术、知识、信息等生产要素作用的办法，将其纳入能力评价体系和绩效管理体系。阿尔卡特朗讯是一家科技导向型的企业，员工的个人价值是通过他们掌握的技术与知识得到发挥与应用来具体体现的。因此，应该在战略型薪酬体系中，充分体现出员工发挥自己聪明才智、取得业绩后应该得到的价值回报因素。

3. 要建立适合管理、技术等生产要素分配的制度与方法。要从全面薪酬体系建设的角度，在抓好短期薪酬激励机制建设的同时，探索建立中长期激励机制，如年薪制、股权激励、特定福利待遇、特定保险计划等，并将其与管理、技术、知识等要素紧密联系起来。一家企业要想可持续地长期发展，并且制定有明确的战略发展目标，但如果没有一批忠诚度高、愿意忠心耿耿与企业共同发展的员工，那么再好的战略目标最终形同虚设。只有在制定了企业战略性目标的同时制定有战略性薪酬管理制度，才能把目标变成员工共同的愿景，一步一步地去实现企业的伟大目标。

4. 要将薪酬向关键岗位和重要岗位倾斜。根据“八二现象”指出的实质，在企业中百分之八十的业绩是由百分之二十的员工创造的，这百分之二十的员工是真正为企业创造价值的人。因此，在薪酬管理制度设计时，必须将薪酬向关键岗位和重要岗位倾斜，让高素质、高技能、高贡献人员获得最高的薪酬回报。企业人力资源管理部门，在设计战略性薪酬体系时，要以岗位评价、能力评估、创新力评估等为基础，合理拉开员工薪酬的差距，薪酬分配向管理、技术、知识等决定企业核心竞争力的要素倾斜，激发大家的创造性，从而不断提升企业的竞争力和创新力。与一般的劳动密集型企业不同，在阿尔卡特朗讯这样的企业中，更能甄别出每个员工的创新力与价值，为薪酬向关键岗位和重要岗位倾斜提供了良好的条件。

5. 要建立全面薪酬体系，实行战略性薪酬管理。企业要把按劳分配与按其他生产要素分配结合起来，把货币性薪酬和非货币性薪酬结合起来，把物质奖励和精神激励结合起来，发挥好薪酬福利本身就具有的激励功能，全面提升企业的执行力和竞争力。薪酬不仅具有对员工已经发生的劳动与业绩进行奖惩的功能，更有导向员工行为与价值观的功能，实行战略性薪酬管理必须体现这样的方向。

综上所述，实施和改进战略性薪酬管理，是应对企业外部环境变化的需要，也是适应深化企业改革与转型的需要，更是加强科学管理的需要。

30

强化奖励的薪酬分配模式

——麦当劳的薪酬激励特色

◎ 企业背景

麦当劳（McDonald's）是全球大型跨国连锁餐厅，1940 年创立于美国，主要售卖汉堡包，以及薯条、炸鸡、汽水、冰品、沙拉、水果等快餐食品。麦当劳店已经遍布全球六大洲 119 个国家，拥有约 32 000 间分店，在很多国家代表着一种美式生活方式，全球超过 80%的麦当劳餐厅是由当地的被特许人持有及管理。麦当劳开心乐园餐免费赠送玩具，如迪士尼电影人物玩偶，对儿童颇具吸引力。在 2012 年财富世界 500 强排行榜上，麦当劳排名第 410 位。

1940 年，理查德·麦当劳（Richard McDonald）与莫里斯·麦当劳（Maurice McDonald）兄弟在美国加利福尼亚州的圣贝纳迪诺创建了“Dick and Mac McDonald”餐厅，是今日麦当劳餐厅的原型；1948 年，餐厅引入“快速度服务系统”原则，简称“快餐厅”。1955 年，行政总裁雷·克洛克（Ray Kroc）在伊利诺伊州的德斯普兰斯以经销权开设了首个麦当劳餐厅，也是公司的第九个分店，第一天的营业额是 366.12 美元。1960 年雷·克洛克正式将“Dick and Mac McDonald”餐厅更名为“McDonald's”。1961 年，雷·克洛克以 270 万美元收购麦当劳兄弟的餐厅，同年，汉堡包大学在伊利诺伊州的埃尔克格罗夫村成立，为全世界的麦当劳经理提供专门训练。1967 年，麦当劳在加拿大开设第一家国际餐厅。1968 年“巨无霸”面世，麦当劳成立国际业务部。1980 年，麦当劳成立 25 周年，麦当劳在香港开设第 1 000 家国际餐厅，国际营业额首次突破 10 亿美元。1983 年，雷·

克洛克病逝，为了纪念雷・克洛克，他的全部财产都被用于成立麦当劳叔叔慈善基金，旨在资助各类儿童计划，范围遍及医疗保健、医疗研究、教育艺术、公民与社会服务，麦当劳公司每年也会将营业额的一部分用于慈善事业。

麦当劳的黄金准则是“顾客至上，顾客永远第一”，认为提供服务的最高标准是：质量（Quality）、服务（Service）、清洁（Cleanliness）和价值（Value），即 QSC&V 原则。可以说，QSC&V 原则不仅体现了麦当劳的经营理念，而且因为这些原则有详细严格的量化标准，使其成为所有麦当劳餐厅从业人员的行为规范，这是麦当劳规范化管理的重要内容。但由于是首家和最大跨国快餐连锁企业，麦当劳已是公众讨论关于食物导致肥胖、公司道德和消费责任焦点所代表的快餐文化，被指责影响公众健康，如高热量导致肥胖、缺乏足够均衡营养等。很多人抨击其为“垃圾食品”，例如，法国以本国饮食文化为荣，很多人敌视麦当劳，视它为美国生活方式入侵的代表。

麦当劳于 1990 年进入中国大陆市场，一直坚持为顾客提供高品质的食品、亲切友善的服务以及清洁舒适的用餐环境。麦当劳餐厅在中国大陆早期译名是“麦克唐纳快餐”，直到后期才统一采用现今的港式译名。而在民间，因为麦当劳和“牡丹楼”的音相近，牡丹楼也被当作是麦当劳的一个昵称，但并不普遍。截至 2014 年年底，麦当劳在中国大陆拥有超过 2 000 家餐厅，旗下员工超过 100 000 名。2014 年 2 月 13 日，麦当劳在华开放一线城市对个人的特许经营。麦当劳中国已五度蝉联知名调研机构 Top Employers Institute 评选的“中国杰出雇主”，并已连续第四次获得怡安翰威特（Aon Hewitt）“亚太地区最佳雇主”和“中国最佳雇主”称号。

◎ 典型案例

麦当劳品牌创始人雷・克洛克曾说：“如果我们凡事做到一流，不对价值妥协，不对品质妥协，不对服务妥协，也不对清洁度妥协，那别人就只能奋起直追。”这样的投入与坚持，奠定了麦当劳经营的基石。但中国的麦当劳似乎并不止于此，他们要做得更大、更好、更快，从而更好地兑现品牌对顾客、品质和服务的承诺。自1990年中国首家麦当劳成立以来，麦当劳在中国一步一个脚印，与社区共同成长、共同进步。

在麦当劳，“以人为本”被认为是核心价值观，在它的核心价值观中还包括诚信营销、顾客至上、回馈社会以及“三赢”思维，即要达到顾客、员工和企业的三方共赢。这五个核心价值观构成了麦当劳最重要的企业文化。每一位员工加入麦当劳时，都会接受核心价值观的训练，以帮助他们在第一时间了解麦当劳的企业文化。

为了有效体现企业的核心价值观，麦当劳设计了一套富有特色与成效的薪酬福利体系，除了基础的薪酬外，还提供一系列奖励计划。在员工薪酬福利方面，麦当劳有两条原则，一是保持工资在市场上有一定的竞争力，这包括至少每年进行一次薪酬方面的调查；二是麦当劳倡导员工以自己的工作表现和绩效来实现收入的增加。

对员工的奖励计划是由业绩决定的，针对办公室职员，麦当劳公司会根据他们的绩效进行奖励，执行一个以目标为基准的奖励计划（Target Incentive Program），在一些年度中，平均每人可以获得两个月的额外工资。

一、麦当劳的工资体系

在新员工进入麦当劳时，麦当劳的人力资源部和直接主管就会告诉新员工工资，以及麦当劳公司的有关薪酬福利政策。麦当劳有其独特的不受外界影响和干扰的工资政策，每年会对市场做工资水平调查，根据调查结果和公司的经济承担能力来决定工资标准的调整，以确保其公正合理并具有竞争能力。工作的职级是由公司根据承担工作的责任和麦当劳系统的平衡面而做出的。当员工被提升后，相应的工资级别也会变化，员工的职级表明其在麦当劳所承担的责任和义务。

1. 按工作表现付酬。麦当劳实行按工作表现付酬的原则，表现最佳者可获得最高的加薪幅度，所有月薪制人员的薪金将按现行的工资结构支付，员工在工作表现评估被评为“良好”或以上等级时，才能得到加薪或奖励。

2. 工作表现评估。麦当劳公司每年进行一次绩效评估，并同员工讨论其工作表现，评估时采用五个评估等级：第一级为杰出，是最高级工作表现，指工作表现卓越，能预计各种情况的发生，是麦当劳团队中有成就和重要的贡献人物。第二级为优秀，是有重大贡献，工作表现经常超出其工作目标所期望的要求，能有效地对目标做出反应，并根据情况予以调整，是麦当劳团队中强有力的贡献者。第三级为良好，是可靠的贡献者，工作表现符合麦当劳工作要求及期望，能圆满完成任务，对目标能有效地反应，是团队中做出稳定贡献的成员。第四级为需要改进，是工作表现不能达到工作的要求和期望者，被列为需要改进的成员，并被列入工作表现改进计划（PIP）之中。第五级为不满意，其工作表现不能被接受，在很大程度上不能达到工作的要求，如果他（她）是没有被列入工作表现改进计划（PIP）之列者，应列入此计划。每个员工的主管会最少三个月对下属做一次工作绩效考核，通过对工作的审视和纵观来使工作表现评估更准确、公正、有效。

3. 根据工作表现评估，确定年度工资增长比例。除见习经理、本年度 1 月 1 日至 3 月 31 日新招聘的月薪管理人员（包括内部升迁的）外，其他全体月薪管理人员均在 4 月 1 日以全年绩效考核为基础调薪，距上次绩效调薪（包括升迁）不足 12 个月的以实际月份按比例折算。新招聘人员（本年 1 月 1 日至 3 月 31 日，包括内部升迁、外部招聘）将于次年的 4 月 1 日才可获得此种调薪，但可按超过 12 个月的比例计算。凡累计休假（病假、事假、停薪留职）超过一个月以上的，则扣除相应月数。工资计算均用税前工资计算。当员工工作表现好，得到升迁时，会带来工资的增长，职务升迁的工资增加百分比是根据员工的绩效考核而定的。

4. 最高工资额。工资标准在制定时就考虑到绝大多数情况下不会超过本职务工资的最高标准，因为每一个职务都相应地有一个起点工资标准和一个最高工资标准。若员工的工资超越了本职务的最高工资，仍然可以享受按绩效考核所应获的工资增长，只要绩效考核为“杰出”“优秀”和“良好”，唯一不同的是评估百分比需乘以 2/3，工资的这样增加方法将一直延续到员工被提升到新的职位。

5. 年终双薪。在每年农历新年，月薪人员都会获得年终双薪（非上年度在职的人员除外），发双薪时已离职人员不享受此待遇。年终双薪以当年 12 月份应付的税前工资标准发放。

二、麦当劳的内部福利

麦当劳的福利措施有的是针对全部员工的福利，有的则是针对特定对象。按照《中华人民共和国劳动合同法》的相关规定，除了员工的法定休假、病假、事假、产假、哺乳假等之外，麦当劳还有一些有着自己特色的规定和福利措施。

1. 佳节利市福利，如元旦、劳动节、国庆节前，公司均会发放不同金额的佳节利市餐券，现金随当月工资输入账户，餐券当月发放。

2. 公司职员餐券补助，按大小月每位办公室职员每月都可以获得一定数额的餐券作为补助，可用于餐饮、请家人或朋友来麦当劳用餐或赠送朋友。

3. 出差补助，根据公司需要派往国内外其他城市及地区学习或开会的人员，国外的培训及会议将发给一定的出差补助；国内其他城市的培训及会议凭发票按一定限额实报实销。

4. 经理人员和核心员工的特别福利制度规定：餐厅经理及公司督导以上职位人员享有麦当劳股票认购权，餐厅经理及其以上人员可参加公司组织的国外经理年会，餐厅第二副理以上人员可参加公司组织的副经理年会等。

5. 激励活动，公司适时组织各种娱乐活动，丰富生活，沟通友谊，如春节联欢会、餐厅管理组组织的各种活动及公司办公室组织的娱乐活动。

6. 独生子女医疗费报销，档案在公司的人员，14 周岁以下的独生子女医疗费报销 50%，如其配偶无收入或本人已离异，带独生子女者，其独生子女医药费由公司全部报销。

三、麦当劳的保险福利

麦当劳为员工提供养老保险、大病保险及失业保险、工伤保险（雇主责任险），以感谢员工对公司的贡献，保障员工的未来生活，解除后顾之忧。

1. 养老保险。根据现行的法律要求及政府规定，公司按照现行的工资结构，按月为员工交纳养老保险金，从员工本人档案转入的月份开始交纳。若连续社会工龄加交费年限累计十年以上，可享受长期退休待遇，即达法定退休年龄时，可按月到指定的当地社会保险机构领取退休金。若连续工龄加交费年限不满十年，则一次性发给生活补助费，不享受长期退休待遇。当员工离职时，养老保险手册随个人档案转移到下一个存档单位。

2. 医疗费报销。档案调入公司的人员享受此福利，医疗补助及医疗费报销金额均按进入麦当劳的时间长短计算。凡员工患病或非因工负伤一次性住院的医疗费或 30 日内累计医疗费超过一定数额时，可享受大病医疗报销。若住院费用超过一定数额时，超过部分按比例到大病办报销，剩余部分由公司 100% 报销。

3. 失业保险。公司为档案在麦当劳人员交纳失业保险金，按政策规定享受失业保险的人员将在离职时享有失业保险，领取地点为家住地的街道办事处。失业保险金按照社会累计工龄长短按比例发放，最长不超过 24 个月。

4. 工伤保险（雇主责任险）。公司为所有与公司签订劳动合同的人员（全职、兼职、OJE人员）交纳工伤保险金，以弥补员工在工作中因意外事故遭受的不幸与损失。伤残最高赔偿金为48个月工资，死亡最高赔偿金为36个月工资。

◎ 分析参考

用奖励激励员工多做奉献

在麦当劳的薪酬福利体系中，用于奖励机制的措施与办法之多，恐怕是其他公司难以企及的。在正常的薪酬福利之外，麦当劳之所以看中奖励措施，是因为作为劳动密集型的企业，额外加班与额外付出是员工几乎每天都会遇到的事情，如果仅仅靠一份固定的工资，将难以调动起员工主动承担任务和额外完成任务的积极性。综合麦当劳的奖励措施，可以在以下几个方面给其他劳动密集型企业和餐饮类公司以启示。

一、根据业绩奖励员工

与员工分享业务的成长，是麦当劳中国的重要承诺之一。麦当劳制定有“年度目标激励计划”“季度餐厅营业额同比增长奖励计划”以及“营运销售收入增长计划”等激励计划，非常具有吸引力。根据员工做出的业绩，麦当劳对其实施多种奖励。在餐厅，门店经理每年都有一些营运的目标，例如利润改善目标，而当他们超过了这些目标时，他们就会得到相应的奖励，半年度的奖励最高可以达到他们6个月的月薪，也就是可以做到每月都双薪。麦当劳公司认为，勤奋的员工是公司最宝贵的财富，许多员工往往会提前上班，推后下班，连节假日也要特地到餐厅去走一走。而按照公司的规定，除非是事先确定的加班工作，这种活动都是不支付工资的。那么，是什么原因让员工自动地多做这些工作的呢？因为在麦当劳里，人们有一个普遍的信念：只要付出了努力，必定会获得相应的地位和奖赏。

二、选举优秀员工

只要员工能够达标，甚至超标，麦当劳都有相应的额外的奖励。在麦当劳内部，有一个最佳员工选举，每一个季度都会举行。中国的员工们还可以参与一些总公司的大奖，例如，每年会推荐全年表现最佳的1%的员工参与“总裁奖”，并送他们去美国总部，获奖员工还可以携家人去美国领奖并旅游一周。更重要的是，麦当劳的经理都会在平常的工作中发现日常工作表现突出的员工，并及时给予一些积极的鼓励和奖励。针对非全日制的员工，麦当劳也有一些相应的激励计划，例如，餐厅每个月会选出一些优秀员工，进行一些相应的奖励。顾客进入麦当劳餐厅，可以发现在墙壁上有一个专栏，上面写着“当月最佳员工”，还有照片和名字。这是麦当劳对优秀员工的一种奖励方式，鼓励大家向优秀者学习。麦当劳的“最佳员工评选标准”要求达到以下标准：100％顾客满意度、良好的工作适应性、极高的工作标准、良好的团体合作精神。依照这些标准，麦当劳餐厅每个月都会评选出自己的“最佳员工”，这不但鼓励了优秀者再接再厉，也激励着其他员工的工作积极性。

三、灵活多样的奖励活动

就像麦当劳门店经常有促销活动，用一些小礼品不断吸引顾客回到麦当劳来消费一样，麦当劳公司也设计了许多小型的活动，把员工的注意力经常吸引到努力工作这一关键任务之上。在对员工的激励方面，麦当劳通过春游、职业发展、抽奖、聚会、竞赛、轮换等方式对员工进行激励。麦当劳的激励机制运用得很充分，每天，麦当劳都会按照具体情况为每个不同岗位的人制定目标，一旦达到目标，就可以得到公司内部的积分奖励，例如，每一段时间麦当劳都会推出新活动以利于促销，麦当劳规定促销出新产品，前台服务员下班以后就可以按照管理组制定的目标拿到相应的奖券，假如一共卖了 25 套促销的套餐，就可以得到 5 元奖券，35 套可以得到 10 元，依此递增，全部积攒下来到月底或年底可以兑换相应价钱的奖品。员工内部的奖品有手表、雨伞、手电、腰包等，这就需要每天都尽力做到最好，得到尽量多的奖券。这种积分奖励方法在麦当劳内部营造了良好与持久的竞争气氛。

四、发挥带薪假期对员工的吸引力

现在的员工，特别是 80 后与 90 后的员工，把工作与生活看作是同样重要的人生要务，他们在工作一段时间后，就会有“世界这么大，我想去看看”的念头。麦当劳公司充分利用了员工的这一心理，把带薪假期作为一项奖励措施，既能起到良好的激励作用，又受到了年轻员工的好评。麦当劳的中国员工在试用期过后，都可带薪休假 10 个工作日，工作满 5 年可休 15 个工作日，满 10 年可休 20 个工作日。另外，每工作满 10 年，公司奖励 8 周的全薪假期，这是一个能使长期为公司工作的员工有机会思考其工作、专业以及全面考虑个人在公司将来发展计划的假期。带薪休假制度甚至照顾到了兼职员工，每年在麦当劳门店工作超过 1 440 小时的兼职员工，也可以获得一周的带薪假期机会。其实，员工带薪休假对公司来说成本很小，因为绝大多数员工的带薪休假在淡季，员工轮流休假时，他们的工作任务由其他在岗同事代为完成，公司并不需要为此支付额外工资。2015 年 4 月 2 日的《华尔街日报》报道，麦当劳计划将 9 万名美国连锁店员工的时薪调高 10%以上，并向其提供带薪假期等福利，旨在重新激发这家在美国陷入困境的快餐巨头的活力。

五、用培训奖励员工

麦当劳员工中的大多数人总想在麦当劳多学点东西，以不断提高自己的能力。麦当劳每年会针对员工的敬业度做一份调查，即员工承诺调查，员工的反馈表明，他们最希望可以参与公司的发展，同时获得自身的成长。麦当劳发现，不断给予员工有效的培训能够提升员工的敬业度，对他们来说，培训是第一位的需求。麦当劳非常重视员工培训，并建立了较完备的培训体系。麦当劳的培训体系是在职培训与脱产培训相结合，脱产培训主要是由位于芝加哥的汉堡大学完成。汉堡大学是对分店经理和重要职员进行培训的基地，1992 年在北京开办的中国大陆第一家麦当劳餐馆的四名管理人员毕业于此。汉堡大学提供两种课程的培训，一种是基本操作讲座课程，目的是培训学员制作产品的方法、生产及质量管理、营销管理、作业与资料管理和利润管理等；另一种是高级操作讲习课程，主要用于高层管理人员培训，其内容包括 QSC&V 的研究、提高利润的方式、房地产、法律、财务分析和人际关系等。中国地区汉堡大学已经由香港迁至上海。在麦当劳门店的“训练进度表”上还记载有每个服务员的进店日期以及他们所学习的教材和学习的进度。此外，服务员的帽子颜色、制服形式、名牌的用途和形状、营业时分配的位置、安排工作时间的长短、计时卡摆放的位置等，都代表着员工在餐厅中的身份和地位，都让员工时刻记住，在麦当劳这个世界里，只要员工努力向上，在技术和服务能力上取得了进步，必定能够获得相当的满足和成就感。

六、用晋升激励员工

麦当劳公司倡导不受限制的晋升制度，只要员工足够努力，贡献足够大，就能获得更快晋升更高职位的机会。公司的简报上也有同样的提示“麦当劳公司机会之多，绝不亚于其他任何企业。”根据业绩提升职位，同时增加薪酬，是重要的刺激因素。尽管所有的餐厅都会这样做，但麦当劳的业绩考核制度是独特的。在麦当劳餐厅后面的办公室，有一块大布告板，布告板的左侧是“职位和工资”，写着餐厅所有的工作人员的姓名和职位。职位分为A级组长（ASW）、组长（SW）、接待员（STAR）、接待员（TR）、见习员（TN）等，还用英文字母的A、B、C代表计时工作人员的等级。在工资栏上，通常用的记载方法是以C级为基准。组长的工资是C级的1.25倍，A级组长是C级的1.5倍，而且一年可以分得两次红利。这种把职位和工资公开化和透明化的做法，能够让每个计时工作人员逐步体会到，上司和他们的同伴之间不可能有私下交易，大家的眼睛都是雪亮的。更为重要的是，在麦当劳工作的计时员工也有可能会当上经理，一般企业虽然也用职位提升的方法来刺激计时工作人员的积极性，但到了某个职位便“到此为止”了。但是，麦当劳餐厅没有这个限制。麦当劳规定计时工作人员“凡有3个月以上工作经验者，皆可成为经理级的组长，不受年龄和性别的限制”。

第六篇

劳 动 关 系

31

要让商业帝国稳如泰山

——万达集团用强化审计化解劳动纠纷

◎ 企业背景

万达集团创立于1988年，现已成为全球规模最大的商业地产企业，并形成了万达商业、文化旅游、电子商务、连锁百货四大产业。截至2014年年底，企业资产达5 341亿元，年收入达2 424.8亿元，已在全国开设119座万达广场、75家酒店（其中拥有68家五星级酒店）、6 600块电影屏幕、99家百货店。

2014年12月23日，万达商业地产在香港证券交易所挂牌上市，2015年1月，万达商业（03699.HK）市值超过2 200亿港币。万达商业拥有全国唯一的商业规划研究院、酒店设计研究院、全国性的商业地产建设和管理团队，形成了商业地产的完整产业链和企业的核心竞争优势。

万达文化产业集团是中国最大的文化旅游企业，注册资金50亿元，资产490亿元，2014年收入341亿元，旗下包括电影制作、发行、院线，科技娱乐、舞台演艺、主题乐园、儿童连锁娱乐、旅行社等多个产业。文化旅游正成为万达新的支柱产业。2012年5月21日，万达以26亿美元并购全球第二大院线集团AMC，成为全球最大影院运营商。

王健林并不避讳地宣扬其称霸体育产业的雄心。按照计划，在完成剩余几宗体育公司并购后，王健林将把万达体育分拆出来上市。投资足球为王健林赢得了与世界足球最高权力层对话的绿色通道。在2015年5月29日瑞士苏黎世第65届国际足联主席选举大会上，王健林成为国际足联大会历史上邀请的首位中国企业家。

万达百货已在北京、上海、南京、成都、武汉等地开业，是中国最大的连锁百货企业。电子商务是万达集团迅速崛起的支柱产业，包括万达电商和快钱两家公司。万达集团还收藏了中国近现代名家字画，20 多年来已收藏近千幅，是中国民间最大的收藏企业之一。

2015 年 4 月 21 日，王健林董事长在沈阳举行的“2015 中国绿公司年会”上，首次对外披露万达的“2211”工程——到 2020 年，万达资产达到 2 000 亿美元，市值达到 2 000 亿美元，收入 1 000 亿美元，净利润达到 100 亿美元，成为世界一流跨国企业。

◎ 典型案例

截至 2014 年年底，万达集团资产 5 341 亿元，员工 11 万人，项目分布于上百个城市，动用资金巨大，管理链条极长，从上到下各级管理人员都可能经受不住利益诱惑铤而走险。作为中国最成功的集团企业之一，万达集团拥有行业内最严苛的内部管理制度。行伍出身的集团董事长王健林笃信军事化管理可以确保其商业帝国稳如泰山。但如今，王健林发现，严厉的纪律并不能杜绝“蛀虫”在帝国的角落，甚至在中枢里接连出现。

2015 年 7 月 14 日，万达集团在其官网贴出一则涉及处置 18 名贪腐违纪员工的通报。其中原西安项目公司工程副总经理许某，原万达百货总部综合管理中心工程物管部经理范某（已经离职）二人曾多次向多家施工单位索贿受贿，涉案金额巨大，已移交司法机关。另外 16 人由于滥用职权牟取私利已被免职。在 18 人中，17 人为万达内部员工，1 人为万达总包单位的工作人员，涉及人员均为万达集团总部和地方公司的高管，其中总经理级别共计 4 人，其他人员均担任副总经理、项目总经理、主任工程师等高管职位。

该审计报告抄送至集团董事长、总裁、各系统总裁、执行总裁、副总裁。牵涉的部门包含了万达百货总部、商管系统、牡丹江项目公司、西安项目公司，前三者所涉及的人员最多。万达集团还在官方网站公布贪腐人员相关信息，反馈内容包括被除名者在万达工作期间的职务、除名时间、除名原因等信息。万达集团表示将出台问责处罚制度，并同时实施“买单式”问责，不仅处罚违章违纪的直接责任人，而且对相关部门负责人、系统负责人和分管领导的责任都将予以界定追究。

唯一一名外部员工是万达牡丹江项目总包单位中建一局项目经理肖某。审计报告指出，万达牡丹江项目公司总经理荣某、另三位项目公司副总经理，与肖某相互勾结，通过中建一局变更项目图纸虚增工作量，套现450万元。因此，肖某已经被万达列入合作黑名单。目前，所有17名员工已经被万达集团解除劳动关系，其中，涉案严重的两名已移交司法机关，另外还有6名将“视情况移交司法机关”。这些人被指“多次组织、操纵工程类集采招标”，从中“以权谋私”，部分高管“金额巨大、性质恶劣”。

王健林对万达商管系的清理早有暗示。在2015年1月召开的万达2014年工作报告中，王健林特别提出，要“强化对商管的监督审计”。在报告中王健林提到“我们发现，万达广场火了，到期调租金的时候，有个别管理人员吃回扣，审计一查人就跑了。跑了就行了吗？如果金额大，照样移送司法。事后调查发现部分商家敢怒不敢言，为什么敢怒不敢言？万达有投诉部门，今年审计部门要对所有商家做一次普及教育，告诉投诉办法，可以直接投诉到集团审计中心。”

在万达反腐的背后，业绩屡打擦边球的万达百货系统正在面临一场真正意义上的“大清洗”。业内人士表示，万达百货完全是特殊阶段的特殊产物。别人没有办法跟得上万达的速度，因此万达只能自己执行，但当特殊阶段过了，万达百货也就完成了使命。这位业内人士认为：“万达百货的品牌太陈旧，不及巴黎春天和百盛等传统百货。在电商冲击下，很难盈利。”从2014年开始，万达广场就有意缩减万达百货的面积，陪着万达广场攻下半壁江山的万达百货，在集团的地位已不可同日而语。2015年，万达广场计划新增26个，万达百货计划仅新增11家。

王健林心心念念的是“互联网＋金融”，想用云POS机掌握商户现金流数据做信贷考核，给商户发贷款。例如，将一笔一年期贷款分成若干份还款，每次收款通过云POS机自动扣款，而联营扣点的万达百货就搭不上这趟快车了。

一位要求匿名的品牌商透露，品牌要入驻购物中心的铺位类型、租金价位，其中的内幕交易很难防范。小品牌要塞钱给购物中心，购物中心则要招揽大品牌，可能要倒付给大品牌钱。在一个购物中心中，品牌和开发商谈判的重中之重就是租金，是收固定租金和扣点，或者是纯扣点，都是各家开发商压箱底的商业机密。

在此前的奢侈品大浪潮中，很多二、三线城市资金雄厚的业主为了吸引奢侈品牌，都纷纷开出“免租金、贴装修”等优惠。一位与万达合作过的人士表示“现在万达主力店的负责人是百货出身，他们更看重租金收益，比如说谈判的时候，一个好品牌要进驻到万达的A级店就必须让旗下品牌也入驻到B级店。但如果最后谈判未果，本来不是最优的其他品牌就有机会进入到万达A级店里。”以万达武汉汉街为例，商业街非常火爆，所有快时尚品牌基本都已进驻，现在，汉街已经关闭了零售品牌通道，小品牌想入驻汉街非常难，即使给一个非常划算的打包价，也难以打动万达。

为了防患更多的内部腐败，王健林在万达唯一管理的部门就是审计部。在由王健林亲自编撰，表达其管理智慧的《万达哲学》一书中，他说道：“万达有一支很强的审计队伍，而我个人在集团不分管具体业务，唯一管的部门就是审计部，审计部就相当于万达集团的纪委。”还在书中指出“审计通报最厉害，一发就意味着有人被开除或者受到更重处罚。”在书中，王健林对这支队伍给出的描述是，业务能力强，有很强的威慑力。这个被万达内部称为“民间中纪委”的部门，由万达党委书记直接负责，几十人组成的审计部门监管着11万的万达人。据了解，万达审计部成立于2001年，其成员由财务、工程、预算、土水电各专业人才组成，目前这支由王健林直管的队伍由高茜领导。

1996年1月进入万达集团的高茜，到2015年时已经65岁，是万达商业当时上市招股书里面唯一的女性高管。2009年12月起，高茜担任万达商业地产监事会主席，自2013年9月起，同时担任万达集团审计中心总经理。根据万达内部披露的信息，万达每年要审计一两百次，涉及公司上千家，业务领域全覆盖。

万达集团可谓拥有行业内最严苛的内部管理制度，纪律条文不仅包括严格规定女员工裙子的长度，也包括对集团内部出现的腐败分子绝不姑息。王健林说自己每天7点多到公司，早来晚走，很少休息；从不干涉招标，在公司里没有任何亲戚，而且对自己的亲属也严格要求，不允许亲属与公司做生意。在诸多场合，王健林均表达了“无法容忍腐败”的态度。在2015年6月23日的一次演讲中，王健林给民营企业开出的良方正是“反腐”。他认为：“反腐把国有企业的无边界扩张遏制了，通过反腐把很多官商勾结从市场上扫走了，大幅度降低了市场上的不公平现象。”

在万达的内部审计前，审计人员会拿着王健林的审计指令，然后将审计指令放在总经理的面前，其中的内容则是某公司委派某人到贵公司进行例行审计，请接待配合，落款：王健林。万达集团审计到各地，都会举行一个全员的审前会议，包括打扫的阿姨、司机都得参加。

由于万达集团目前业务链很广，王健林请万达各个系统的总经理甚至是国家各部委专家亲自来培训，研究如何完善监管机制。审计中心曾查处过一起职务侵占案，1 名审计副总经理通过查阅 OA（内部办公系统）发现，某项目的售楼广告在北京电视台娱乐频道每晚 11 点 54 分连播了 8 个月，每个月都是 29.8 万，而万达的制度是如果一笔预算超过 30 万，就得上报集团进行审批，所以一看就知道当事人研究透了公司制度，钻空子。当天审计就发现 11 点 54 分根本没有任何广告。而且所签约的广告公司的工商注册法人代表后边三个字被篡改，而且为了掩盖，当事人还盖公章掩人耳目，最终调查下来，真相就是将广告业务发包给当事人自己注册的公司。

尽管令出必行，但从可以追查的数据上看，这个持有尚方宝剑的万达内部“中纪委”，查处的内部腐败却在不断增多。从 2002 年的处分 2 名员工，2006 年的 7 人遭处分，2008 年开除 3 人和降职 1 人，2009 年处分 13 人，2010 年处分员工 10 人，2011 年处理违规员工 43 人，2012 年处分员工 64 人到 2013 年处分员工 180 人，被处分的员工呈现猛增态势。

王健林或许已经意识到，单靠自上而下的严令、惩罚和员工的自律已无法阻止腐败在其看不到的企业角落中滋生，甚至会有损企业内部稳定。万达集团自 2006 年开始的工作报告中均会公示万达集团当年具体的处分数量，这被视为是王健林“铁腕治军”“不惜情面”的标志。

◎ 分析参考

用柔软和高明的方法化解劳动争议

企业内部的腐败现象与劳动关系，粗看起来没有太多的关系，但当仔细分析后，就会发现大多数的劳动争议案与员工的不良记录有着密切的关系。每个企业都有自己的价值观，但涉及贪腐方面的要求则几乎是高度一致的；尽管各家企业对管理者和员工的考核方法各异，但在考核之后对差劲管理者的淘汰与对落后员工的惩处方式却又是高度一致的，那就是尽快解除劳动关系。

虽然处理的结果基本一致，但在协调劳动关系的能力上却并不相同。有的企业开除员工，有理有据，让人心服口服，自然不会再发生劳动关系争议案；有的企业则凭感觉处事，在开除员工之后却经常被员工反诉到劳动争议机构或法院，经过一番较量，甚至成为法律面前的“输方”，还要向员工赔偿。这之中的差别，就要看企业是否建立起了严密的审计制度、严肃的反腐机制以及严格的绩效考核规程。

中国经济在高速发展过程中，权力寻租的现象到处可见，从政府部门，到国有企业，再到民营公司，权力在握但资源有限时，许多人就会乘机寻求自己利益的最大化。中国企业中的职业经理人队伍同样参差不齐，近些年在企业中暴露出来的腐败案件不比政府部门少，有些甚至更为触目惊心。只是企业内的腐败现象损害的是局部利益，或者说只是老板和投资人的利益，而政府机关的腐败损害的则是公共利益和公信力，因此前者往往被人忽视，后者却更令人关注，而腐败分子无处不在的事实却是当今中国的一个普遍现象。兰德咨询公司曾对房地产开发过程进行全面梳理研究之后，调研结论称房地产开发共有 116 个可能寻租点。调研显示，“如果继续细分环节，房地产全价值链最多可以分到 120～130 个具体环节，可明确的有 116 个寻租点，基本占了房地产全产业链的 95％。”这便是这个行业的管理者、经营者和项目负责人成为腐败高发源的重要原因之一。

在成长为中国最大的商业地产开发商的这段时间里，万达订单式开发模式是其他同行难以复制的优势。相比较一般企业需要向总部或者大区报批的多线程管控模式，万达的管控没有那么多复杂的流程，体制上相对灵活且地方项目总经理权力较大。但权力较大的背后也意味着万达职业经理人拥有更多的权力寻租空间。万达“审计通报”中涉及的牡丹江项目、西安项目、包括万达集团在 2013 年查处的漳州项目公司、江苏项目公司，均出现了项目负责人“权力寻租”的行为。

为此，万达在 2015 年年初宣布对所有万达广场综合体新开工项目都将实行“总包交钥匙”管控模式。由原先万达对项目工程一管到底转为由承包公司一包到底，包括项目的计划、质量、安全、成本等事宜，最后向万达交付钥匙。王健林认为这是万达集团制度反腐的重要举措。在其看来，不直接面对分包，可取消招标职能。分包单位的选定及组织建设，均由总包单位负责，总包单位在万达合格供方品牌库采购数据库中，自行选定分包单位、材料设备供货商，并执行万达采购数据中的价格，王健林甚至把它定义为中国工程建设领域的一项革命性创新之举。很显然，企业反腐势在必行，但在万达集团“由重转轻”进行转型的关键节点，已过花甲之年的万达董事长王健林正试图尝试更柔软和高明的方法。

万达集团已经扎紧了篱笆，但还是在“腐败全民化”的潮流中险象环生，幸运的是，万达在反腐过程中，没有再现严重的劳动争议案，在这方面可以给众多企业以有益的启示。

一、建立首脑直接管理的审计部门

在万达集团的发展中，有着千头万绪的事情等待着集团首脑的决策，以致王健林自己都说，他每天7点多到公司，早来晚走，很少休息。在繁忙工作中，王健林完全可以把所有其他人认为重要而其认为不必干扰到自己的事情一推了之，特别是那些不能直接产生经济利益的部门和事情，但王健林却有自己的选择，他说：“我个人在集团不分管具体业务，唯一管的部门就是审计部，审计部就相当于万达集团的纪委。”可见王健林对于队伍建设的重视程度。抓住审计部门，在经济活动中表现为防止浪费、提高效能、严防腐败；在人力资源管理中，则表现为卡住队伍腐化的关键部位，防止中高级管理人员因一时贪念，既出卖了企业，又败坏了操守，最终给企业和个人都造成不可挽回的损失。只有防微杜渐，不让或少让腐败案件发生，才能让那些突然解除劳动合同的事件尽可能少的发生，也就可以避免隐性的劳动纠纷案的发生。

二、形成高压状态下反腐败监督机制

在企业管理中，仅仅通过建立一些职能部门是不够的，能有效运转每一个部门的职能才是关键。在大型国有企业中，既有党委和纪委，又有工会与职代会，还有组织部与保卫部，但从已经发现的重大贪腐案情况来看，这些部门基本上都是“绣花枕头”“中看不中用”，甚至有些自身都直接参与到了腐败案中。万达的审计制度，是反腐败监督机制的第一步，审计人员会拿着王健林的审计指令，要求下属机构的总经理予以配合执行，这就足以让下属机构感受到一种高压的态势。万达集团审计到各地，都会举行一个全员的审前会议。就像360度绩效考核一样，总经理在自己员工的面前，是非得失，很难通过自己的一面之词就糊弄过去。在企业中开展不断审计所产生的威慑力，可以让一部分人有所收敛，达到“不敢腐、不想腐”的效果。

三、及时公开发布反腐败案件的事实

对于发现的重大贪腐案件，在取得确凿证据之后，要在第一时间内向企业员工，甚至向社会公布，这样做可以最大限度地减少各种猜测与谣言的传播，也可以防止当事人出现侥幸心理，让其没有时间和空间为自己的错误和罪行进行掩饰与狡辩。在公布之前，企业应该完成可靠的审计与调查，要防止在证据不足的情况下仓促发布消息，一旦冤枉了员工，则必然会引起新的劳动争议案。在这一过程中，果断出击是十分关键的一步，否则当事人会有更多时间藏匿罪证，或找到反击的机会，只有当事人放弃了抵抗，接受了所有的结论，才不会死灰复燃，重新挑起劳动争议。快速处置涉案腐败项目和人员，并宣布处罚决定，既是对当事人的惩罚，也是对其他人的警示，也可以用最快的速度让员工平复心情，重新回到原有的工作与生活状态之中。

四、防止通过劳动争议案来重新翻盘

在企业管理中，一方面要坚持以人为本的思想，在使用人才方面则表现为尊重人、信任人、使用人的基本理念；但同时要强化制度建设，通过企业规章和规范约束每一个人的行为，特别是管理者的行为，一旦出现偏差，就能及时发现与纠正。因此，在涉及公章、发票、合同、财务支出等环节形式上，一定要在每个流程上留下操作者的签字与其他痕迹，以此为防范违法乱纪行为留下最基本的证据。只有证据在手，当事人才会心服口服，才会无条件地接受处罚。否则，在当前人心浮躁、欲壑难填的大环境下，总有人算计着要从组织或企业中谋得更多的个人利益，而且从一开始这些人往往就做好了反侦察的准备，并为自己保留了许多有利的“证据”，一旦东窗事发，就拿来证明自己的“无罪”，甚至反咬一口，当企业准备开除当事人时，却被反诉到仲裁机构或法院，以致要求企业巨额赔偿。在过去几年中，一些地区的劳动仲裁为了“息事宁人”，往往站在所谓的“弱势群体”一边，要求企业给予本不必要的赔偿，结果更是助长了一些不良者的贪欲。

万达集团在处理企业内部贪腐案件中，对事不对人，设立处罚靠审计的制度，虽然无法从根本上消除贪腐现象，但在惩处贪腐方面却有“一着定局”的威慑力，值得更多企业学习与借鉴。

32

全员裁员下的纠纷

——中华英才网劳动争议案再起

◎ 企业背景

中华英才网成立于1997年，是在中国大陆创办的第一家专业招聘网站，主要受众为中高端职场人群。中华英才网提供校园招聘、社会招聘、高端猎头服务、招聘流程外包等全系列招聘服务解决方案，其品牌和服务已被个人求职者和企业人力资源部门普遍认可。中华英才网总部位于北京，在全国共有12家分公司，是由3 000余名员工组成的人力资源服务团队，主要产品与服务有：网络招聘、英才招聘宝、英才SSS、校园招聘、猎头服务等，前后多次获得约2 000万到2 500万美元不等的风险投资额。

2005年4月，美国在线招聘巨头Monster向中华英才网注入5 000万美金战略投资，收购中华英才网40%的股份，并把自身先进的管理理念、业务模式和产品引入中华英才网，公司从此进入全新的国际化发展阶段。同年5月，中华英才网与中国门户网站——“新浪网”战略合作，试图缔造网络招聘帝国。中华英才网坚持始终以客户需求为导向，用专业服务，做好企业与人才的对接工作，同时，中华英才网非常关注个人的职业发展，注重给求职者提供网上求职服务体验，使求职者在中华英才网投放简历和寻找工作，获得方便、快捷、有效的成果。

2008年10月，Monster以1.7亿美元现金收购中华英才网剩余55%的股份，使后者成为其全资子公司。按照2007年的全年营收规模排位，中华英才网是当时的行业第二，排在其前后的分别是前程无忧和智联招聘。Monster的招聘网络覆盖了全球超过55个国家和地区，并不断致力于通过技术创新实现职位和求职者高效精准的匹配。完成全平台升级后，中华英才网将衔接 Monster 全球招聘网络。中国企业可以通过中华英才网的全球职位发布，自主操作向 Monster 所覆盖的欧美各国即时发布职位，招聘英才，真正做到足不出户，尽揽天下英才。同时，企业也可以通过中华英才网的全球招聘服务，覆盖 Monster 全球 55 个国家和地区的招聘网络，精准有效地进行全球招聘。

2013 年 1 月 29 日，中华英才网第二次被出售前的裁员开始。北京总部约 50%员工被裁，并拿到了“N+3”月薪的离职补偿。没有拿到补偿的 200 多名员工发起抗议，公司总部大厦的 13 层被占领，公司 CEO 罗秉泉和母公司 Monster 派来的高管被“困”其中。北京建外派出所的民警到现场维持秩序。在将近 10 个小时的对峙和谈判后，Monster 公司的 CEO 赛尔·伊安努兹（Sal · Iannuzzi）最终在临时电话会议中提出了建议性质的解决方案：有条件地向在职员工提供等同于离职员工的补偿金。2013 年 2 月 5 日，爱尔兰尚龙集团（Saongroup）（以下简称尚龙集团）宣布收购中华英才网大部分股权，Monster 仅保留 10%。

2015 年 5 月 8 日，中国大陆的 58 同城网宣布并购中华英才网。完成并购后，中华英才网将继续独立运营，保持品牌及团队独立性，具体交接时间为 2015 年 5 月 13 日。58 同城 CEO 姚劲波表示，58 同城预计将投入 10 亿元人民币，支持中华英才网发展，这部分资金将重点用于团队打造及市场推广。在市场推广方面，中华英才网将通过大规模户外广告投放、电视节目冠名、影视剧植入等，重塑中华英才网的品牌知名度。

◎ 典型案例

2015 年 5 月 8 日，生活服务平台 58 同城宣布完成对招聘网站中华英才网的并购，此次交易未披露交易金额。完成并购后，中华英才网将继续独立运营，保持品牌及团队独立性。58 同城方面透露，该项目将分为两个阶段进行：中华英才网原母公司尚龙集团将退出其在华业务，并将全权负责与员工相关的后续事宜。58 同城在此次交易中，除了完成中华英才网品牌等资产的并购，同时将聘用大部分团队员工。

在宣布并购消息后，58 同城 CEO 姚劲波称，自己很认可中华英才网的品牌资产积累及其专业化的团队，希望借助中华英才网在中高端人才及知名企业中的品牌影响力，使得 58 同城真正实现全招聘领域覆盖。同时，58 同城作为中国用户量最大的招聘网站将发挥平台优势，在产品优化、市场拓展上予以大力支持。

但是，此次并购在宣布之时就演变成一场声势浩大的劳资争议案。员工临时被告知并集体裁员，公司无任何相关部门报批文件就开始裁员，导致员工集体签字反抗，上百名中华英才网员工因未被告知裁员而发起大规模抗议。有员工反映，昨天还在加班，今天就被告知全体员工解除协议，公司既没有文字承诺和相关付款流程，也没有劳动监察部报批文件，公司的做法是暴力裁员，不给个说法，绝不离开。

5 月 8 日，尚龙集团向各分公司派出一位管理者临时宣布全体裁员，而各大新闻网站上提到的某神奇网站的返聘，实际只是疑似为期 6 个月的临时安置。让员工对新老东家的怀疑态度越发加深。

中华英才网员工反映，上午 10 点公司突然宣布裁员，北京公司在职人员 400 人，全国有 3 000 多人，全部裁掉。与此同时，中华英才网一封官方内部信曝光。内部信显示，中华英才网原有员工将被解除合同，补偿金按“N＋2”发放，58 同城将和部分员工签订新的劳动合同。但是，这样的裁员补偿方式引起了员工的强烈抗议。根据 58 同城与尚龙集团达成的协议，全员解聘后，员工将得到“N＋2”的赔偿，补偿金将分两次发放，第一笔相当于“N＋1”的金额会在 5 月底发放，剩下的补偿金会在 8 月底全部发放，并且会跟 58 同城签署新的劳动合同。这在大家看来本是很完美的一个结局，既拿到赔偿又有了新的工作，可事情却并不是想象中的那样。

由于关于赔偿标准和诸多事项尚未解决，尚龙集团在事先未与员工进行沟通和协商的情况下，突然单方面宣布赔偿标准，引起了中华英才网各地员工的强烈不满，其中以北京、苏州等地的抗议情绪最为激烈。北京为中华英才网总部，总部员工当即找到高管谈判，但是高管明确表示赔偿标准已经确定，没有任何谈判的余地，不接受和员工的对话。苏州员工拥堵在办公室和过道门口，情绪激动，场面一度失控。此外，成都、杭州、石家庄等地分公司员工拒绝签署离职补偿协议。中华英才网高管告诉员工，如果不签署离职补偿协议，将无法获得“N＋2”的赔偿，这在员工看来，更像是一种威胁。

事态在变得越发严重之后，尚龙集团亚太区 CEO Emer 发出邮件，称本月工资及之前各项目的奖金、报销等都将按照公司规定继续支付给员工。不过处于三期的女职工、无固定期限合同员工、派遣工和年假补偿的问题依然没有得到任何回应。此时广州等地的部分员工已经在离职补偿协议上签字，但其他分公司的员工仍在等待问题的答复。

次日凌晨两点，中华英才网人力资源部以全体员工的名义向尚龙集团董事会主席 Leslie 和其他两名高管发出集体谈判邀约邮件，期望 Leslie 出面和全体员工进行沟通。员工认为尚龙集团出售中华英才网和单方面突然宣布赔偿标准的做法明显违背中国法律。除此之外，中华英才网的员工认为还有若干问题，并未在与高管 Emer 和 Conor 的沟通中得到统一的答复。

1. 已完成项目奖金应根据现有的公司政策支付。

2. 实习生工资、供应商付款、项目费用报销应该得到相应的报酬。

3. 正在进行的项目的个人支出应报销。

4. 即便在全部合同金额尚未支付的情况下，客户项目成本费用也应该还给员工。

5. 加班、婚假、产假、年休假应按比例以现金支付。

6. 明确回复员工是否应该继续跟进正在进行的项目。

7. 如何处理因内部财务流程问题而无法完结的项目。

在危机严重之后，58 同城 CEO 姚劲波发表了一封题为“欢迎中华英才，携手共创第一”公开信，以安抚中华英才网的全体员工。

中华英才网的处境，代表的是整个传统网络招聘网站的衰落。虽然前程无忧、智联招聘的财报都还不错，但这仅仅只是表象，衰落的本质并没有下降。前程无忧 2014 财年总营收为人民币 18.973 亿元，智联招聘 2014 财年总营收为 10.798 亿元，赶集网在线招聘业务 2014 年营收为 7.68 亿元，58 同城的在线招聘营收预计与赶集网不相上下，再加上中华英才网、应届毕业生求职网、拉勾网、内推网等网站，也就是说中国整体网络招聘整体营收不超过 60 亿，甚至更少。传统招聘网站的困境在于，只求现金流不求发展，这也是为何中华英才网能够“苟延残喘”这么多年的主要原因。传统招聘网站只知道做“中介所”，只知道收“中介费”，却不知道如何去改变自己，产生更大的价值。

尚龙集团出售中华英才网，没有任何的提前告知行为，也没有在劳动部门备案，就提出对中华英才网全体员工进行全体裁员。在关于赔偿问题上，又一而再、再而三地不听取任何员工心声，针对哺乳期及孕期妇女采取“一刀切，不负责任”的“甩手”态度，的确寒了员工的心，把本来拯救企业的好事情演变成了一起难以收场的劳动争议案，的确值得引起警戒。

◎ 分析参考

合法并购、守法裁员与依法仲裁

中华英才网发生的劳动争议案，是在企业兼并中常见的现象，也是一种典型的劳动关系结果。在之前的中华英才网股权结构发生变更时，已经发生过类似的现象，鉴于不同时期的政策背景、市场环境与收购方实力的差异，在发生劳动争议案时，表现出来的焦点与重点都有所不同。从中华英才网最近一次的裁员争议案中可以发现，主要存在几个方面的问题。

一、没有依据中国法律，合规进行裁员工作

根据中国法律，企业裁员必须按照法定的程序进行。中华英才网员工认为尚龙集团出售中华英才网和单方面突然宣布赔偿标准的做法明显违背中国法律：一是整体裁员应提前一个月通知员工，并与员工沟通；二是最终的裁员计划应事先与当地劳动局登记备案；三是补偿计划与中国法律法规之间有非常大的差距，违法裁员的补偿方案应为“2N”（N是指员工工龄），整体裁员补偿方案应该是“2N＋2”。依照《中华人民共和国劳动合同法》第四十一条规定：“有下列情形之一，需要裁减人员二十人以上或者裁减不足二十人但占企业职工总数百分之十以上的，用人单位提前三十日向工会或者全体职工说明情况，听取工会或者职工的意见后，裁减人员方案经向劳动行政部门报告，可以裁减人员。

（一）依照企业破产法规定进行重整的。

（二）生产经营发生严重困难的。

（三）企业转产、重大技术革新或者经营方式调整，经变更劳动合同后，仍需裁减人员的。

（四）其他因劳动合同订立时所依据的客观经济情况发生重大变化，致使劳动合同无法履行的。”

由此可见，中华英才网在宣布被58同城收购的同时，直接宣布进行全体裁员的做法，违背了劳动合同法的精神，也是对员工感情的轻视，导致最终产生严重的劳动争议事件，在社会上引起了较大的反响，也给中华英才网的品牌产生负面影响。

二、没有及时与员工沟通，缺少合理疏导工作

在劳动争议事件发生后，让员工感到气愤的是，整个过程中，他们完全被蒙在鼓里，公司事先没有任何消息透露，事后也没有人正面回答员工提出的疑问，在焦虑中自然形成一股离心力，给并购企业的交接与转型带来不利。此次尚龙集团发起的全员临时辞退，并不符合任何法律条款，也未在劳动部门做过备案，却一再以第三方公司 FESCO 作为介入者与员工一对一和二对一谈话，谈话中以“今天（5 月 8 日）不签解除劳动协议就只能拿到‘N’的补偿”威胁员工签字，解除劳动协议。这种强势作风，很容易引起员工的反感与反抗，尽管尚龙集团或许会认为，在公司入不敷出和面临倒闭的时候，有新的资本进入，为员工找到继续发展的机会已经十分不易，大家应该体谅集团的作为，即使临时裁员，也是为了签订新的劳动合同的需要，毕竟企业主办者发生了变化，然而，员工并不这样认为。在企业并购中，新旧举办者之间一定是达成了某种协议，退出方只有在得到最大利益保障的情况下才会全身而退，最大的获利方或许就是退出方，何况在这次并购中，58 同城与尚龙集团对并购案金额一直三缄其口，不愿透露，这就更加深了员工认为自己被“出卖”的感觉。事件发生后，不论是老东家尚龙集团，还是新东家 58 同城，或许最为熟悉的中华英才网的高管和人力资源管理人员，都没有直接面对员工进行合理的疏导、解释和说服工作，而是让第三方公司 FESCO 介入处理，加上介入方的强硬对话方式，最终将员工的怒火推到了顶点，这是几方管理层缺乏沟通意识和技巧的必然后果。

三、没有发挥工会作用，合法推动公司变革

在《中华人民共和国工会法》中，对保护员工利益有明确的规定，在《中华人民共和国劳动合同法》中也明确指出：“用人单位提前三十日向工会或者全体职工说明情况，听取工会或者职工的意见后，裁减人员方案经向劳动行政部门报告，可以裁减人员。”但是，在中华英才网劳动争议事件发生的前后过程中，始终没有出现工会的身影，各管理方中没有一方提及工会在裁员中的地位与作用，一方面是忽视其存在的价值；另一方面也是违反了中国法律的规定，同时也违背了员工的意志。因此，中华英才网的裁员事态不断扩大，这从一开始就是新旧东家缺乏法律意识，不尊重中国法律的直接结果。企业发展与公司变革，是十分正常的现象，有重大变动时，公司的交接过程与员工的处置问题，应该是新旧东家需要谨慎考虑与讨论的话题。而事实上，并购中的焦点往往只是集中在公司股东权益的估价和并购价格之上，对员工的利益关注度较小，在谈判过程中就让工会代表参与其中的就更少见了。如果，并购两方再加上员工代表或者是代表员工利益的工会代表，三位一体，共同讨论并购进展与细节，以这样的方式推进，在之后与员工沟通上就会容易一些，也能获得绝大多数员工的理解，因为他们的利益在谈判过程中已经通过其自身的代表得到申诉，并多少已经获得基本利益的落实。

四、没有及时答复员工，难以解除员工疑虑

在企业变革中，公司的规章制度肯定也会发生变化，对于过去已有的福利待遇，一般员工都会比较在意，即使新的福利要好于过去，也会有人首先想到如何保证原有福利的兑现。在尚龙集团委托知名人力资源公司 FESCO 负责全员辞退的经济补偿协议签署工作时，协议中仅仅列明了经济补偿金赔偿标准为“N＋2”，其中 N 为工龄。员工们都不能接受的是已经签约并且回款的项目奖金、之前的差旅报销、带薪年假工资等费用都不结算了吗？除此之外，处于孕期、产期和哺乳期的女员工赔偿标准是什么？已经签订无固定期限的老员工赔偿标准也是“N＋2”吗？公司还有部分派遣员工，公司不承担派遣员工的赔偿责任了吗？诸多问题亟待解决，但公司在补偿方案中却并未提及。尽管在补偿中没有提及，但并不代表并购之后的接受方就可以不用承认，或者取消相应的福利待遇，何况这是在员工不知情的情况下签订的并购协议，来自员工的担忧更是会很自然地发生，如果能够及时沟通说明情况，哪怕只是有问必答式的简单回复，都可以平息事件，让大家安心下来。相反，员工有疑虑，无人出面回复，那么新的疑惑或问题就会接踵而至，此时稍有人挑动事端，就可能出现意料之外的严重事态，在爆发危机之后再想熄火就并不会那么容易了。因此，即时答复、及时沟通、善于疏导是企业变革中必须重视和把握的环节。

五、没有展现并购蓝图，难以合力推进员工发展

在并购中的劳动关系争议案，通常情况下是员工与老东家的问题，有时收购方还需要老东家在处理完裁员问题之后才会正式实施并购过程。2013 年 2 月 5 日，尚龙集团宣布收购中华英才网大部分股权，Monster 仅保留 10％。但在这之前的 2013 年 1 月 29 日，中华英才网第二次被出售前的裁员工作已经开始，当时员工拿到的方案是“N＋3”月薪的离职补偿，但在交接过程中也发生了劳动争议事件。也就是说，尚龙集团在进入和退出中华英才网时，都遭遇到了严重的群体性劳动争议事件，说明其在并购过程中缺乏应有的规范，导致事态总是往负面的方向发展。好的企业文化，会从各方面规避风险，在企业并购中特别应该让员工看到企业的未来发展前景，只有在良好的蓝图之下，员工才会更快安定下来，否则人人都会产生忧虑和不安。如果企业发展兼顾到了员工的利益和发展机会，就应该及时、仔细、认真地与员工分享，让员工一开始就看到新的机会所在，而不是对未来的不确定性，以及被动接受裁员的局面。在这次并购中，58 同城是愿意重新接受中华英才网员工的，CEO 姚劲波也表达和承诺了这样的计划，只是时间上滞后了，行为上被动了，如果这封公开信发布在正式宣布并购之前，那么事态或许就是另一种局面。

33

加强对弱势群体的就业保护

——IBM 中国对弱势员工的反应

◎ 企业背景

IBM（International Business Machines Corporation，国际商用机器公司）于 1911 年 6 月 15 日，在美国纽约恩迪科特由 3 个独立公司合并而成，作为 CTR 公司注册。公司制造的产品包括：员工计时系统、磅秤、自动切肉机，重点发展计算机、穿孔卡片设备，曾一度集中精力研究穿孔卡片。1917 年，CTR 以国际商用机器有限公司进入加拿大市场，1924 年 2 月 14 日正式改名为国际商用机器公司（IBM）。第二次世界大战期间，IBM 生产 M1 卡宾枪和勃朗宁自动步枪。IBM 在战争期间还为海军建造了 HarvardMarkI，这是美国的第一个大规模的自动数码计算机。在 20 世纪 50 年代，IBM 是美国空军自动防御系统计算机发展的主要承包商。在 60 年代，IBM 已经是世界上最大的计算机公司。目前 IBM 拥有全球雇员 30 多万人，业务遍及 160 多个国家和地区。

100 多年来，围绕 IBM 的并购案层出不穷，既有大量的购并案例，也有不少出售的事件。2013 年 9 月 19 日，IBM 收购了英国商业软件厂商 Daeja Image Systems，打算将其并入软件集团和企业内容管理（ECM）业务。2014 年 1 月 9 日，IBM 宣布斥资 10 亿美元组建新部门，负责公司最新电脑系统 Watson。2014 年 12 月 17 日，欧盟委员会表示，已批准了汉莎航空公司将其 IT 基础设施部门出售给 IBM 的交易。2015 年 3 月 28 日，IBM 收购搜索引擎初创企业 Blekko 技术及团队。

2004 年，IBM 宣布将其个人计算机业务出售给中国计算机厂商联想集团，美国交易委员会于 2005 年 3 月批准了外商投资，2005 年 5 月完成交易。IBM 持有联想 19%的股权，联想将其总部设在纽约州，由 IBM 任命行政总裁。联想保留 IBM 某些品牌使用权，为期 5 年。IBM 作为计算机产业长期的领导者，在大/小型机和便携机（ThinkPad）方面的成就最为瞩目，其创立的个人计算机（PC）标准，至今仍被不断地沿用和发展。

IBM 与中国的业务关系源远流长。1934 年，IBM 公司为北京协和医院安装了第一台商用处理机。1936 年，IBM 在远东地区的第一个办公室设立在上海，为其在中国乃至整个东亚地区布局发展奠定了基础。1937 年，中国第一个越洋电话就从 IBM 上海办公室拨出，从此开辟了中国与世界连接的新途径。

1979 年，IBM 再次来到中国，在沈阳鼓风机厂安装了中国内地的第一台 IBM 中型计算机。20 世纪 80 年代中后期，IBM 先后在北京、上海设立了办事处。1992 年 IBM 在北京正式宣布成立国际商业机器中国有限公司，随后又在广州和上海建立了分公司。到目前为止，IBM 在中国的机构已扩展至 24 个城市，员工人数约为一万人。除此之外，IBM 还成立了 10 家合资和独资公司，分别负责制造、软件开发、服务和租赁等业务。1995 年，IBM 在中国成立了中国研究中心，是 IBM 全球八大研究中心之一；1999 年又在中国成立了软件开发中心，专攻整合中间件、数据库、Linux 等领域的产品开发。由 IBM 中国开发中心研发的产品已经走向世界，获得过“IBM 总裁大奖”。IBM 中国先后被评为“中国最受尊敬企业”“中国最受尊敬的外商投资企业”“中国最具有价值的品牌”“中国最佳雇主”等。IBM 中国公司被财富杂志中文版多次评选为“中国最受赞赏的公司”，并曾荣居榜首。

◎ 典型案例

2006 年 6 月，一位已经获得硕士学位的 A 先生放弃了在武汉大学直升博士的机会，经过严格的招聘程序，最后与 IBM 中国公司的 E&TS 部签订了为期 5 年的劳动合同，按照合同将担任公司的 R&D Engineer（研发工程师），月薪约 1 万元。与大多数的 IT 精英一样，在 IBM，A 先生有着自己的骄傲和梦想。尽管 IBM 通常都不会主动要求员工通过加班加点来完成手头上的任务，但与绝大多数同事一样，回家后，A 先生还是喜欢通过公司内部网继续工作。这也是在竞争激烈的 IT 行业，“被加班”现象中的普遍行为。

半年以后，A 先生感觉有些疲劳。2007 年 3 月，A 先生开始出现头晕、困乏的症状，最初以为只是休息不够，但很快发现不仅仅是休息少的问题，因为即便连续睡上八九个小时，起床后仍像是没睡过一样。不得已，A 先生去了市精神卫生中心，经诊断，其患上了双向性情感障碍，具体表现就是抑郁症。A 先生在吃了一段时间的药后，长期的头闷状态解除了，以为自己已经痊愈。

但在 2007 年 6 月 19 日，在与一位经理发生争执后，抑郁症症状再次表现出来，A 先生就将辞呈发送到了直属经理的电子邮箱里。一周后，公司上层告知其不能辞职，并要求其先停职进行治疗和休息，争取两个月内能恢复工作。2007 年 8 月，市精神卫生中心对 A 先生开出了“建议边工作边治疗”的鉴定，认为 A 先生可以重回工作岗位。为此，A 先生兴奋地给直属经理发信请求恢复工作。让人没有想到的是，一周后，A 先生收到的回音却是要求其自动离职。公司单方面提前解除了与 A 先生签订为期 5 年的劳动合同。抑郁症困扰加上失业，A 先生之后三次试图自杀，所幸都被救回。A 先生的病情，在与公司交涉的艰难过程中一步步加重，也把其年迈的父母一起拖入了深渊。

这突如其来的变故让 A 先生原本已相对稳定好转的病情再次复发，紧接着全球性的“经济危机”接踵而至。2007 年 12 月 1 日，A 先生发现其工资卡上只有 1 700 元的工资。A 先生知道，根据《中华人民共和国劳动保险条例》等相关规定，病假期间应发原工资的 60%，按此规定其所得与原工资的比例明显不符。可能是经济上的拮据进一步加剧了 A 先生精神上的抑郁。在恢复工作的问题上没有进展的同时，A 先生开始向公司“讨说法”，希望公司考虑其房租到期、药费昂贵的苦衷。但 A 先生的诉求没有得到来自公司的回音，人力资源部却不断要求其同意签署双方解除劳动关系协议，对此，A 先生感觉很受伤，精神濒临崩溃。

2008 年 1 月 11 日，又一次拒绝在解除劳动关系协议上签字的 A 先生，走出公司大门后，暗暗吞下 40 颗氯硝安定，结果被路人发现后报警，并被送往医院。抢救过来后，公司通知 A 先生远在武汉的家人，A 先生的母亲赶来看到封闭式病房里儿子崩溃的情形，随即产生一个念头——打官司！

此时的 A 先生还是希望能够协商解决，就不断给公司高层写信，但公司的态度还是拒绝。令A先生奇怪的是，长期只获得到病假工资的他，却在2008年的1月和2月获得了完整的工资，但没有人给其任何解释。这期间，医生鉴定其为抑郁症复发，要其持续服药3年。2月20日，长期申诉无果的A先生对公司不理睬的态度异常失望，就再次吞下60颗氯硝安定，幸好被母亲及时发现，送至医院抢救。一周后，A先生收到了IBM的单方面解除劳动关系协议书，理由是“多次严重违反公司纪律，扰乱公司秩序，严重违背员工操守。”

3月初，A先生找到律师，写好仲裁申请书，要求IBM继续履行劳动合同、补发工资及补偿精神损失。同时，A先生还找到了北京某中心为其做后援，该公益机构接过不少反乙肝歧视、反容貌歧视的法律援助案件。这时，A先生感觉“不是一个人在战斗”，也不只是为一己之私，而是要通过这场官司普及抑郁症知识，挽救更多人生命，还要促进精神卫生和反歧视方面的立法。

为了维权，A先生诉诸法律，此案被称为“中国反抑郁症歧视第一案”，A先生在网上被称为“反抑郁症歧视第一人”。由于病情加重和压力过大，A先生拒绝与外界接触。“孤独得想把自己咬烂了”，这是A先生的博客标题。曾想通过网络积极寻找摆脱自己困境的出路，但现实生活中，A先生有时候连迈出自己租住小屋的勇气也没有。

2008年3月7日，浦东新区劳动争议仲裁委员会受理A先生的仲裁申请，3月10日，在博客上宣布打响“中国反抑郁症歧视第一案”。其后，不少媒体跟进报道。A先生的律师接案后认为，这是一起典型的反歧视案，像IBM这样的跨国企业，最怕与“歧视”这样的字眼扯上干系，所以这场官司不会太难。

对A先生说，反歧视是一个全新的视野。通过在网上搜索相关资料发现，在中国虽然用人单位以抑郁症为由辞退员工的事件不乏先例，但这一方面的劳动诉讼仍是一片空白。个中原因，很可能是多数抑郁症患者情绪低落、沮丧，失去一切的兴趣与希望，并不能以积极的态度维护自己的权利；而另一方面，作为一种精神类疾病，患者通常承受巨大的心理压力，不愿将病情公之于众。A先生自言自己就经过了一段不言不食、每天躺在床上等死的过程。在搜索资料的过程中，A先生发现，发生在中国的反乙肝歧视、反相貌歧视的这一类案例最后都获得了较为理想的结果，这无疑在很大程度上鼓舞了A先生。

对于A先生的病情，医院心理科专家经过详细诊断认为，其症状为重度抑郁、创伤后应激障碍（PTSD）以及偏执型人格改变。要治愈，不仅需要医生、家庭的悉心照顾，还需要整个社会的关爱，让患者感受到社会并未抛弃他。“治疗过程中最艰难的信任我们已经建立，现在他的状况已经很好了，相信再过一段时间，他会康复的。”

5 月 30 日，该案开庭。IBM 坚称其与 A 先生的劳动合同在 A 先生递交辞职报告 30 天后已自动解除，之后 IBM 以病假形式为其发放工资、报销医药费，均是公司的人道主义关怀，并非其在劳动关系中的责任。6 月 18 日，浦东新区劳动争议仲裁委员会裁决 A 先生与 IBM 的劳动合同继续有效，IBM 应补发 A 先生自 2008 年 2 月起的工资共计 57 332 元。IBM 随后发了一个简短的声明，强调其是出于人道主义考虑，为 A 先生提供经济和医疗上的帮助。

7 月 3 日凌晨，苦等 14 天的 A 先生从其他渠道了解到 IBM 尊重并履行裁决，但因为还没有看到正式文件，他在兴奋的同时也表示了忧虑，因为回到 IBM 可能还会有很多困难。当天中午，IBM 有关人士确认将履行裁决，但是拒绝透露 A 先生何时复职，以及相关工作安排。A 先生当即表示，如果复职顺利，其对 IBM 的诚意表示感谢，但同时也担心，IBM 是不是还会提出其他要求，如医疗鉴定之类。如果 IBM 提出不合理要求就将违反自己签订的 EICC（电子行业行为准则）条款——“不得强迫员工或准员工接受带有歧视性的医学检查”。

北京某中心就业歧视法律援助事务负责人认为，歧视并不单指那些直接的伤害行为，更可能以间接的方式表达出来。简而言之，歧视就是有区别的对待。体现在就业领域，即是用人单位任用员工，不是考察其是否具备岗位所需的能力，而是牵涉其他方面的原因。如果 IBM 因为 A 先生的抑郁症而不愿履行劳动合同，那就是典型的歧视。

律师认为，A 先生的情况属于轻微心理疾病并不影响工作，公司辞退他已经涉嫌歧视，完全可以通过劳动仲裁保护自己的合法权益。近年来，用人单位针对健康状况的歧视现象屡见不鲜，不仅有对残疾人的歧视、对乙肝患者的歧视，甚至有对同性恋就业的歧视，而且逐渐出现对抑郁症等患者的歧视。对此，律师呼吁：一方面各种针对个人健康状况的歧视现象应该得到法律遏制，应尽早制定“反就业歧视法”，细化禁止用人单位歧视的具体条目，可从根本上遏制用人单位对劳动者的歧视行为；另一方面，国有单位、政府企业应在反就业歧视上做出表率，营造反歧视社会氛围，从而更好地保护社会公平和秩序，以及更好地保护个人平等就业的机会。

专家认为：很多企业都在要求员工的忠诚度、归属感，但这些不应该只是建立在员工有能力为企业奉献的前提下，当员工遭遇健康危机时，企业难道就不能尽一些责任吗？更何况这还是法定的责任。《劳动合同法》旨在建立一种和谐稳定的劳资关系，这就要劳资双方都能够本着诚信的态度承担自己应承担的责任。

◎ **分析参考**

立法保护弱势群体，维护员工合法权益

每个企业都有不同健康状况和心理特点的员工，员工之间因为价值、背景、业绩、健康等方面的不同而在企业中处于不同的位置。通常，一般员工因不同的业绩表现、业务能力和个性特征而在企业中处于不同的地位，或强势或弱势。本案例讨论的是在精神和心理领域存在障碍的员工，因处于相对弱势，在受到歧视时应该如何得到有效保护的问题。

弱势群体表现为一种权利与义务的失衡，常常呈现出法律地位不对等的状态。即使是IBM这样的跨国公司，在没有法律制约的情况下同样会做出让弱势群体难以生存的决定。对弱势群体的保护，法律负有义不容辞的责任：保护弱势群体是法律价值体现的必然要求，保护弱势群体也是法律目的实现的必然要求，保护弱势群体更是法律功能发挥的必然要求。保护弱势群体的权益，法律必须先行。

一、要构建多层次的法律保护体系，实施倾斜保护政策

弱势群体的权利保护，涉及社会的方方面面，仅靠一个部门是难以完成的，必须构建多层次的法律保护体系。法律专家已经在呼吁，要使弱势群体得到有效保护，应该使法律体系中的各个层次都能得到多方面的强化：一是要在宪法中明确规定对弱势群体保护的原则和思想；二是制定弱势群体保护的基本法；三是制定不同弱势主体保护的特别法。我国现行的《中华人民共和国劳动法》（以下简称《劳动法》）虽然已经做出规定："劳动者就业，不因民族、种族、性别、宗教信仰不同而受歧视。""妇女享有与男子平等的就业权利。在录用职工时，除国家规定的不适合妇女的工种或者岗位外，不得以性别为由拒绝录用妇女或者提高对妇女的录用标准。"显然，其涉及的人群并没有包括在就业上处于弱势地位的人群，因此必须进一步明确需要得到就业保护的人群范围和具体保护的倾斜措施。

国际劳工大会于 1958 年通过的关于就业及职业歧视的公约（第 111 号公约）第一条中就明确了对就业歧视的完整定义：“第一条，为本公约目的，‘歧视’一语指：(1) 基于种族、肤色、性别、宗教、政治见解、民族血统或社会出身的任何区别、排斥或特惠，其效果为取消或损害就业或职业方面的机会平等或待遇平等；(2) 有关成员在同雇主代表组织和工人代表组织（如果这种组织存在）以及其他有关机构磋商后可能确定其效果为取消或损害就业或职业方面的机会平等或待遇平等的其他区别、排斥或特惠。”“第二条，基于特殊工作本身的要求的任何区别、排斥或特惠，不视为歧视。”该公约是国际劳工组织订立的八个核心劳工标准公约之一，已有 140 多个国家批准执行了这项公约，但中国并没有批准执行第 111 号公约。相信，随着我国公民意识的加强，以及中国法律基础的夯实，对于就业保护与反歧视就业的法律一定会日臻完善。

二、要完善法律援助制度，保障弱势群体合法权利

为此，一方面要确立以国家法律保障和法律援助为主的法律保护模式，使之成为现代社会一项必须承担的责任；另一方面要完善法律援助的立法工作，设立法律援助组织机构，并加强监督检查制度，将法律援助落实到实处。我国《劳动法》规定，“劳动者有下列情形之一的，用人单位不得解除劳动合同：患职业病或者因工负伤并被确认丧失或者部分丧失劳动能力的；患病或者负伤，在规定的医疗期内的；女职工在孕期、产期、哺乳期的；法律、行政法规规定的其他情形。”但是，对其他一些特殊人群，如乙肝病毒携带者、抑郁症患者、生理缺陷者、面容奇特者等，目前我国的法律都没有明确列明这是处于弱势而需要得到保护的群体，因此在就业上很容易受到歧视，即使就业后在企业中也容易成为弱势者。目前在反歧视方面，几乎要完全依靠个人力量来争取获得平等机会，这不能不说是整个中国法律和中国社会的尴尬。

在 2004 年宪法修正案中增加了“国家尊重和保障人权”的条款；更难能可贵的是，对人大代表呼吁“尽快制定《反歧视法》建议”，国家相关部门高度重视并积极回应，当时的国家劳动和社会保障部给予正式答复，并积极表示将向全国人大建议制定《反就业歧视法》，并且为防止就业歧视现象采取了四大措施；当时的国家人事部也给予该提案正式答复，而且针对公务员招录中性别、身高、乙肝携带者涉嫌歧视给予重视，并对招录公务员体检标准采取积极措施，在征求意见稿的基础上已形成正式标准。作为一个国际著名企业，IBM 在本案例中犯了一个非常低级的错误，不但违反了其签署的 EICC《电子行业行为准则》中“不歧视”条款，还违反了我国《就业促进法》的规定。希望 IBM 能够及时认识到自己的错误，重申“不歧视”条款，为社会做出表率。

三、要建立有效的社会组织，加大对违法行为的打击力度

在反就业歧视、对弱势群体进行必要的就业保护方面，一方面要积极促成弱势群体社会组织的建立与发展，使其能够表达自己的利益诉求，同时，政府应该为推动弱势群体组织的建立提供政策和财力上的支持；另一方面要通过立法保障弱势群体的“集体行动权”，变个人的力量为群体的力量，继而成为整个社会的力量。为了保护弱势群体的权利不受侵犯，现阶段需要公共权力的行使者严格依法行政，首先自己不能知法犯法，在以身作则的榜样力量下，对违法行为要进行严格查处。对此，既要求公共权力的行使者严格遵循公权法定原则行使管理权，又要加大对违法行为的打击力度，切实保障弱势群体的合法权利。在法律保护弱势群体的同时，企业也要转变思路，深刻意识到如果没有作为员工的这批弱势群体对企业的忠诚，企业就难以发展壮大。

在就业歧视领域，受害的往往是雇员一方，与雇主相比，雇员们处于弱小、被动和劣势地位。因为担心被解雇或前途受到不利影响，往往不敢或不愿对老板的歧视行为公开进行抗争。这时由社会组织及时向受害者提供各种帮助以及道义上的支持，以帮助其维护自身的合法权益，就显得十分必要。对于企业来说，这种社会力量比单个的雇工更为强大、更具监督力。不仅如此，国外各种社会组织在多年的反歧视工作中，还积累了很多有益的经验。如果 IBM 能够主动关心爱护处于弱势地位的员工，就不至于在道德和舆论面前变得如此被动。在本案例中，A 先生的维权行动得到了来自社会反歧视组织和法律机构的援助，最终能够在仲裁中获得胜利，可以说社会反歧视组织和法律机构功不可没。IBM 在中国其实开展了许多公益事业，受益群体也十分庞大，在上述案例中，由于对事件的负面影响力估计不足，一度使公司形象受损，这也需要更多企业引以为戒。关心企业的弱势群体，正视这些弱势群体的利益，就能够吸引更多的“眼球”加入企业体系中，也能够更好地激励和约束各相关者的行为，从而为企业的发展创造更广阔的平台。

由来自北京大学、清华大学、中国社科院、中国政法大学等 24 名专家组成的“反就业歧视研究课题组”已经对中国的反就业歧视现象研究了多年，中国政法大学宪政研究所所长蔡定剑教授认为：“国人对就业歧视仍处于‘集体无意识’。不仅是私企，甚至政府中也存在严重的歧视情况。例如，国家机关招公务员要求长相端正，说是代表国家形象，有的地方法律法规规定，特别明显的胎记，多长了一个手指或脚趾都不能当公务员。这不但剥夺了这些人的工作权利，还剥夺了他们担任公务员的权利。有的企业招聘时，根据老板的喜好，要看生肖、星座、血型，仅仅因为一些个人的无知、偏见，把别人的基本人权都剥夺了。所以，提高全社会尊重人的平等权利，尊重弱者的人格尊严，从每个人做起，尊重他人的基本人权是最重要的。”反就业歧视首先是政府责任，先要制定完善这方面的立法，并主动采取各种政策措施，促进就业机会平等。让平等阳光照耀每个人，这个目标一定会实现的。

34

跨国公司的裁员与人才本土化

——西门子中国的裁员抗议

◎ 企业背景

出生于德国汉诺威的维尔纳·冯·西门子先生，因家境贫困，在念完中学后参军，服役期间对电报技术产生兴趣，发明了流行一时的指南针式电报机。后来西门子因为与他人决斗被判5年徒刑。在监狱中，西门子建立了一个小型电子实验室，进行电学方面的研究。1847年，西门子与机械工程师哈尔斯克（Halske）合作建立了西门子—哈尔斯克电报机制造公司（Telegraphen-Baccaustalt Von Siemens & Halske），主要生产西门子发明的电报机，这个公司也就是西门子公司的前身。

现在，西门子集团公司是世界上最大的电气工程和电子公司之一，业务遍及全球200多个国家，拥有约600家工厂、研发中心和销售办事处。公司的业务集中在六大领域：信息和通信、自动化和控制、电力、交通、医疗系统以及照明，分别由13个业务集团负责。西门子在海上风机建设、联合循环发电涡轮机、输电解决方案、基础设施解决方案、工业自动化、驱动和软件解决方案，以及医疗成像设备和实验室诊断等领域处于世界领先地位。在专利领域，西门子在德国高居榜首，在欧洲名列第二位，在美国则跻身十强行列。西门子公司是世界上最大的上市公司之一，公司超过55%的股本募集于德国境外。

2006年6月，西门子和诺基亚宣布合并通信网络业务，成为固定移动融合领域新的全球领袖。2014年9月，西门子股份公司和博世集团达成协议：博世集团收购西门子所持有的合资企业博世和西门子家用电器集团

（以下简称博西家电）50%的股份，交易完成后博西家电将成为博世集团的全资子公司，西门子彻底退出家电领域。出售家电业务正是西门子专注于电气化、自动化和数字化战略的体现之一。2013 年，西门子发言人表示，作为公司 60 亿欧元（约合 81 亿美元）成本削减计划的一部分，未来一年，公司将裁员 1.5 万人，其中德国占 1/3。

西门子最早在中国开展经营活动可以追溯到 1872 年，当时的西门子公司向中国出口了第一台指针式电报机。1985 年，西门子与中国政府签署了合作备忘录，成为第一家与中国进行深入合作的外国企业。140 多年来，西门子以创新的技术、卓越的解决方案和产品坚持不懈地为中国的发展提供全面支持，并以出众的品质和令人信赖的可靠性，在业界独树一帜。

目前，西门子的全部业务集团都已进入中国，长期投资总额超过 54 亿元人民币。2014 年，西门子在中国的总营收达到 64.4 亿欧元，实现稳健增长。西门子已在中国建立了 77 家运营企业，拥有超过 32 000 名员工，是中国最大的外商投资企业之一。西门子中心于 2008 年 9 月 23 日正式开幕，坐落于北京市东北部望京地区，拥有占地面积 17 500 平方米的总部大楼和两座五层配楼。这座楼高 123 米、总投资 1 亿欧元的 30 层大厦是西门子在全球房地产领域最大的投资项目之一。为了保持良好成长的势头，西门子准备继续在中国增加投资，并大力推进本地化进程，不断加强本地研发，增加本地工程项目实施，提高本地采购和增进本地管理水平。

◎ 典型案例

2005 年 6 月 7 日，创立于台湾的明基公司正式宣布收购西门子公司的手机业务。西门子将手机部门折价 3.5 亿欧元，并向明基提供 2.5 亿欧元的现金与服务，以 5 000 万欧元购入明基股份，成为其策略股份。同时明基保证 2006 年年底使公司扭转亏损局面实现赢利，并购使明基迅速成为国际第四大手机生产商。然而，并购以后明基移动连续亏损，在 2005 年 10 月之后，明基已向其公司注入了 8.4 亿欧元资金，并形成了 6 亿欧元账面亏损，最终明基宣布停止向德国子公司注资，申请破产保护。这起并购案，及其衍生出来的裁员案虽然已经过去了 10 年，但发生在并购案中的裁员事件却一如既往地在新的并购案中重复发生。因这起案例具有的典型意义，所以一再被人力资源管理人员提起。

在决定把手机业务整体出售给来自台湾的明基公司后，西门子在中国手机业务的核心——上海西门子移动公司马上开始裁撤员工，被裁撤的人员主要涉及手机营销和售后服务部门。据西门子中国公司发言人表示，西门子手机业务不佳，裁员一直是计划中的事情。

当西门子移动公司的员工听到公司被出售和员工安置的消息后，一开始就出现了不同的反应。有人不介意去明基，因为在原来的合同到期之前去明基工作，所得到的薪水也不会降低；也有人不想去明基，准备到时候拿赔偿走人。所有这些情况的发生，员工们都以为会在8月宣布，9月实施。但一周后，有消息称马上要进行裁员，整个中国区只留20多名员工，包括外籍员工在内，其他人员都要被裁掉，而且是在6月30日离开公司。

果然，员工们很快收到了公司的一封邮件，通知员工在周一（6月27日）开会。即便到了这个时候，员工们仍然以为只是开会而已，谁都没想到，裁员来得那么突然。6月27日上午10：30，会议上展示了一份PPT文件，员工们被准确无误地告知，所有与会人员都在当天被辞退，当天即是员工们在西门子的最后一天，如果在当天17：00之前接受这一决定，并在17：00之前归还电脑、SIM卡和员工卡，将得到“N+2”的赔偿，如果超过17：00仍未签字，公司将单方面解除合同，赔偿“N+1”。

大会结束之后，紧接着就是一对一的面谈，人力资源部把计算好的赔偿金额以及相关事项以书面和口头两种方式告知员工，而这些书面文字是人力资源部员工前一天晚上被紧急召回公司加班拟定出来的。此前，人力资源部的很多同事也都不知情。回到办公室，员工们发现就在他们去开会的时候，公司已经把内部网关闭，员工卡失效，如果要离开公司，必须归还了电脑员工卡等物品之后，由人事部开具出门单。至此，此次手机部裁员超过100人，裁员比例为80%，预计赔偿总额超过1 000万人民币。

引人注意的是，在明基收购西门子全球手机业务时，明基总裁曾表示，明基一年之内不对西门子手机部门员工实行裁员。对此，明基电通股份有限公司的新闻发言人表示，明基要在2005年10月1日后才正式收购西门子中国手机业务，因此，此次裁员是西门子公司的行为，和明基无关。此前明基已收购了西门子位于德国和巴西的生产基地，而与之并列为西门子全球三大生产厂之一的上海西门子移动公司并没有立刻被收购。但双方都否认“未立即收购的原因在于西门子需把裁员后的中国手机部门转交给明基”的猜测。

但是，这场裁员行动爆发了激烈的抗议。在西门子中国公司总部大楼外，数十名西门子中国手机部门的员工集体静坐，抗议西门子裁减中国手机部门的行为，警方出动部分警力到现场维持秩序。抗议标语上写着：第一，要求与德国员工同等待遇；第二，还西门子中国员工尊严；第三，强烈抗议西门子粗暴裁员。

2005 年 6 月 28 日，在抗议事件爆发的当天上午 10 点，在公司总部 4 楼的办公室里，西门子中国商务部一位德国籍管理人士与手机部门北方区的 40 多位销售人员的谈判火药味十足，最终不欢而散。

中方员工提出：在公司内部，德籍员工与中方员工一直存在待遇和升迁机会上的巨大差异。一般的统计是，同等岗位、同等贡献的差距是 26 倍。在公司内部，一个中方员工完全能胜任的岗位，一般情况都是聘用德方员工，或者是法国人及其他欧洲人。一个痛苦的事实就是，中方员工在跨国公司里的认同感很低。对于西门子的中方员工不能进入核心管理层的问题，西门子发言人坦言，在西门子的核心管理层中的确没有中国本土人士。并且强调，像诺基亚、爱立信等跨国公司也基本如此，而摩托罗拉、微软等公司的中国区也是将重要管理职位交给外国人或者是非本土的华人。不过同时也强调，作为一个欧洲公司，西门子在这方面已经比其他跨国公司做得更好。

西门子员工用行动创造了在中国的跨国公司员工集体性抗议自身不公待遇的历史。在抗议声中，西门子中国通信集团总裁韦思德（Peter Weiss）在第二轮谈判中公开向中方员工表示道歉，韦思德明确表示是“Apologize”，而不是“Sorry”。在这次裁员风暴中，除了 3 名员工（包括 2 名管理层和 1 名经理）明确签署愿意进入明基公司外，其余人员都选择了“N+2”的赔偿方案。这一标准高于预期，但与 HP，IBM 等跨国公司裁员赔偿方案的“N+6”“N+7”相比，这个赔偿方案仍然较低。在德国，公司员工的赔偿标准是按照“合同余期”执行。如果一个员工当初定的是 4 年的合同，在裁员时如果还有 3 年的合同期，西门子公司将不得不赔偿 36 个月的平均工资。正是这样的赔法，德国人才不敢在德国随便裁人。

此外，研发部门人员被要求全部整体性迁移到明基公司。凡愿意去明基的，公司承诺员工享受在西门子的同等待遇；凡不同意加入明基公司的，将只能获得“N”的赔偿。由于西门子中国的研发部门，有 300 多名工程师是上一年刚刚招聘进来的，按照“N”的赔偿方案，西门子对每名员工只需要支付1个月的工资，这笔赔偿并不算多。可以看出，西门子公司裁员的赔偿计划对于公司的利益来说是十分周全的。

这次裁员方案中还包括每个省店面销售人员，这些人一旦签字将马上失去工作，而且不会得到西门子公司的任何赔偿。这些店面人员随后获知，店面销售人员是与第三方中介机构签订的合同，属于西门子非正式员工，无法享受到西门子正式员工的待遇，根本不能获得“N＋1”或“N＋2”的赔偿。据了解，当时有3名店面督导为了保护这些销售人员的利益，拒绝在文件上签字。

西门子通信集团发言人指出，为了防止公司商业机密的外泄，公司采用了这种非常迅速的裁员方式。由于类似的方式，在联想、IBM等公司的裁员过程中都出现了一些员工的抗议行为，站在公司的角度来看，实在是迫不得已。

值得注意的是，在明基公司正式入主西门子移动公司后，现金失血严重，为此明基继续采取大幅裁员的政策，希望以此减少现金损失速度。2006年11月20日，明基公司宣布裁员上海公司五成员工（近400人）；12月，再次宣布将裁员北京研发中心工程师400人，占该中心员工数的40%。虽然之后的裁员没有掀起更大的劳动争议案，但明基并购西门子全球手机业务后不到两年即宣告此项收购案的失败。

从2005年明基收购西门子全球手机业务，到2006年宣布收购失败，这个短暂而失败的兼并让两家公司都付出了太多，而后遗症仍将使明基的董事会、管理层继续隐痛。明基在2006年9月宣布德国西门子移动手机申请破产后，按照德国的法律，公司有三个月的过渡期寻找投资者。如果在规定时间内有投资者愿意投资该部分业务，并承担其债务，那么法院会任命新的管理团队对公司进行重组。但是随着2007年的到来，明基未能找到下家，因此也就正式进入到破产清算阶段，而这首先意味着其在德国的3 000多名员工失去了工作。此外，在中国，明基手机业务的调整也在进行，北京的研发中心完全关闭，随着新建的上海工厂在2007年6月或7月投产，苏州工厂也完全关闭，在这一过程中被裁掉的中国员工大多是随着并购案从西门子进入明基集团的员工，且大多为研发人员。和明基在德国尝试裁员遭遇的强大工会阻力而无法进行不同，明基在中国裁员时遇到的阻力和反抗，主要来自被裁员工的自发组织。

◎ 分析参考

完善管理制度，推动人才本土化战略

在改革开放初期，中国出现的一批外商独资和合资公司，其核心管理人员基本由投资国派出，即使到了现在，首次进入中国市场的外商独资和合资公司也大多选择由外方在其本国派出管理人员，一方面是不了解中国市场，需要由“自己人”把关各方面的业务；另一方面则是担心中国的人力资源市场还无法提供符合公司发展所需要的中高级管理人才和技术人才。但是时至今日，情况已经发生很大变化，只要公司方面愿意推动人才本土化战略，在中国市场上招聘到符合要求的中高级管理人才和技术人才已经不是一件困难的事情。

从西门子移动公司裁员受到中国员工抗议的案例中可以看出，在西门子中国公司内部存在着明显的不平等现象，中方员工不能进入核心管理层。这些可能就是中国员工积怨已久，集中爆发的主要原因之一，对此，主要在以下三个方面值得反思。

一、同工同酬应该是对所有在华企业的共同要求

跨国公司在我国境内的公司与劳动者建立的劳动关系和所签订的劳动合同，都必须符合中国政府颁布的《中华人民共和国劳动法》和《中华人民共和国劳动合同法》等法律法规。在中国注册成立的公司，不论其出资方是谁、公司性质是什么，只要与劳动者签订劳动合同，就应当遵循合法、公平、平等自愿、协商一致、诚实信用的原则。不管是中国公民，还是外国公民，只要是在中国境内取得报酬，都必须强调遵循中国法律所赋予的同工同酬的基本原则，特别是在招商引资的过程中，各级政府应首先把好第一关。如果在一个企业中存在明显的同工不同酬，薪酬水平差异过大的现象，容易在企业内部形成差异明显的阶层，不利于构建和谐企业。

由于各国的薪酬市场差别较大，对于外方来说，派出人员的薪酬水平既要考虑派出国的情况，也要兼顾驻在国的市场，如果外方员工的薪酬水平明显高于本地员工的工资，而且都是在同一公司中获取报酬，事实上就构成了同工不同酬的现象。一个合理的解决办法是：当外方人员酬薪工资明显高于本地员工时，其薪酬可以由派出国的母公司支付，或者在合资合作公司的外方利润中承

担，而不能作为合资合作公司必须承担的人力资源成本，否则将造成“被平均”之后的公司员工薪酬水平很高，而实际上中国员工的工资所得却很少的现象，这种薪酬差距会进一步加剧同工不同酬的现象，中方员工的不满情绪自然会日益增多，为企业和谐劳动关系埋下隐患。

二、工会组织应该在企业并购与裁员过程中发挥作用

《中华人民共和国工会法》和《中华人民共和国劳动法》都强调了工会在企业中的作用和地位，在建立了工会的企业里，当公司在并购中涉及与员工利益方面相关的重大事项时，要与工会取得协商沟通，工会作为员工的合法代表维护员工的权益。企业与员工所订立的劳动合同文本理应先与工会或职工代表协商，确保员工在职业发展、职位晋升、培训教育等方面享受到同样的权益，在员工的利益不受歧视和损害的前提下，签订集体合同的基础上，再与员工签订劳动合同。通过这样的操作过程，公司将会得到工会和职工代表的配合和支持，有利于公司和员工劳动关系和谐化。如果西门子公司也重视和依靠工会的力量，或许就可以在裁员措施之前化解掉危机。

事实上，西门子移动公司在这起裁员事件中，完全忽视了工会的存在，员工从得到裁员确切信息，到要求走人，都是发生在同一天的事情，根本没有看到公司征询工会意见和工会出面代表员工申诉的情节，忽视了工会协调，看似可以提高裁员效率，实质却为自己制造了更多的麻烦，产生的员工抗议和争议事件因此而变得不可收拾。工会没有主动出面维护员工利益，也是中国企业的一大普遍缺憾。在明基收购西门子手机业务之后，又宣布因收购失败而在德国申请破产保护时，就遇到了来自德国西门子公司工会组织的强有力维权现象，当地的工会组织在企业并购与裁员过程中发挥了应有的作用。

三、跨国公司应该通过人才本地化加快发展速度

跨国公司人才本地化是每一个跨国公司都会面临的问题，处理得当将促进企业的快速成熟和持续发展。自中国改革开放以来，大批世界著名的大公司来华投资，跨国经营已成为各国企业常用的经营方式。企业跨国经营必然要面对和处理交叉文化问题，解决文化冲突的最有效方法之一是管理人员的本土化。为此可以从以下这些方面进一步认识处理好人才本土化的作用。

1. 人才本土化对跨国公司在中国的经营具有重要意义。中国员工受聘担任管理、生产、经营等业务工作，深谙中国的文化传统及其影响下的消费行为和思维方式，对中国市场更加熟悉，能很好地与下属沟通合作，并有利于进行有效管理。同时，这些中方人员往往受教育程度较高，有的甚至受过较系统的西方教育，对中西方社会的行为方式、管理方法等都有深刻的了解，不但能较好地理解和贯彻外方上司的管理思想，还可以将所了解的内容转化为对合作伙伴的协作。因此，管理人员本土化对于化解文化冲突、促进有效合作具有重要的作用。在跨国公司中，管理人员本土化是一种趋势，也越来越被证明是有效的，而且可以降低劳动力综合成本。经过30年市场经济的发展，中国的人力资源市场基本上已经可以提供各类企业所需要的管理人才、经营人才和技术人才，实现人才本土化已经水到渠成。

2. 企业间的竞争归根结底是人才的竞争。在经济国际化和市场一体化的大趋势之下，企业越来越多地需要从事跨国经营，参与国际经济竞争，一个企业所拥有的物化资本数量不再是决定胜负的关键性因素，人才已成为企业兴衰成败的关键。外商到中国投资办企业，管理人才的质量和本土化是成功的大前提。同时，由于中国文化有其特殊的渊源和人文背景，如何尽快适应中国文化，也是跨国公司人力资源经理和总经理们必须解决好的重大问题之一。越早实现人才本土化，就能越早形成自己的人才队伍，就能越早获得赢取中国市场的机会，这一点已经被越来越多的全球企业家所认同。

3. 跨国公司的本土化战略对在华企业的发展影响巨大。跨国公司为中国培养了一大批高素质人才，在某种意义上也为中国未来的发展储备了经营管理人才。跨国公司在中国本地雇用的管理人员有更多的机会接触国外先进的科学技术和管理经验，熟悉市场经济的经营机制。这些新型企业管理人员和技术人员在国内的流动，必将带动国际先进管理经验和技术在国内的传播和流动，从而加速我国经济和各类企业融入世界经济的进程。同时，从人才本土化到人才向世界各地的输出，也是一个积极的转化与信号。

4. 人才本土化可以帮助跨国公司实现全球一体化的经营战略。实现人才本土化，不仅有利于人才的成长和中国经济的发展，同时也符合跨国公司的战略目标。本土化人才一方面可以为跨国公司在本地经营积累人气、消除危机、拓展市场，起到外籍人才无法达到的作用；另一方面也为跨国公司向其他地区发展培养和积累充分的人力资源。在全球经济一体化的背景下，人才本土化更有利于实现人力资本的整合和多元文化背景下的渗透与发展。中国的国际影响力正在迅速形成，在“一带一路”战略的实现过程中，培养与使用大量中国本土人才，对于跨国公司在“一带一路”战略中获得更多商业机会提供了可能。

35

把握好使用劳务派遣工的量与度

——可口可乐公司使用劳务派遣工的是与非

◎ 企业背景

可口可乐公司（Coca-Cola Company）成立于1892年，总部位于美国亚特兰大。曾经依靠两位律师的合作，打开了可口可乐饮料市场的大门。当时两位律师到可口可乐公司，提出一个创新的商业合作方式，就是由可口可乐公司销售给其糖浆，其自己投资生产并销售；同时按照可口可乐公司的要求进行生产并保证品质，可口可乐公司允许其使用可口可乐的商标并进行广告宣传，从此生产可口可乐的工厂遍地开花。

1929年，可口可乐及其瓶装商以低廉的价格向商店和加油站提供瓶装可口可乐；在1937年，推出第一台投币自动售货机，“二战”中响应号召，保证每个军人在任何地方都可以用5美分的价格买到可口可乐，而不管其成本为多少。可口可乐的装瓶工厂，随着美国军队推向全世界，这一举措使得可口可乐在欧洲和亚洲国家获得了占绝对优势的市场份额，并且这一优势地位一直保持到1991年。目前可口可乐是全球最大的饮料公司，拥有全球48%的市场占有率，在200个国家拥有500种饮料品牌，包括汽水、运动饮料、乳类饮品、果汁、茶和咖啡，每天出售的可口可乐公司产品达到16亿瓶。从1999年起，可口可乐连续多年荣获《商业周刊》全球最具价值品牌第一名，品牌价值650亿美元。目前，全球每天有17亿人次的消费者在畅饮可口可乐公司的产品，大约每秒钟售出19 400瓶饮料。

20世纪初，可口可乐在亚洲面世，首先在菲律宾生产，并运送到中国上海等城市销售。当时，可口可乐先是被翻译成不知所云的“蝌蝌啃蜡”，随后被蒋彝教授翻译的“可口可乐”所代替。“可口可乐”的翻译不但保持了英文名的音译，还比英文名更有寓意，无论书面还是口头，“可口可乐”这个名字都易于传诵，这是可口可乐步入中国市场的第一步。1927年，可口可乐在上海及天津设厂生产，稍后又在青岛及广州生产。1933年，上海的可口可乐生产厂是美国以外最大的可口可乐工厂，在1948年成为美国境外第一家年产量超过100万箱的工厂。

1979年，可口可乐在中断30年中国业务后重返故地。至2014年年底，已累计投资超过90亿美元，在华建有43家工厂，系统员工约45 000人，其中99%为本地员工。经过30多年的发展，可口可乐形成了辐射中国的生产基地和销售网络，年销售额达到300亿元，中国已经成为可口可乐全球第三大市场。可口可乐为中国消费者提供超过15个品牌50多种口味的饮料选择，其系列产品在中国的每日享用量达到1.4亿瓶。

在中国民族饮料工业的压力下，可口可乐公司营销策略开始改变，并开始了它在中国市场走向本土化的进程。可口可乐及其装瓶厂在中国长期以来不遗余力地支持教育及公益事业，推广环境保护以及帮助当地社区的发展，捐资总额超过2.7亿元人民币。可口可乐也是唯一一个全方位赞助在中国举办的特奥会、奥运会、残奥会、世博会、大运会及青奥会的企业。可口可乐在中国用于公益事业的捐款超过人民币7 000万元，在四川5·12大地震后共捐款达到人民币1亿元。

◎ 典型案例

2008年12月14日，由9名中国大学生组成的社会调查小组在中央民族大学发布《可口可乐调查报告》。调查始于2008年7月，北京、广州、杭州三地9名大学生参与了此项调查活动。调查小组成员以普通打工者的身份分别进入可口可乐的5家工厂打工，并通过各种方式对可口可乐装瓶厂及其供应商进行了调查。2008年4月，一群关注内地工人情况的香港大学师生发表5家港企有关工伤及违反《中华人民共和国劳动合同法》（以下简称《劳动合同法》）的报告，大陆女首富张茵旗下的玖龙纸业被指“血汗工厂”。此事经由媒体报道，引发社会的广泛关注和讨论。参加调查的学生代表说：“这件事给我们带来很大的启发。在我们的调查中，大家发现可口可乐派遣工人处境相当糟糕，于是几名学生决定成立‘大学生关注可口可乐小组’，力所能及地去改善工人的生存状况。”

《可口可乐调查报告》指出，小组成员共调查了可口可乐的5家瓶装厂和4家供应商，在劳动用工方面发现了一系列的问题。据介绍，最集中的问题在派遣工方面，主要是：长期大量使用派遣工；工资低于当地最低工资标准；不买保险，职业安全与健康缺乏保护；工伤无人管理等。

调查报告称，有4家瓶装厂派遣工旺季每月加班100个小时以上，而且工资很低。报告援引可口可乐广州装瓶厂为例，派遣工在夏季6～8月三个月的工作时间分别为318.5小时、312小时和318.5小时，每月工作时间为29天，远远高于法定的36小时。在旺季，杭州中萃的灌浆工、倒瓶工和流水线工人每天工作11～12个小时，工资却只有45元，某些岗位还会变相克扣工资。报告指出，调查的5家可口可乐装瓶厂都严重违反《劳动合同法》，5家装瓶厂都大量、长时间使用派遣工，有些厂的派遣工数量甚至占到生产工人的90%以上。参与调查的大学生指出，把需要大量成本、风险最高、最麻烦的工作岗位转移给劳务派遣公司，是可口可乐逃避法律和社会责任的策略。

可口可乐的生产线上有两种工人，一种是与可口可乐签约的“正式工”；另一种是“派遣工”。可口可乐将招工工作外包给派遣公司，由派遣公司和工人签约，并负责薪资福利等一切劳动关系，再“派遣”其去可口可乐工作。正式工按两个白班、两个夜班再休息两天的模式工作，薪水约为每月2 000元。而派遣工每天工作12小时，工资每天55元，且工厂在没有订单的时候就放无薪假。两者之间“同工不同酬”，并且最苦、最累的工作都是由派遣工来完成。在杭州的瓶装厂里存在以下问题：第一，派遣工的工资低于杭州市最低工资标准；第二，公司在每个月的25日发上个月的工资，拖欠时间过长；第三，生产线上存在随意调岗的做法；第四，公司不对新进员工进行培训，很容易发生事故；第五，生产线上没有耳塞、没有手套，噪声非常大影响工人人身健康。

这份报告进一步指出，没有发现可口可乐装瓶厂在正式工方面有违法或非常不公平的事情发生。正式工的待遇和工作条件还算可以，工资最低的都有近每月2 000元，正式工的工作都比较轻松，每月休息10天，并且福利非常好，厂里如果不提供住宿，就有住宿补贴，上下班一般都有班车接送，节假日会有礼品，还会组织旅游。在可口可乐（中国）公司的《2007年可持续发展报告》

中，可口可乐称其正式员工有10 900人，除此之外装瓶合作伙伴还雇用了2.2万名正式员工，并声称其在“员工参与和培训、工资和福利、职业安全和健康”等方面开展了众多的工作，而且没有发现违反劳动法的情况。

对此，该调查小组向可口可乐中国公司提出要求：就违反中国法律向中国人民和可口可乐所有派遣工人道歉；将可口可乐所有瓶装厂的派遣工依法转为正式工。同时，请求全国总工会及相应地方工会检查可口可乐装瓶厂，维护工人权益等。

按照《劳动合同法》第六十六条的规定：“劳务派遣一般在临时性、辅助性或者替代性的工作岗位上实施。”而在内地大学生调查涉及的所有可口可乐装瓶厂中，很多派遣工工作年限都在2年以上，最长甚至已达10年，并且很多工作岗位都是长期性、基础性而非临时性、辅助性的岗位，如流水线上的装瓶、转瓶、检瓶、灌浆、标签等以及包装、叉车司机等。

被调查的可口可乐数家装瓶厂在获得调查报告信息后纷纷发表声明，其中杭州中萃食品有限公司表示，公司大部分雇员都是长期用工，签有符合国家法规的劳动合同；鉴于饮料行业季节性要求，公司通过第三方劳务公司提供小部分派遣工作为补充，但比例未超过雇员总数的43%。广东厂和惠州厂则表示，工厂并不存在拖欠和拖延工资发放的情况，员工的每月基本工资均超过最低工资标准。

可口可乐中国公司则表示，将与这个小组主动进行沟通，让其能够掌握有关可口可乐中国系统合法劳动用工情况的更多事实。可口可乐在一份声明中表示，经过内部自查，该报告中的指责并不属实，提及的资料并不完整，对相关情况有所误解。同时承诺一旦发现任何不符合《劳动合同法》之处，将在第一时间进行改善。

不过，大学生调查组并不认可这一说法，并进一步强调报告中所指出的“克扣工资”和“工伤无保险”等问题。“我们很高兴看到可口可乐能迅速回应，但他们的表现再一次令我们失望。我们对可口可乐的回应非常不满，一个声名显赫的跨国公司不但不肯承认其错误，反而百般抵赖。”12月16日，大学生们第二轮表态，再次强硬质疑可口可乐劳务派遣用工的合法性。一些内地学生甚至开始组织“抵制可口可乐签名行动”，目的只是让可口可乐公司遵守法律底线，改善派遣工人的处境。

对此，可口可乐方面负责人表示，希望能心平气和地解决问题，而不是采取过激的行动。可口可乐还表示，公司每个月给员工及时发放工资，奖金则是下一个月发放，这并不违规。所谓“拖欠工资”问题也可能存在误会。

期间，调查小组和可口可乐公司并未见面沟通，双方只是通过邮件往来。可口可乐方面提出想面谈，但是调查小组希望可口可乐“承认在派遣工的使用上违反法律”，否则双方的沟通困难会非常大。就此看来双方最大的争议是可口可乐装瓶厂是否长期使用大量派遣工。

可口可乐东莞厂负责人表示，派遣工认为与正式工在许多方面有差别，主要是心理原因。其认为，一直以来，包括跨国公司在内的许多公司都使用派遣工，这是基于当前社会现实的一种用工方式。东莞厂负责人说：“如果说我们非法使用派遣工，公司只有炒掉他们，这就会给社会造成负担。同时我们也确信是在合法的范围内用工，但是很多问题法律没有明确，对此我们也没办法。因为现在外企劳务派遣情况比较多，所以急需政府来梳理政策层面的合法性。”

◎ 分析参考

劳务派遣制规范与否决定着这一制度的生命力

劳务派遣用工制度在我国已经存在了一段时间，由于这种用工制度的灵活性，对一些需要季节性用工的企业来说解决了业务繁忙期间的特殊需要，也为暂时没有寻找到固定工作的劳动者解决了短期就业困难。这种对劳务双方都带有明显好处的用工制度却在《劳动合同法》实施后得到了快速的“升温”，蔓延之势超出了绝大多数人的预料，由此暴露出接二连三的问题。

可口可乐中国公司下属工厂在敏感时期被曝大量使用劳务派遣工，加班时间过长、工资偏低等问题，很快就成为一大社会讨论热点，对于可口可乐中国公司而言，应该及时澄清事实，有则改之，无则加勉，给公众一个满意的答复。结合本案例，在劳务派遣制“泛滥”之时，有必要对如何把握好使用劳动派遣工的量和度的问题进行探讨。

一、应在法律允许的范围内适量使用劳务派遣工

1. 法律依据

《劳动合同法》第六十六条规定：“劳务派遣一般在临时性、辅助性或者替代性的工作岗位上实施。”这条规定虽然出现在有关“劳动派遣”条规的末端，

但对在什么情况下可以使用劳务派遣工作了原则性的规定。虽然没有出现使用人数上的明确规定，但“三性”显然隐含着这种用工应该是短时的、次要的和少量的。《劳动合同法》第五十八条规定：“劳务派遣单位应当与被派遣劳动者订立二年以上的固定期限劳动合同，按月支付劳动报酬。”第五十九条规定：“用工单位应当根据工作岗位的实际需要与劳务派遣单位确定派遣期限，不得将连续用工期限分割订立数个短期劳务派遣协议。”在这两条中，都出现了劳动派遣工的期限问题，但没有出现最长使用时间。

2. 用工现实

由于法律条款界定的模糊性，在实际操作过程中，大家就都容易往有利于自己的解释，看似人人有理，其实谁都说服不了对方，结果反而引起矛盾。在可口可乐劳动派遣事件中，杭州中萃食品有限公司表示，公司大部分雇员都是长期用工，公司通过第三方劳务公司提供小部分派遣工作为补充，但比例从未超过雇员总数的43%。如果情况属实，则需要对大多数与少数的概念进行区分。如果单从数字表达的概念上说，超过50%的是大多数，低于50%的才是少数，杭州中萃的态度不能说错误。但是，大学生们看到的是，杭州中萃员工总数2 692人，43%就是1 158人，如果让这1 158名员工站在一起，并指出这是“大量”（不是指“大多数”）的概念，恐怕也没有多少人会反对，因为在一般人的心目中，如果是几个人，甚至几十上百人的话，说个“少数”仍然是可以接受的，因此从这个分析中出发，大学生们说大量使用劳务派遣工并不是编造事实。另外，大学生调查报告中称，有的劳务派遣工已经使用长达10年，这在使用年限的问题上又陷入了争议中。

3. 问题探讨

在一家企业中，使用多少劳务派遣工才算是合理合法呢？这其中又有两个概念需要界定，一个是“比例”，少数是肯定的，但到底是1%还是49%，应该有相关法律上的解释，否则不同的企业有不同的理解，就会引起矛盾和冲突。根据《劳动合同法》第六十六条规定中提到的“三性”中的“辅助性或者替代性”的理解，应该是在企业中占绝对少数，而不是相对少数的概念。例如，劳务派遣工占员工总数应该控制在15%以下，这对大多数人来说是可以接受的“少数”概念。二是“绝对量”，由于有些企业员工规模比较大，即使15%的比例也可能突破千人以上数量级，这些劳务派遣工集中在一个企业，在管理上也有许多困难，容易引起群体性的事件。因此，在人数总量上也应该有所限制，例如可以规定在15%的比例上追加总数不得超过500人的强制要求，真正让劳务派遣制在企业用工制度中仅仅处于从属的次要位置。至于劳务派遣工的最长用工时限，正式颁布的《劳动合同法实施条例》并没有做进一步的规定，由于在这一关键条款上没有强制性措施做配套，《劳动合同法》所确定的劳务派遣的“临时性”要求在实践中将必然产生一系列的新问题，许多劳务派遣用工时限上产生的争议因为难以确切界定而使仲裁左右为难。

二、应明确可以使用劳务派遣工的范围

1. 法律依据

《劳动合同法》第六十六条规定：“劳务派遣一般在临时性、辅助性或者替代性的工作岗位上实施。”这一规定表明了使用劳务派遣工可以涉及的职业和工种的抽象范围，却没有具体到究竟哪些岗位可以，哪些岗位不可以，这在理解上会再次让人陷入“公说公有理，婆说婆有理”的尴尬。曾经在《劳动合同法实施条例（草案）》中对“三性”做过界定：临时性岗位是指存续时间不超过6个月的工作岗位，辅助性岗位是指非主营业务工作岗位，替代性岗位是指因原在岗劳动者脱产学习、休假临时不能上班需要他人顶替的工作岗位。但在最终颁布的《劳动合同法实施条例》中却没有进一步的界定，这就在使用劳务派遣工的范围上依旧难以明确合适的范围。

2. 用工现实

大学生们在调查可口可乐装瓶厂的报告中认为，可口可乐派遣工岗位都属于非“临时性、辅助性和季节性”，而可口可乐则坚称公司派遣工符合这“三性”定义。这就是因为法律法规界定不够明确带来的问题，几乎存在于所有实行劳务派遣工的用人单位内。根据《劳动合同法实施条例（草案）》对于“三性”的界定，目前在现实中，银行、移动、邮政、电信、石化等行业所使用的劳动派遣工基本上都是非法使用劳务派遣，在最终颁布的《劳动合同法实施条例》中，因为删除了对“三性”的进一步界定，也使得这些“国字号”的企业并没有“收敛”使用劳动派遣工的行为。

3. 问题探讨

事实上，正是因为劳动合同法实施条例对“三性”没有做出明确界定，导致派遣工被普遍滥用。在法律纠纷中，地方法官和仲裁委员会又很难对公司做出违法判定，为此，应该进一步出台“辅助性”岗位的具体范围的相关说明。鉴于我国行业众多，地区差异大，要准确界定辅助岗位也不是一件容易的事情，因此可借鉴其他国家和地区的做法，结合我国的实际情况来确定。在日本和我国的台湾地区，将100多个行业和岗位全列出来，只有在范围内的工种才可以使用派遣工，除此之外使用派遣工都属非法。因而，我国可以考虑依靠地区行业协会的力量，由行业协会通过与行业内企业的协商，在确定“辅助性”原则和控制相对比例与绝对数量的情况下，向劳动部门提出申请，经批准后方可对“辅助性”岗位实行劳务派遣制，以有效抑制对劳务派遣制用工方式的滥用。

三、必须厘清的其他有关劳务派遣制的事项

近年来反映出来的有关劳务派遣制的问题，除了以上有关对“三性”界定认识不清造成一定的混乱和争议外，也在其他一些方面存在不够规范的现象，甚至有的企业和劳务派遣公司专门针对这种用工制度上还存在的漏洞而故意为之，这就值得引起更大的重视，以防负面影响的不断扩大。下面两个就是其中值得关注且具有代表性的问题。

1. 就业形势严峻是否需要姑息劳务派遣制的“泛滥”。在全球经济萧条的背景下，我国近几年的就业形势不容乐观，一些地区在保就业、保企业、保增长的指导思想下，对劳务派遣制网开一面，只要能提供就业机会，就“一好百好”。在此期间有言论说：“在当前就业形势低迷的情况下，工人能保住工作岗位已是头等大事。”事实上，比起失业，即使是劳务派遣的工作，求职者大多也会接受。有些企业由此“迷恋”上劳务派遣工，在企业心目中，劳务派遣工具有用工灵活、成本低、好管理、责任少的特点。如果碰到来自劳动部门的执行检查，为了保住使用劳务派遣工的“好处”，甚至不惜进行威胁：“如果不让使用派遣工，那就只能把他们全部辞退，由政府去处理善后与就业安置。”

经济萧条不会永远存在，危机渡过后，我国是否还能让这种特殊的用工制度继续大量存在。要遏制“泛滥”之势，“国字号”的银行、移动、邮政、电信、石化等企业，以及有影响力的大公司、跨国公司应该作出表率，不要再把劳务派遣制看作是降低劳动用工成本，规避社会责任的“最佳选择”。

2. 用工单位是否能做到“同工同酬”。《劳动合同法》第六十三条规定：“被派遣劳动者享有与用工单位的劳动者同工同酬的权利。用工单位无同类岗位劳动者的，参照用工单位所在地相同或者相近岗位劳动者的劳动报酬确定。”事实上，许多企业是从可以降低劳动用工成本这个出发点开始大量引进劳务派遣工的，在多数使用劳务派遣工的企业里，“同工同酬”一直是争议最集中的地方，也是劳动纠纷的“重灾区”。同工同酬不仅指劳动者的基本工资部分，这部分酬劳在签订劳动合同时，已经一次性协商完成，即使同工不同酬也被普遍认为是正常现象。但在实际的用工单位中，基本工资外的奖金福利上的差异，例如，节假日奖金、交通与伙食补贴、加班费计酬方式、实物福利发放、休假制度等方面的不同，让不少劳务派遣工明显感到“低人一等”，等到时间一长、积怨一深、人员一多，很容易形成群发的劳动争议案，对和谐劳动关系、维护企业的正常运行带来负面影响。因此，对实行“劳务派遣制”的用人单位应该加大“同工同酬”的劳动监察，促进用人单位遵纪守法，维护好劳务派遣工的合法权益。

劳务派遣制在我国虽然已经存在了一段时间，但被广泛使用却是近几年来才出现的新现象，能否有效规范劳务派遣制和用人单位，将会影响到这种用工制度的生命力，应该引起立法部门、政府机构和劳动用工单位的足够重视。

36

巨额赔偿费下的人员流动

——东方航空人才流失下的反击之道

◎ 企业背景

1993年10月，作为国务院直属的央企，中国东方航空集团公司（以下简称“东航集团”）成立，由区域性航空公司转变为国际性航空公司，总部设在上海，它是中国三大国有骨干航空运输集团之一。东航集团旗下共有21家全资和控股公司，经过持续的产业结构调整和资源优化整合，基本形成了以航空运输业为核心，通用航空、航空食品、进出口、金融期货、传媒广告、实业投资等相关产业为支撑的航空运输集成服务体系。2015年8月，“中国东方航空”品牌入选由《中国品牌价值研究院》主办的“2015年中国品牌500强”榜单，排名56位，净资产回报率位列央企前列。

作为东航集团核心主业的中国东方航空股份有限公司，东航集团拥有其61.64%股权。中国东方航空股份有限公司是在原中国东方航空集团公司航空业务的基础上，兼并中国西北航空公司，联合云南航空公司重组而成，目前拥有超过386架的机队构建了以上海为核心枢纽，通达世界177个国家和地区、1 052个目的地的航空运输网络，年服务旅客8 000余万人，机队规模、旅客运输量等多项运营指标跨入全球航空公司十强。它是中国民航第一家上市公司，也是唯一在三地上市的航空公司，1997年2月4日、5日及11月5日，分别在纽约证券交易所、香港联合交易所和上海证券交易所挂牌上市。

近年来，东航以全新姿态迎来新的发展，相继荣膺“中国民航飞行安全五星奖”，荣登《财富》杂志（中文版）“最具创新力中国公司25强”、企业社会责任排行榜十强，连续多年被国际品牌机构 WPP 评为“中国最具价值品牌 50 强”。

面对未来，东航努力实现由传统航空承运人向现代航空服务集成商的转型，致力于打造“员工热爱、顾客首选、股东满意、社会信任”的世界一流航企，以精准、精致、精细的服务为全球旅客不断创造精彩体验。东方航空倡导“员工热爱、顾客首选、股东满意、社会信任”经营理念，秉承“满意服务高于一切”的企业精神。

2007 年 12 月 13 日，东方航空宣布：通过增发 H 股的方式，每股 3.8 港元，与新加坡航空、淡马锡建立战略合作伙伴。拥有东航 H 股股份的中国国际航空集团公司此时提出以每股不少于 5 港元价格入股东方航空，期望取代新航的入股方案。在东方航空特别股东大会上，东方航空引入新加坡航空及淡马锡入股未获批准而搁浅。2009 年 7 月 10 日，东方航空和上海航空双方董事会通过了换股吸收合并议案，意味着航空企业重组并购已进入实质性阶段。根据公告，东航按照 1∶1.3 的比例向上航股东发行东航的新股，即每 1 股上航 A 股股份可换取 1.3 股东航 A 股新股，这充分体现了对股东权益的保护。东航上航联合重组完成后，原上海航空的资产、负债、业务和人员全部进入东方航空的全资子公司。

◎ 典型案例

凡是企业都需要招聘员工，而员工与企业发生劳动纠纷也难以避免，即使像航空公司与飞行员或机长之间这样关系密切的伙伴，也会因各种原因而产生劳动争议。

2007 年 5 月 8 日，东方航空武汉公司 7 名机长与公司因在诸多问题上无法达成一致，提出辞职。10 天后，又有 6 名机长递交了辞职报告。其中一位机长向媒体表示：“我感到很大压力，身心疲惫。公司缺少人文关怀，我在这里不快乐。”在东航武汉分公司工作了 13 年的这位机长称，在公司工作期间，休息时间常常无法保障，有时甚至被安排超时飞行、带病飞行，身心俱疲，于是提出辞职。

2007 年 7 月 10 日，13 名机长停止了在东航的飞行，并向湖北省劳动仲裁委员会提出劳动仲裁申请。东航武汉公司也向湖北省劳动仲裁委员会提出反诉，并索赔 1.05 亿元。每个人的巨额赔偿金主要由 3 个部分组成：定期复训费用、带飞训练费用和不履行劳动合同造成的营运损失。

2007 年 8 月 13 日，湖北省劳动仲裁委员会做出裁决，13 名机长共向东航武汉公司支付 929 万元赔偿金，赔偿金明显少于东航武汉公司诉求，不及要求赔偿额的 1/10。即使如此，面对接近千万元的赔偿，机长们提起诉讼。

在此期间，东航武汉分公司同时伸出“橄榄枝”，不断瓦解由 13 人组成的申诉团队，结果其中 3 人决定中止申诉，重返东航。由于 3 名机长重返岗位，所以总索赔金额将减少 270 万元。退出此案的机长之一本来是此事的“牵头人”，他的退出对此案产生较大影响。据另一名机长反映，此人退出，也影响到开庭受理该案的时间。已回东航工作的一名机长表示，目前，东航工作环境比以前大有改善，公司相关负责人也经常来看望他们。

2007 年 11 月，法院开庭审理此案。东航武汉分公司辩称，根据 10 名机长与东航的合同约定，劳动期限为无固定期限，在公司从事空中飞行工作，必须服务期至法定退休年龄。现因多位机长违反了合同中服务期限的约定，应当支付违约金并赔偿由此给公司造成的损失。

在法庭上，贺机长等人诉称，他于 2007 年 5 月 9 日向公司递交辞职报告，要求公司为其解除劳动关系并赔偿损失，并由公司为其办理相关档案及社保的转移手续，但公司拒不为其办理劳动合同关系的解除。东航武汉分公司则认为，根据贺机长等人与东航的合同约定，劳动期限为无固定期限，以贺机长为例，他将要工作至 2031 年。“因贺机长等人违反了合同中服务期限的约定，应当支付违约金并赔偿由此给公司造成的损失，贺机长等人需赔偿 60 万～100 万元，共需赔偿 7 000 万元。”硚口区人民法院审理认为，贺机长等人与东航武汉分公司已形成劳动合同关系，在劳动关系存续期间，双方均应按照相关劳动法律规定和合同约定享受权利及履行义务。贺机长等人在服务期内单方面解除劳动合同，应当向东航武汉分公司赔偿违约金、培训费用和直接经济损失。

为此，硚口区人民法院一审判决，东航武汉分公司与贺机长等 10 人之间的劳动合同关系解除，机长们向东航支付近 1 000 万元赔偿金。这一判决由此成为迄今为止湖北省索赔金额最大的劳动争议案。

对于硚口区人民法院的一审判决，东航武汉分公司不服，认为一审法院就经济损失赔偿、带飞培训费用等方面存在认定事实不清、使用法律错误的情况，于是向武汉市中级人民法院提出上诉。

2008 年 8 月，武汉市中级人民法院不公开开庭审理了此案，二审法院维持了一审法院判决，对部分费用等方面存在认定事实不清的情况予以确定，终审判决 10 名机长赔偿东方航空武汉分公司近 800 万元。

据了解，将一名普通学生培养成普通飞行员，航空公司需要投入的费用在 50 万～70 万元；而要把一名普通飞行员培养成机长，则最少需要花费 600 万～800 万元，耗时 10 年。目前，飞行员已成为中国稀缺人才，加之各航空公司间待遇差别拉大，飞行员的流动性有所增加。针对日益增多的飞行员与航空公司间的纠纷，民航总局等 5 部委已下发《关于规范飞行人员流动管理保证民航飞行队伍稳定的意见》，明确飞行员的“新东家”要参照 70 万～210 万元人民币的标准向“老东家”支付费用，跳槽飞行员在与原单位解除合同、与新单位签订合同之前，将被禁止飞行。

随着中国航空的快速发展，飞行员与机长的短缺现象将长期存在，当其他航空公司机队扩大之时，“挖墙脚”的现象就会发生。为此，中国民航总局做出了一项新规：2010 年前停止申办新的航空公司。但这并未给东航此次事件带来半丝安慰。虽然未来几年内不能开新航空公司，但目前已有的航空公司扩张势头很猛。

飞行员作为一种特殊的职业，对其培养不同于一般的职业。飞行员要获得驾驶执照，依赖于航空公司提供飞机等资源积累飞行时间，而航空公司的这种资源是有限且有价的。正是因为飞行员同意为东方航空公司提供长期工作，公司才会对其提供飞行资源及机会，如果飞行员或机长违约解除劳动合同，理应赔偿其给公司造成的巨额经济损失。

在航空市场日益国际化和飞行员与机长严重短缺的情况下，东方航空在近年来加大了招聘外籍飞行员的力度。2012 年 10 月，东方航空武汉分公司着手招聘外籍飞行员，在众多拥有飞行资格的外籍飞行员中进行筛选，2013 年 2 月底，正式与外籍飞行员接触。经过非常严格的笔试、面试、资料审查和飞行模拟机考试，确定 8 名外籍机长作为招聘对象。业内人士分析说，招聘外籍飞行员比招聘中国飞行员更划算，因为外籍飞行员与航空公司签订 3～5 年短期合同，有的不用支付“转会费”。而国内航空公司飞行员培训采取“订单终身制”，先与公司签约，再由公司出资培养，一旦飞行员跳槽，航空公司开出几百万元天价转会费，经常出现一些官司纠纷。

◎ 分析参考

骨干员工流动与企业权益保护

近年来，随着市场化进程的加快和竞争的加剧，企业间对行业稀缺人才和对手骨干员工的争夺日趋白热化，反映出来的问题也日益增多。本案例中，东方航空公司和一线机长因员工流动和培训补偿而产生的争议纠纷，可以说是在《劳动合同法》颁布后与实施前这一特定时期里，相关系列矛盾的突出反映和集中表现，所引发的讨论与研究对于我们化解这类矛盾，进一步和谐劳动关系有着积极的意义。

企业为实现自身的目标而存在，并且由认同企业目标的员工组成；企业通过给予员工相应的机会、舞台与空间，在帮助员工自我实现的过程中达到自身目标的实现。员工是企业构成的重要组成部分，员工尤其是骨干员工是承载企业核心竞争力的主体，是形成、完善、保持和传承企业核心竞争力的关键。在一个劳动关系和谐的企业中，企业与员工的利益是一致的，企业进步与员工发展成为他们共同追求的目标；反过来，如果企业中的劳动关系紧张，企业与员工之间互相防备与抵触，则可能出现双输的局面。

结合劳动法及其相关法规，应该正确认识和有效维护企业与员工的关系。

一、遵守法律法规，规范劳动关系

在我国，员工的自由流动权是受到法律明确保护的。《劳动法》第三十一条规定："劳动者解除劳动合同，应当提前三十日以书面形式通知用人单位。"《劳动合同法》第三十七条再次明确："劳动者提前三十日以书面形式通知用人单位，可以解除劳动合同。"本案例中被诉的13名机长分别于5月8日、5月18日递交书面辞职报告，并于7月10日解除劳动关系、停止工作是符合法定程序的，是受法律保护、具有法律效力的合法行为，对此企业与辞职机长并无太多疑义，分歧主要集中在赔偿费用上。对于企业为培养骨干员工所付出的成本、承担的代价同样也是我国劳动法规保护和规范的重点。根据《中华人民共和国职业教育法》的相关规定，企业实施职业教育和职工培训，须承担相应的费用。一般企业按照职工工资总额的1.5％足额提取教育培训经费，从业人员技术素质要求高、培训任务重、经济效益较好的企业可按2.5％提取，列入成本开支。

对于企业和员工在培训过程中双方行为的规范，以及培训后有关服务期限与相应培训补偿的约定，《劳动合同法》第二十二条明确地规定了“用人单位为劳动者提供专项培训费用，对其进行专业技术培训的，可以与该劳动者订立协议，约定服务期。劳动者违反服务期约定的，应当按照约定向用人单位支付违约金。违约金的数额不得超过用人单位提供的培训费用。用人单位要求劳动者支付的违约金不得超过服务期尚未履行部分所应分摊的培训费用。”此外，2008年9月由国务院颁布实施的《中华人民共和国劳动合同法实施条例》（以下简称《劳动合同法实施条例》）第十六条又对“培训费用”的构成进行了进一步的明确：“劳动合同法第二十二条第二款规定的培训费用，包括用人单位为了对劳动者进行专业技术培训而支付的有凭证的培训费用、培训期间的差旅费用以及因培训产生的用于该劳动者的其他直接费用。”本案例中，武汉硚口区人民法院一审判决10名机长赔付“东航”培训费用近1 000万元，而不是“东航”诉求的1.05亿元，应该讲，就是对相关条款的适当运用。“东航”诉求的1.05亿元，无法提供合理的解释，在所有超过法律规定的项目之外的费用，例如“10名机长违约解除劳动合同，给公司造成了巨大的经济损失，应该承担赔偿责任。”这一条，就没有得到法院的支持。

二、保护骨干员工，维护企业权益

对于骨干员工的流动和竞争对手对行业内稀缺人才的争夺，法律又赋予了企业一系列的保护措施。《劳动合同法》第二十三条赋予企业与劳动者约定“竞业限制”的权利，第二十四条又进一步将企业的高级管理人员、高级技术人员和其他负有保密义务的人员纳入了允许“竞业限制”的范围，且第二十四条第二款明确指出：“在解除或者终止劳动合同后，前款规定的人员到与本单位生产或者经营同类产品、从事同类业务的有竞争关系的其他用人单位，或者自己开业生产或者经营同类产品、从事同类业务的竞业限制期限，不得超过两年。”这一规定既对因违约而辞职的员工有所约束，但也没有完全限制其在同行业中日后继续发挥专长的自由，尽管对这样约束的实际效力难以评估，至少对受损失的企业来说获得了一些心理安慰。在这起案件中，东方航空武汉分公司并没有就此提出“竞业限制”保护，这样就为10位机长在辞职后马上到其他航空公司就业提供了机会。

同时，对于员工的不合法流动和竞争对手的无序争夺，法律也加重了对其的约束和限制，特别是在给原有企业带来损失时，明确违约人必须要承担的经济赔偿和处罚。《劳动合同法》第九十条规定："劳动者违反本法规定解除劳动合同，或者违反劳动合同中约定的保密义务或者竞业限制，给用人单位造成损失的，应当承担赔偿责任。"第九十一条又进一步规定："用人单位招用与其他用人单位尚未解除或者终止劳动合同的劳动者，给其他用人单位造成损失的，应当承担连带赔偿责任。"本案中，东方航空武汉分公司对10位机长要去的新公司并未提出赔偿要求，会被法院认定已经放弃了这一诉讼要求。民航总局之后及时出台的《关于规范飞行人员流动管理保证民航飞行队伍稳定的意见》，正是依据法律精神保证行业有序发展做出的制度保障。

三、重视劳资沟通，增加人文关怀

劳动争议纠纷的产生多半源于劳动关系双方沟通的缺失或不充分，案例中当事人一方的飞行员们反复提到"工作压力大""公司缺乏人文关怀""超时飞行、带病飞行，身心俱疲"等状况，说明发生在他们身上的一些普遍现象长期得不到有效解决，"积怨成仇"，终于爆发。对此，在人力资源管理工作方面，作为专业人士除了要全面领会法律精神、摸准吃透法律条文、合理防范和规避企业风险与损失外，更要充分发挥好人力资源工作者作为连接、沟通劳资双方的平台与枢纽作用，积极配合企业管理方、有效运用企业的党团组织、工会、妇联等机制，切实做好管理方与员工之间的上传与下达的工作。增加人文关怀、积极正面地回应劳动者的合理需求与诉求，把因缺乏沟通或沟通不足造成的企业对员工实施的劳动政策或人事措施的不合理，甚至不合法行为阻止在实施之前，把员工因不理解企业政策或不满意企业措施产生和积聚的愤懑情绪疏导在过激宣泄之前。只有这样，我们才能在不断沟通调整的过程中，把企业与员工的利益真正统一起来，构建起和谐的劳动关系。

对于从普通员工成长为企业骨干员工的人来说，企业通常需要付出更多的人力和财力。一方面企业要乐于投入，积极培养；另一方面，接受过企业培养的员工则要懂得珍惜，学会感恩。同时，企业应该重视建立完善约束机制，签订相关的合同，如特殊培训合同、竞业限制合同等，对培训费用、服务期限、同行竞业限制等方面事先做出约定，在各种制度健全的同时，建立集体协商制度，保证各种制度贯彻执行。对于员工来说，如果沟通良好，即使企业有了困难，只要态度诚恳，主动关心员工，积压在他们心中的委曲也会得到有效释放。本案中，原本是13位机长的一致行动，经过说服与解释，其中3位放弃了辞职念头，同意重回岗位。正如一位回心转意的机长所言：目前，东航工作环境比以前大有改善，公司相关负责人也经常来看望员工。这种积极的动向，正是企业管理者在重视与爱护骨干员工之后出现的好苗头。此外，还必须特别重视工会组织的作用，通过工会缩小员工与企业管理者之间距离，增强员工的忠诚度；建立工会组织管理下的调解委员会，完善调解机制，以便于在发生纠纷时通过工会组织的协商可以较快达成一致。